W

Günter Gross

Der Mann aus dem Kisker

Biographischer Roman

Wiesenburg

Bibliografische Information der Deutschen Nationalbibliothek:

Die Deutsche Nationalbibliothek verzeichnet diese Publikation
in der Deutschen Nationalbibliografie;
detaillierte bibliografische Daten sind im Internet
über https://dnb.de abrufbar.

1. Auflage 2020

Wiesenburg Verlag
Waldsiedlung 6, 97714 Oerlenbach
www.wiesenburgverlag.com

Einbandgestaltung:
Media-Print-Service Luff D-97456 Dittelbrunn

ISBN 978-3-95632-994-4

Familie Hermann Josting 1905, v. l. August *4.1.1895, †7.1.1918 als Soldat; Mutter Hanne, geb. Asbrok *19.9.1865, †21.2.1912; Adele (Röthemeyer) *23.1.1903, †8.11.1980; Anna (Gieselmann) *32.12.1887, †1925; Alwine (Gross) *5.12.1890, †30.6.72; Vater Hermann *16.5.1863, †14.2.1953; Gustav (Bäcker) *28.4.1899, †1965; Frieda (Mohrmann) *11.4.1897, †14.8.1962

Hermann Josting, 1905

Hermann Josting, 1950

Asbrok-Hof, Westerenger 41, Hochzeit v. Julius und Adele Röthemeyer, geb. Josting
1. Reihe, 2. bis 5. v. l. Alwine und Hermann Gross, Adele und Gustav Josting, Hermann Josting

1

Bibeleintrag

Es war Anfang Dezember. Ein heftiger Westwind schob seit Tagen schwere, dunkle Regenwolken heran. Er hatte das Gefühl, dass es draußen nicht mehr richtig hell wurde. Aber heute musste er auch nicht mehr hinausgehen, in die kalte Witterung. Die Feld- und Gartenarbeit war abgeschlossen. Für die Stallarbeit hatte er heute etwas länger gebraucht. Das Ausmisten von Kuh- und Schweinestall war allerdings Routinearbeit. Zum Schluss schob er den alten, hölzernen Schubkarren mit Schwung draußen auf den Misthaufen. Wegen des Wetters blinzelte er wie gewohnt kurz nach oben, schaute dann hinüber zum Fahrweg, hinunter über seine Felder und zog seinen Karren eilig wieder in den Stall. Die Luft war kalt und feucht. Bei den Tieren im Haus war es wärmer.

Mit Beginn der Dämmerung setzte sich Hermann Josting an den Küchentisch und zündete die Petroleum-Lampe an. Vor ihm lagen seine Familienbibel und der Federstift mit dem kleinen Tintenfass. Es war warm und still in der Stube. Das Feuer im Küchenherd knisterte angenehm, und aus dem Melkraum, wo seine Schwiegermutter Ordnung machte, hörte man dumpfe Geräusche.

Hermann saß schon eine Weile zusammengesunken vor seiner Bibel und stützte sein Kinn mit den Unterarmen ab. Bisweilen hob er den Kopf, richtete sich ein wenig auf, als wenn ihm nach angestrengtem Denken etwas eingefallen wäre. Dann sank er jedoch mit hörbarem Ausatmen wieder in sich zusammen. Schließlich zog er die Bibel zu sich heran, schlug sie auf und blätterte. Er las hier und da etwas in seinen Familien-Eintragungen. Aber jetzt wollte er endlich schreiben. Er strich die Seite glatt und schrieb mit zittriger Feder in die Bi-

bel-Chronik den Namen »Anne Henriette Alwine Josting«.
Dazu tunkte er die Feder mehrfach in das bekleckste Tintenfass, wie jemand, der es mit dem Schreiben nicht so hatte, der
aber die Kunst des Eintunkens perfekt beherrschte. Ja, Schreiben war nicht Hermanns Sache, und prompt verschrieb er sich
schon bei »Henriette«, wo er nach dem ersten »e« ein »i« ein-
fügte und dies dann einfach mit frischer Tinte übermalte.

Seine Familienbibel von 1869, die schon etwas speckig und
abgegriffen aussah, war für ihn etwas ganz Besonderes. Er hatte
sie mittags aus der Schlafstube geholt und auf den Esstisch gelegt, damit er den Namenseintrag nicht vergaß. Er tunkte erneut
die Feder ein und schrieb das Geburtsdatum der kleinen Alwine: »5. Dezember 1890«. Statt der »Null« bei der »Neunzig«
schrieb er eine zweite »Neun« und besserte dies – wohl verärgert – gleich mit viel Tinte aus. Das Taufdatum und die Paten
wollte er später nachtragen.

Schließlich begann er erneut in den Familiennotizen zu blät-
tern. Manchmal musste er schmunzeln. Er nickte, wiegte den
Kopf und schnaufte leicht. Dann klappte er die Bibel hörbar
wieder zu und lächelte zufrieden. Jetzt, nach dem Eintrag, fühlte er sich besser. Hier in der warmen Stube auf seinem angestammten Platz. Er nahm auch endlich seine Arbeitsmütze ab
und lehnte sich zurück. Dann holte er seine gebogene Pfeife,
die er seine Mutz nannte, hervor. Er stopfte sie etwas umständlich und zündete sie an. Er zog den Rauch genussvoll ein, und
der Tabakgeruch verbreitete sich schnell in dem kleinen Raum.
Die Mutz hing nach unten gebogen bis auf seinen Schoß. Er
wärmte seine Hände an dem geschnitzten Kopf.

Hermann Josting war ein stattlicher junger Mann, sonnenge-
bräunt von der Feldarbeit. Etwas schmallippig, Oberlippen-
bart, auch Schnauzer genannt. Volle dunkle Haare, streng zurückgekämmt. Große, von der schweren Landarbeit gezeich-
nete Hände. Er war 27 Jahre alt. »Das ist doch kein Alter«,

sagten seine Leute. Er fühlte sich aber älter, und dies, weil er in seinem armseligen Leben und in seiner elenden Kindheit schon so vieles mitgemacht hatte. Er redete nicht gern darüber, wie jemand, der seine Vergangenheit verdrängen will. Sein Leben hatte sich, seitdem er hier auf dem Hof war, komplett verändert. Jetzt konnte er erstmals in seinem Leben mit dem, was er erreicht hatte, zufrieden sein. Denn vorher hatte er nichts, gar nichts.

Dass er hier saß, als »*Kolon*«, als Kleinbauer auf dem »*Asbrok Hof*«, auf der »*Besitzung Westerenger 41*« – in den westfälischen Dörfern wurden die Anwesen nach der Reihenfolge ihres Bestehens gezählt –, war der größte Glücksfall seines Lebens. Vor drei Jahren hatte er seine Frau, Hanne Asbrok, geheiratet, und die beiden erzählten überall, dass sie füreinander bestimmt waren.

Es bestand aber auch kein Zweifel daran, das Hermann in den Asbrok-Hof *eingeheiratet* hatte. Und damit war er vom völlig mittellosen Tagelöhner zum Kolon, zum Kleinbauern mit Grundbesitz aufgestiegen. Dieser soziale Aufstieg war eher sehr ungewöhnlich und führte zu Gerede und Missgunst.

»Dabei kam alles nur so, wie es kommen musste«, sagten Hanne und Hermann. Denn ihrem Glück ging das Unglück in der Asbrok-Familie voraus. Hannes Mutter brachte acht Kinder zur Welt. Es gab keinen männlichen Erben, und nur zwei Töchter überlebten.

Als schließlich Hannes Vater, der Bauer und Familienvorstand, verstarb, sahen Hanne und Hermann ihre Chance und heirateten im Juli 1887. Auch die Schwiegermutter stimmte trotz des Standesunterschiedes zu. Sie musste einsehen, dass der Hof dringend wieder einen Mann, einen Ackersmann, brauchte. Und dieser Ackersmann war er, Hermann. Die Vernunft und die Liebe der jungen Leute hatten gesiegt. Und so begann auf dem kleinen Hof neues Leben.

Jetzt saß Hermann hier am Küchentisch als eingeheirateter Erbpächter mit gut zweieinhalb Hektar Land. Nach westfälischer Zählung waren das etwa zehn Morgen Land oder vierzehn Scheffelsaat. Das war mehr als er sich je erträumt hatte. Er hatte es geschafft. Einige beneideten ihn um sein unverschämtes Glück. Er wusste, dass man ihn, den ehemaligen Tagelöhner, beobachtete, ob er möglicherweise ein unredlicher Kerl, ein Schwindler war, der sich in gerissener Weise einen Vorteil verschafft hatte. Hermann verhielt sich unauffällig. Er wollte niemanden überflügeln und jeden Grund für Missgunst vermeiden. Er war zur Genüge mit Standesunterschieden vertraut und fügte sich zwangsläufig nach und nach in die Rolle des Kolons, des Kleinbauern und Erbpächters. Er freute sich, wenn er hier und da Zuspruch fand und zunehmend nach seiner Leistung und nicht nach seiner Herkunft beurteilt wurde.

Aber seiner Meinung nach lief trotzdem etwas schief. Seit seiner Hochzeit vor drei Jahren hatte seine Frau Hanne schon zwei Mädchen geboren. Die kleine Auguste, die mit zwei Jahren schon gut rennen konnte, und die »erste Alwine«, die nach neun Monaten starb. Und jetzt war es wieder ein Mädchen, die »zweite Alwine«, und kein Sohn, kein Stammhalter, den er, Hermann, sich so gewünscht hatte. Mit einem männlichen Erben wäre sein Glück perfekt gewesen. Jetzt hieß es wieder auf das nächste Kind warten, das natürlich ein Sohn werden sollte.

Seine Gedanken wurden unterbrochen durch das Knarren der Stubentür. Seine Schwiegermutter, Anne Asbrok, die mit einundsechzig Jahren im Haushalt, bei der Kinderbetreuung und beim Weben eine große Hilfe war, kam mit der kleinen Auguste, der erstgeborenen Tochter, von der Deele herein. Sie trocknete sich die Hände in ihrer Schürze ab. Dann gingen sie schräg durch die Küchenstube in die Schlafkammer, in der Hanne mit der kleinen Alwine im Wochenbett lag. Ihren Schwiegersohn schaute sie nur flüchtig an und sagte nichts.

Man sprach damals in Westfalen nur das Allernotwendigste. Alle häuslichen und zeitlichen Abläufe waren gewohnheitsmäßig geregelt und bedurften keiner zusätzlichen Erläuterung. Man kam im Leben ohne große Erklärungen aus. Jeder behielt seine Gedanken, seine Sorgen und vor allem seine Geheimnisse für sich. Zu viel Reden oder sogar Monologe wurden als überflüssiges Gequatsche abgetan.

Aber manchmal hätte man gern etwas mehr erfahren. So auch Hermann, der angestrengt lauschte, was wohl die beiden Frauen im Nebenzimmer besprachen. Er konnte nichts verstehen.

Schließlich kam die Schwiegermutter mit der neugeborenen Alwine in die Wohnstube. Sie blieb am warmen Herd stehen und sagte nichts. Mit der einen Hand hielt sie den schlafenden Säugling im Arm, und mit der anderen legte sie zwei Holzscheite in das glimmende Herdfeuer. Hermann fragte dann nur das unbedingt Notwendige auf ostwestfälischem Plattdeutsch:

»Wi choid'et jeu denn? Wuis ma her! Dat Lüdde is ja 'n richtigen Proppen.«

»Nich so cheut. Se müat noch 'n biatken liejen bliffen«, meinte die Schwiegermutter.

»Jeaou, jeaou, dat is all wat. Jeu Asbroks deut jeu da 'n biaden schweoa mi 'm Kinnerkroijen. Diu häs di da aouk so schweoa deorn.«

Die Schwiegermutter sagte nichts.

Hermann wollte in den nächsten Tagen nach *Enger* gehen, vier Kilometer zu Fuß in den Nachbarort, um dem Pastor die Geburt seiner Tochter anzuzeigen und die Taufe zu bestellen. Die kleine Alwine war jetzt einen Tag alt, sah kräftig aus und würde es wohl fürs Erste schaffen.

Hermann stand auf, legte seine Pfeife auf den Tisch und ging in die Schlafstube. Seine Frau Hanne atmete schwerer als sonst. Als sie ihn sah, huschte ein Lächeln über ihr Gesicht. Er küsste sie auf die Stirn, nahm ihre Hand und setzte sich zu ihr ans Bett. Sie waren glücklich verheiratet. Es war keine arrangierte Zweckehe, wie sie innerhalb der Stände üblich war. Die Großbauern, die *Meyerhöfe*, aber auch die einfachen Bauern und Kolone, heirateten meist ausschließlich unter ihresgleichen. Dies galt auch für alle am unteren Ende der Stände-Skala, für die Kötter, die Handwerker, die Heuerlinge und Tagelöhner.

Hanne und Hermann hatten durch ihre Hochzeit diese eiserne Regel gebrochen, und die Umstände, von denen noch zu reden sein wird, waren ungewöhnlich und kompliziert.

Hermann streichelte seine Hanne mit den Außenfingern seiner rissigen, schwieligen Hand. Er wollte mit ihr die Taufe und die Paten besprechen:

»Dat wert schon cheut cheun, Hanne. De lüdde Alwine is cheut dabi, 'n richtigen Wonneproppen, schon 'n lüdden Kawenzmann. Dat hässe cheut maakt, Hanne. Wi müat dann bald nach Enger cheon, to den snieken Pasta, de Quasselpott, von wegen de Dööp un de Paatn.«

» Jeaou, dat müat wi all deuan«, sagte Hanne leise. »Ik häbbe euk schon van Dage dateu rümklamüsert.«

Sie sagte, dass ihre Schwester Friederike bereits vor Wochen ganz stolz zugesagt hatte, die Patenschaft zu übernehmen. Und von seinen, Hermanns Leuten, sollte es die Anna Josting, seine Schwester aus dem Kisker, machen.

Mit Friederike war er einverstanden, aber bei seiner Schwester Anna hatte er Sorge, dass sein Halbbruder Johann, den alle nur »Hannes« nannten, das wohl nicht erlauben würde. Den Hannes um etwas bitten, wollte er auf keinen Fall. Er verzog das Gesicht und sagte mit übertrieben fester Stimme, dass dieses Kapitel seines Lebens abgeschlossen sei. Sein Bruder habe ihn so schlecht behandelt und ihn schließlich wie einen üblen Dieb aus dem Haus geworfen. Ihn um die Patenschaft seiner Schwester zu bitten, kam nicht in Frage. Er wollte ein für alle Mal nichts mehr mit Hannes und dem Kisker zu tun haben.

Hanne kannte natürlich seine traurige Vergangenheit, auch wenn Hermann vielleicht nicht alle Einzelheiten erzählt hatte. Sie bestand aber darauf, dass die Anna mit 25 Jahren alt genug war, um diese Entscheidung allein zu treffen. *Sie* sollte Patin werden und nicht Hannes. Hermann sollte ihr den Gefallen tun und am nächsten Morgen in den Kisker gehen und Anna, nicht den Bruder Hannes fragen.

Hermann brauste auf:

»Ne, ik nich! Up kuin Fall! Ne, ik chong nich in 'n Kisker teo dene Lui.«

Er war vor drei Jahren gezwungenermaßen in den Kisker gegangen, um seine Leute zu seiner Hochzeit einzuladen. Und vorher war er 13 Jahre nicht dort gewesen. Alles nur, weil er sich mit Hannes total verkracht hatte. Er wollte an nichts erinnert werden.

Sie gab nicht auf und nannte ihn bei seinem Kosenamen:

»Mannomann Hirm, nu häbb di nich seuo!«

Sie machte ihm klar, dass von seiner Familie die Großeltern nicht in Frage kamen, da sie schon die Patenschaft für die kleine Auguste übernommen hatten. Ebenso konnte sein jüngerer Bruder August, der kürzlich 20 Jahre alt geworden war, die Patenschaft bei einem Mädchen nicht übernehmen.

Nach langem Hin und Her setzte sich Hanne schließlich durch, und Hermann verließ mürrisch brummend das Zimmer. Er ging sichtlich schlecht gelaunt zum Küchentisch und stocherte in seiner Milchsuppe. Die Schwiegermutter verließ daraufhin mit dem Säugling und der kleinen Auguste die Küche. Sie hatte einiges mithören können und wollte Hermann mit seinen Problemen und der schlechten Laune lieber allein lassen.

Hermann dachte noch einmal über alles nach und hätte fast heulen mögen bei dem Gedanken, dass ihn bei seinem

Bittgang in den Kisker seine Vergangenheit wieder einholen würde.

Aber seine Hanne hatte recht: So schlimm würde alles wohl nicht werden. Und wenn schon: Der Kisker und sein Bruder waren für ihn erledigt. Und ihm konnte niemand mehr an den Karren fahren. Gleich am nächsten Morgen wollte er gehen. Nach *Südspenge* in den Kisker, einen Ortsteil, der in der ganzen Gegend schon immer einen schlechten Ruf hatte. Wer aus dem Kisker stammte, hatte einen Makel und war mit Vorsicht zu genießen. Und Hermann stammte von dort und wusste, wie schwer es war, dieser Geringschätzung entgegenzuwirken. Er wollte morgen nur seine Schwester besuchen und nicht seinen Halbbruder Hannes. Einem eventuellen Zusammenstoß mit seinem Bruder würde er nicht ausweichen.

2

Schwerer Gang

Am nächsten Morgen war es kalt und windig. Hermann zog nach der Stallarbeit mehr Unterzeug und seine gute Joppe an. Er nahm die hohen Schuhe mit den neuen schwarzen Schnürsenkeln, die er auf dem letzten Jahrmarkt in Spenge gekauft hatte, winkte seiner Hanne durch den Türspalt zu, setzte seine Schirmmütze mit dem schwarz gelackten Rand auf und verließ den Hof. Er ging stolz und zügig den Weg hinauf zur *Werther-Straße*. Dies war auch sein Weg, wenn er die Leinen-Ballen, die die Frauen gewebt hatten, nach Bielefeld brachte. Er hatte hier oberhalb seines Hofes noch ein großes Grundstück, das er von seinem Nachbarn, dem Bauern *Rabeneck* aus *Lenzinghausen/Spenge* gepachtet hatte.

Die Felder waren abgeerntet und der Ertrag war gut in diesem Jahr. Er schmiedete Pläne für die Feldbestellung im nächsten Jahr. Natürlich machten er und seine Zugtiere, die beiden Kühe, die ganze Feldarbeit allein, aber manchmal, wie bei der Ernte, musste die Familie zusammenhelfen.

Es war ihm sehr recht, wenn er bei seiner Feldarbeit einem seiner großen Nachbarn begegnete und auf neugierige Fragen bereitwillig Auskunft gab. Er war extrem freundlich zu den Großbauern und fragte selbst nicht viel. Ungeschickte Fragen hätten ihn vielleicht als Dummkopf ausgewiesen. Das wollte er vermeiden.

Heute, Anfang Dezember, war ihm unterwegs niemand begegnet. Manchmal lärmten kleine Gruppen von Krähen, als wenn sie sich darüber beschweren wollten, dass der Tisch für sie im Dezember nicht mehr reich gedeckt war. Kurz vor dem Wegkreuz in Lenzinghausen fuhr ein Knecht mit einem Jauchewagen über das Feld. Der Gestank erinnerte ihn deutlich daran, in welcher Mission er unterwegs war.

Nach einem weiteren Stück auf der Straße nach Werther bog er am *Mühlenburger Weg* ab und verlangsamte seine Schritte. Dort lag rechts der *Siek* im Ortsteil Kisker, ganz im Süden der Gemeinde Spenge. Der Siek war eine feuchte, verwilderte Talsenke mit einem teichähnlichen Sumpf, durch den ein Bach dümpelte.

Je näher er den Häusern kam, desto deutlicher fühlte er ein Unbehagen. Ihm schien, dass hier vieles anders geworden war, abgeholzt, zugewachsen, verwildert und ungepflegt. Er spürte seinen Widerwillen und auch seine Mutlosigkeit vor der Vergangenheit und vor den Leuten. Hier im Kisker war er aufgewachsen, aber es war nicht mehr sein Zuhause. Und dort lag nun der Kotten und daneben stand das kümmerliche, winzige Haus, die Butze, das Haus am Siek. *»de Liewtucht«,* die *Leibzucht* oder das ehemalige Austrags- und Altenteil-Haus der Kottenbewohner, in dem er gelebt und gelitten hatte. Hermann hatte sich natürlich überlegt, was er seinem Bruder Hannes – wenn er ihm denn begegnen sollte – sagen würde. Er wollte keinen Ärger. Er wollte eigentlich nicht mit ihm reden, sondern nur mit seiner Schwester Anna. Er blieb kurz stehen. Sein Blick fiel auf den Brunnen in der Mitte des Hofplatzes. Ihm fiel auf, dass sie hier immer noch keine Wasserpumpe mit eisernem Griff hatten. Diese moderne Pumpe war eine der ersten Neuerungen, die er auf seinem Hof in Westerenger eingerichtet hatte.

Auf dem Brunnenrand stand immer noch der hölzerne Wasserkübel mit dem langen Seil. Hier hatte er als Kind jahrelang Schwerstarbeit geleistet und täglich den Kotten, das Siek-Haus und die Viehtränken mit Wasser versorgt. Es hatte damit angefangen, dass man ihm sagte, wenn du den leeren Kübel tragen kannst, kannst du auch den halbvollen tragen. Und so musste er schon mit fünf Jahren die Wasservorräte der beiden Häuser auffüllen. Der Wasserstand im Brunnen war zwar nicht sehr tief, aber das Hochziehen des Kübels war für ihn eine unglaubliche Schinderei. Hermann sah alles wieder vor sich, wie er weinte, wie er ausgeschimpft, angeschrien und geschlagen wurde, weil alles nicht schnell genug ging, oder er mit dem Kübel hingefallen war.

Er ging langsam zum Siek-Haus. Von dort hörte er Kinderstimmen. Er klopfte nicht zaghaft an, sondern ging nach einmaligem kurzen Schlag hinein. Dort stand seine Mutter, die Beiderwiedin, die in diesen kümmerlichen Verhältnissen sechs Kinder zur Welt gebracht hatte, von denen Anna und drei Söhne überlebt hatten: sein älterer Halbbruder Hannes, sein jüngerer Bruder August und er, Hermann. Die Mutter musste etwa fünfundfünfzig Jahre alt sein. Genau wusste er das nicht. Jetzt hingen zwei kleine Kinder an ihren Rockzipfeln und krabbelten durch die kleine, Lehm gestampfte Küche. Es waren wohl die Kinder von Hannes.

»Tach Mudder, wi choid di dat?«

»Da kuk ma einer an! Dat is jeau 'n Ding! De lüdde Hirm. Du süchst cha nich meh do spuchtig euas. Hässe di verleuopen oder wosse mi beseuoken?«

Für sie war er immer noch der kleine Hermann, der eigentlich zu schwach war für die Kinderarbeit und den man mit vierzehn Jahren hier nicht mehr brauchen konnte. Er musste damals das Haus verlassen, und damit gab es einen Esser weniger.

»Ne Mudder, dat lott ma sin, deu beseuokst us ja euok nich.«

»Jeaou, jeaou, tu süchs's ja, wi dat hoier teu cheut. Wi häbbt koine Tuit. Un denn is da no din Bruoada, de Hannes! Jeaou, jeaou, dat is ol wat«, sagte sie

»Säch mol, is de Anna do? De söll bi unser lüdden Alwine Paat weauern«, meinte Hermann.

»Na kuk ma an, 'ne lüdde Alwine!«

Sie wies zu dem Kotten hinüber:

»De is in'n Kottn tum Webn. Chong man tenger hin.«

Hermann dankte und tippte zum Gruß an seine Schirmmütze. Er ging langsam hinüber. Als er erneut den Brunnen sah, schüttelte er den Kopf. Er öffnete die Deelentür des Kottens und hörte die Webstühle klappern. Ganz am Ende der Deele hinter den groben hölzernen Fahrzeugen und den landwirtschaftlichen Geräten standen im Halbdunkel vier Webstühle. Die Frauen schauten auf, und Hermann, der bei dem schwachen Licht weder seine Schwester Anna noch seine Schwägerin erkennen konnte, fragte, welches die Anna aus dem Siek-Haus sei und ob er sie mal kurz sprechen könnte. Eine ältere Frau sagte herrisch, er solle schon mal hinausgehen und kurz warten.

Hermann ging vor der Deelentür auf und ab. Schließlich kam seine Schwester und man begrüßte sich herzlich. Es gebe hier viel zu tun und das Leben sei sehr schwer, sagte sie. Sie und die Spechtin, Hannes Frau, müssten nur weben. Die Mutter sei eine große Hilfe im Haushalt. Der Vater sei jetzt fünfzig Jahre alt und zu nichts mehr zu gebrauchen als zum Kinder- und Viehhüten. Er sei heute mit der Kuh unterwegs drüben am Siek. Ja, sie wollte sehr gern die Patenschaft für Alwine übernehmen, hätte aber wenig Zeit, sich um die Kleine zu kümmern. Und der Hannes? Na ja! Jetzt müsse sie aber wieder zurück an den Webstuhl, bevor es Ärger mit der Kötterin gäbe.

Hermann hatte die ganze Zeit sein freundlichstes Lächeln aufgesetzt:

»De Dööp is in'n neichsten Daagn. Ik giv di Beschoid.«

Er gab ihr die Hand, dankte und wünschte eine gute Zeit. Er tippte zum Abschied an den Lackrand seiner Schirmmütze und als er noch einmal kurz winkte, kam sein Halbbruder Hannes um die Hausecke. Er kam wohl gerade von der Stallarbeit und trug völlig verdreckte Holzschuhe. Dazu eine Arbeitsjacke, stark verblichen, geflickt und schmutzig.

»Ach ne, wat is dat denn! De Erbschleicher! Deu biss nu Kolon, wi? Häbb ik dat richtig heuert? Wat wult je hier? Du häss huier nix te seuken. Hau blouss af, säch ik di!«

18

Hermann sagte: »Jetz teub man 'n biadn. Dat jiv huier nix teu jachtern. Ik will nix van di. Ik häbb blouss de Anna fracht, ob se de Patenschaft for use lüdde Alwine överniamen will. Se häd *jeaou* secht.«

Sein Bruder stemmte die Fäuste in die Hüften, blies sich auf und sagte unwirsch, was er sich eigentlich einbildete, sich hier aufmandelte und einmischte. Man wollte mit ihm nichts zu tun haben. Er, Hannes, habe hier zu sagen. Sonst Niemand, und die Patenschaft komme nicht in Frage.

Hermann schaute zur Seite. Dann machte er einen Vorschlag. Die Anna war alt genug und könnte das selbst entscheiden. Er wollte ihm aber eine eiserne Pumpe für den Brunnen schenken. Dafür müsste aber Anna Patin werden. Und wenn er auch das nicht wollte, könnte er die Pumpe seinen Kindern schenken, damit diese nicht unter unwürdigsten Umständen Wasser schöpfen müssten, so wie er, Hermann, es jahrelang unter der Knute des Halbbruders habe machen müssen. Er sagte:

»Un deou lebs nech mehr lang! Dat häbb ik di ol sächt!«

Hannes zitterte von Wut, und unter einem Schwall von Schimpfworten und Beleidigungen schüttelte Hermann den Kopf und fasste sich mit beiden Händen an die Schläfen. Er winkte mehrfach ab und drehte ihm den Rücken zu. Dann verließ er den Hof und schaute sich nicht mehr um.

An der Straße hielt er kurz inne. Eigentlich hatte er sich vorgenommen, durch den angrenzenden Siek zu gehen, wo er als Kind am Sonntag manchmal spielen durfte, wo sie Krebse fingen und deswegen Ohrfeigen erhielten. Heute hoffte er dort seinen Vater zu treffen, der irgendwo die Kuh hüten musste. Ihm war aber nach dem neuerlichen Rauswurf die Lust gänzlich vergangen.

Er hatte es gewusst: Hannes hatte sich nicht geändert. Mit einer geradezu verstockten Missgunst hatte er ihn heute zum zweiten

Mal hinausgeworfen. Er, Hermann, hatte sich nichts vorzuwerfen. Er hatte sich wirklich bemüht, einen Neuanfang zu machen. Nun sah er deutlich seinen Misserfolg und glaubte auch nicht daran, dass seine Schwester Anna Patin werden würde.

Er ging zur Werther-Straße und über Lenzinghausen zurück. Gedankenversunken hielt er sich nicht mehr ganz so aufrecht und stolz, sondern ging etwas gebeugt. Er schüttelte immer wieder den Kopf und es ging ihm nicht aus dem Sinn, dass Hannes ihn einen »Erbschleicher« genannt hatte. Schon einmal, kurz vor seiner Hochzeit hatte jemand, mit dem er einst zur Schule gegangen war, ihn so bezeichnet. Damals hatte er das nicht so wichtig genommen und nicht weiter darüber nachgedacht. Wenn sein Halbbruder »Erbschleicher« sagte, war das bestimmt ein übles Schimpfwort.

»Erbschleicher!?« Hatte er, Hermann, denn wirklich böswillig und hintertrieben etwas erschlichen? War er wirklich ein gerissener Tagelöhner aus dem Kisker, der sich mit kaltschnäuziger Zielstrebigkeit ins gemachte Nest gesetzt hatte? Davon konnte doch wirklich keine Rede sein. Es war doch letztlich alles Zufall gewesen, dass er seine Hanne kennen und lieben gelernt hatte. Sie wollten ihr Leben gemeinsam verbringen. Und er kam zufällig in diese Familie und auf den Asbrok-Hof, in das Haus Westerenger 41.

Sein Bruder wusste dies doch alles. Aber er war wohl einfach missgünstig und neidisch und ließ keine Gelegenheit aus, seinem Bruder üble Nachreden anzuhängen. Bei seinem Besuch heute im Kisker war nicht zu erkennen, dass sich dort jemals etwas ändern würde. Er wollte seiner Frau die ganze Wahrheit sagen.

Zu Hause saßen Hanne und die Schwiegermutter am Küchentisch und erwarteten ihn. Hanne war schon von ihrem Kindbett aufgestanden. Die Mutter konnte sie nur mit Mühe davon abhalten, sich gleich wieder an den Webstuhl zu setzen. Hermann kam missmutig in die Stube und wollte alles erzählen.

Er erwähnte aber nicht seinen erneuten Rauswurf und die Bezeichnung »Erbschleicher«. Also doch wieder nur das Nötigste, wie es im ländlichen Westfalen üblich war:

»Ik häbbe ja chligs sächt: met de Anna as Paat, dat werd nix. De Hannes will dat nich. Hoi häd sik nech ännert.«

Hanne meinte nur:

»Jeaou, jeaou Hirm, dat wet diu biader as wia.«

Sie erzählte dann von ihrer Idee, die Nachbarin Klusmann als Patin zu nehmen:

»Ik häbbe dat al met ihr voteelt, und se maakt dat.«

Hermann fiel sichtlich ein Stein vom Herzen und er lobte im Beisein seiner Schwiegermutter die Umsicht seiner Frau. Hanne hatte ihre Haare hochgesteckt. Sie war noch etwas blass, aber Hermann fand, dass sie irgendwie anders aussah. Sie hatte durch der Geburt der Alwine etwas Natürliches, Würdevolles, bekommen. Vielleicht sah sie auch nicht mehr so mädchenhaft, sondern etwas älter und fraulicher aus. Ja, er liebte sie sehr.

Zwei Tage später ging Hermann nach Enger und meldete die kleine Alwine im Kirchenamt an. Er vereinbarte mit dem Pastor die Taufe für Sonntag, den 14. Dezember 1890. Die Namen der drei Taufpaten wurden notiert.

Noch am gleichen Tag ließ er seiner Schwester Anna im Kisker eine Nachricht mit dem Taufdatum in Enger zukommen.

Am Taufsonntag in der Frühe versammelte sich die Taufgesellschaft auf dem Asbrok-Hof. Den Täufling Alwine hatte man gut eingepackt. Und schließlich marschierte die Tauffamilie ohne die Taufpatin Anna aus dem Kisker los. Die Taufe fand in der Stiftskirche in Enger nach dem allgemeinen Gottesdienst statt.

Hermann nahm zwei Tage später seine Familienbibel zur Hand und trug mit viel Tinte und nicht wenig zitternder Feder das Taufdatum und die Namen der Paten ein.

3

Geburt des Kiskers

Man schrieb das Jahr 1758, als Heinrich Asbrok, der Urgroßvater von Hanne Asbrok, Hermanns Frau, auf dem Landgut
Mühlenburg in Spenge geboren wurde. Das Dorf Spenge wird
bereits im Jahr 732 in einem Siedlungsauftrag der karolingi-
schen Reichsversammlung genannt. Der berühmte *Sachsenher-
zog Widukind* war damals nicht dabei. Er residierte angeblich in
Enger – etwa fünf Kilometer von Spenge entfernt – und
schlug sich als Anführer in den Sachsenkriegen mit *Karl dem
Großen* herum.

Das Dorf Spenge und die Güter Mühlenburg und *Werburg*
gehörten später im siebzehnten Jahrhundert zur *Grafschaft Ra-
vensburg* unter Brandenburgischer Oberaufsicht.

Die Gutsbetriebe waren die größten Grundeigentümer und
übten die Herrschaft über mehr als einhundert Kotten, also
Kleinbauern und andere Pachtbetriebe aus. Alle Pächter und
die Menge der besitzlosen Heuerlinge waren Leibeigene der
Grundherrschaft. Deren Machtstellung war über Jahrhunderte
erworben und dauerte noch fort, als sich in Mitteleuropa frei-
heitliche Reformen abzeichneten.

Und diese Grundherren haben damals nicht schlecht gelebt. Bei archäologischen Ausgrabungen auf der Werburg hat
man viele Jahre später ungewöhnlich viele Austernschalen in
den Abfallgruben gefunden.

Heinrich Asbrok wurde als Leibeigener der Mühlenburger
Grundherrschaft geboren. Völlig recht- und besitzlos, wie
schon seine Eltern. Er wuchs wohl in einem der Gesindehäu-
ser auf, in denen jeweils ein Raum für mehrere Familien zur
Verfügung stand. Alle Personen, auch die Kinder, waren Ei-

gentum des Grundherren und mussten Frondienste leisten. Als Gegenleistung standen sie unter seinem Schutz, wurden halbwegs ernährt und hatten ein Dach über dem Kopf. Man hätte sich freikaufen können. Das ließ aber die völlige Mittellosigkeit nicht zu.

Selbst unter diesen Bedingungen oder gerade deswegen war in der zweiten Hälfte des 18. Jahrhunderts im ganzen Land die Bevölkerung und die Zahl der Abhängigen enorm gestiegen. Die Brandenburger Obrigkeit wollte neuen Siedlungsraum schaffen und verordnete die *»Markenteilung«*, die sich von 1771 bis 1839 hinzog.

Als *»Marken«* oder *»Allmende«* wurde verwildertes Brachland bezeichnet, das in den meisten Dörfern z. B. als Weideflächen und zur Brennholzgewinnung von der Allgemeinheit genutzt wurde.

Bei der Markenverteilung erhielten die großen Grundeigentümer – in Westfalen die Meyerhöfe und Gutsbetriebe – die größten Anteile. Diese sollten als neue Siedlungsgebiete genutzt werden.

Die Situation in Spenge im Jahre 1805 wurde von dem damaligen Pastor *Ludwig Seippel* in erschütternder Weise beschrieben (H. Timme in Geschichte der Stadt Spenge S. 451 f.):

> »Durch die Markenteilung hat die Bevölkerung übermäßig zugenommen. Die ehemaligen Heiden (Brachflächen) sind jetzt mit Kotten und Erbpachtswohnungen übersät und diese mit Menschen angefüllt. Ein Kotten wird gewöhnlich von zwei Familien bewohnt und fast jeder Erbpächter hat außer seiner Familie noch Heuerlinge bei sich aufgenommen. Der neue Boden trägt auch bei guten Jahren nur schlechte Früchte

und ernährt die Menschen, die davon leben müssen, nicht. Der einzige Erwerbszweig für diese vielen Menschen ist die Spinnerei aus Flachs … Oft ist dieser Flachs dann noch so schlecht, daß sie für das daraus gesponnene Garn kaum soviel wiedererhalten, wie sie für den rohen Flachs gegeben haben. Löst ein Spinner aus dem für einen Taler eingekauften Flachs zwei bis drei Taler, so ist dies ein großer Gewinn für ihn. Davon muß die Familie ernährt, davon müssen Brot, Holz, Öl, Kleidungsstücke, kurz alle Lebensbedürfnisse gekauft und die Miete bezahlt werden. Wie kläglich dieses von einem so kleinen Gewinn geschehen könne, wird jedem einleuchten, der weiß, was auch zu dem ärmlichsten Leben gehört. Diese Art von Menschen ergreifen nun jedes sich ihnen darbietende Mittel, es möge anständig oder unanständig, erlaubt oder verlaubt, gut oder schlecht sein, ihre Tage zu verbessern, sich die notwendigsten Lebensbedürfnisse zu verschaffen. Ihre Kinder schicken sie sobald sie gehen können, zum Betteln aus. Diese kommen dann nicht gehörig zur Schule und können wegen Mangel an Kleidungsstücken die Kirche nicht besuchen. Wie kann es nun anders sein, als daß unter dieser Art von Menschen sich das Gefühl für Religiosität und Sittlichkeit allmählich abstumpft und allerlei Laster unter ihnen die Oberhand gewinnen …«

Auch im Nachbarort Westerenger hatten die Meyerhöfe und die Großbauern durch die Markenteilung viele Hektar Land hinzugewonnen, die sie selbst nicht bewirtschaften konnten. Einige richteten deshalb für Neusiedler »Erbpachten« ein, mit einem Kotten, einigen Hektar Ackerland und Wiese. So auch der Bauer Middelmann, der etwa im Jahre 1810 den Kotten, den man später die *»Besitzung Westerenger 41«* bezeichnete, als Erbpacht anbot.

Es ist nicht bekannt, wie damals die *»Tagelöhner-Familie Asbrok«* in der Mühlenburg von diesem Angebot erfahren hatte. Sicher ist aber, dass das *»Königreich Westfalen«* mit Napoleons Bruder König *»Gérôme«* in Kassel (1806 bis 1813) und die *»Stein-Hardenbergschen Reformen«* in Brandenburg (1807) den Bauern und Leibeigenen die *persönliche Freiheit* brachten.

Das war wohl auch die Voraussetzung dafür, dass Albert Asbrok, der Sohn des früheren Leibeigenen und Heuerlings Heinrich Asbrok von der Mühlenburg, die Chance ergriff, den Erbpachtvertrag mit Bauer Middelmann zu unterzeichnen. Später konnte die Familie Asbrok sogar den Pachtvertrag ablösen und Eigentümer, also *»Kolon«* der Besitzung werden. Das war der Grundstein dafür, dass die folgenden Generationen mit Eigentum im Rücken das Elend der Abhängigkeit und die Unsicherheit der Vergangenheit verlassen konnten. Von diesem Grundstein profitierte später auch Hermann Josting, die Hauptperson dieser Geschichte, der aus den elenden Verhältnissen des *Kiskers* kam und 1887 seine Hanne Asbrok heiratete. Davon wird später zu erzählen sein.

Nach allem, was man weiß, hatten es die Urgroßeltern von Hermann Josting, um die es nun geht, nicht so gut getroffen. Man kann wohl davon ausgehen, dass sie zum Ende des 18. Jahrhunderts auch auf der Mühlenburg oder in ihrem Umfeld, gelebt haben. Wie berichtet löste die Mühlenburger Grundherrschaft das Problem der Übervölkerung unter anderem damit, dass sie ihre Marken, die verwilderten Brachflächen, an ihre abhängigen Heuerlinge, die man auch *»Ahröder«* nannte, mit *»etwas weniges Land und Heuwuchs«* verpachtete. So wurde auch die große Mühlenburger Flur im Spenger Süden, der

»verwilderte Kisker«, nach und nach gerodet und mit Kotten bebaut. Ab der Mitte des 18. Jahrhunderts wurden dort achtzehn Markkötter, Kleinkötter, Hoppenplöcker, deren Namen vorliegen, angesiedelt. Die Jostings waren nicht dabei.

Einige erhielten fünf oder sechs Scheffelsaat Land (etwa ein Hektar). Die meisten bekamen weniger und andere hatten gar kein Land, nur einen Garten mit Hühnern, dazu ein Stück Vieh, das in der restlichen Allmende, dem Kisker-Siek, geweidet wurde. Alle Kötter mussten mindestens an dreißig Tagen im Jahr auf der Mühlenburg Handdienste leisten, sowie zwei bis sechs Hühner und Eier abliefern. Einige, die nahe am Siek-Teich wohnten, mussten einhundert Krebse und sogar ausgenommene Stare bringen, soweit sie sie ›bekommen‹ konnten.

Auch im Kisker gab es wie überall Familien mit vielen Kindern. Kinderarbeit war üblich. In jedem Pachtvertrag stand: *»Kinder verrichten den Zwangsdienst.«* Die Frauen und jungen Mädchen mussten spinnen und weben. Die Webstühle waren nur geliehen, und wenn die Qualität des Leinens schlecht beurteilt war, gab es Abzüge. Die meisten Siedler bauten hölzerne Verschläge an ihre Kotten, um ihre Tiere, Geräte und Vorräte unterzubringen. Andere errichteten Anbauten für die vielen Kinder, dazu winzige Butzen als Austragshäuser oder Leibzuchten für die Altkötter.

Die ökonomische Leistungsfähigkeit der Familie bestimmte die Anzahl der »Esser«. Nicht umgekehrt. Wenn die Nahrung nicht ausreichte, gab es weniger zu essen, und jemand in der Familie, der entbehrlich war, musste gehen. Die jungen Frauen wurden mit Zustimmung der Grundherrschaft früh verheiratet und gingen fort. Die Söhne, soweit sie nicht für die Familiennachfolge vorgesehen waren oder erheblich zum Familienunterhalt beitragen konnten, mussten ebenfalls gehen. Als hörige Heuerlinge wurden sie an den

Grundherren »zurückgegeben«, der ja auch ihr Eigentümer war.

Eine Alternative, die immer mehr an Bedeutung zunahm, war die Auswanderung nach Amerika, auch ohne Zustimmung des Grundherren.

Die Zeit, die für viele ohnehin schon sehr schwierig war, änderte sich erneut. Für die meisten nicht zum Guten. Die Abschaffung der Leibeigenschaft, also die Befreiung der Menschen von der Grundherrschaft in der nach Napoleonischen Zeit förderte nochmals die Bevölkerungszunahme. In der ersten Hälfte des 19. Jahrhunderts hatte sich die Einwohnerzahl im Amt Spenge verdoppelt. Im Jahr 1830 kamen auf 850 »Behausungen« 6000 Personen. Mit sieben Personen pro »Behausung« – ausgenommen die Großbauern – war dies eine qualvolle Enge.

Auf der Mühlenburg entschloss man sich etwa im Jahre 1829 erneut, das Heer der ehemaligen Leibeigenen und jetzigen Tagelöhner, die häufig weder Wohnung noch Arbeit hatten und nur ›herumlungerten‹, in einer neuerlichen Siedlungsaktion in den Kisker zu bringen. Obwohl die Verhältnisse dort schon sehr angespannt waren, verbrachte man eine Vielzahl von Familien in kümmerliche Nebengebäude, Backhäuser, Leibzuchten und sonstige Butzen. Es werden handgreifliche Szenen beschrieben, in denen die Altkötter aus ihren Austragshäusern wieder zurück in die bereits überfüllten Kotten ziehen mussten, um den Neusiedlern Platz zu machen.

Die Leute waren zwar frei, aber ihre gesamte Lebensumgebung, wie Haus, Hof, vielleicht etwas Grund und Geräte waren nur gepachtet. Sie waren Tagelöhner, schutzlos und ohne Sicherheit.

Diese Neusiedler waren wirtschaftlich noch schlechter dran als die Kötter der ersten Besiedelung einige Jahre zuvor.

Es ist nicht belegt, aber einiges spricht dafür, dass die Familie Josting im 18. Jahrhundert, ebenso wie die Asbroks, zunächst Leibeigene der Mühlenburg waren.

Nach Aufhebung der Leibeigenschaft mussten wohl die Jostings, genauer Johann Heinrich Josting, geboren 1810, und seine Frau Anne Cathrine, geborene Ruter bei der zweiten Aussiedlungs-Welle in den Kisker dabei gewesen sein. Und sie waren es auch, die zwangsweise das kleine »Haus am Siek«, die Leibzucht oder das Altenteil-Haus des benachbarten Kottens, beziehen mussten. Beide Anwesen lagen direkt am Mühlenburger Weg. Dort hatten sie einen Garten, aber kein Ackerland. Sie mussten hölzerne Verschläge bauen für die Kuh, das Schwein, die Hühner und die Toilette. Man sagte, die Fliegen hatten es im Kisker besser als die Tiere und die Menschen.

Der kleine Garten und der Misthaufen lagen direkt am Haus. Nach ein paar Jahren wurde der Garten einmal vergrößert, weil er die Familie Josting nicht mehr ernähren konnte. Jetzt wuchsen dort dicht gedrängt Buschbohnen, Stangenbohnen, Erbsen, verschiedene Kohlarten, Zwiebeln, Möhren und vor allem Kartoffeln und Steckrüben. Davon wurde einiges, wie Rüben und Möhren, für den Winter in eine Miete gegeben. Weißkohl und Bohnen wurden als Vorräte mit Salz in große Steintröge eingelegt. Am Rande des Gartens standen einige Apfel- und Pflaumenbäume und natürlich ein Holzzaun, der wilde Tiere, wie Hasen und Füchse sowie die Hühner abhalten musste.

Im Haus gab es drei winzige Zimmer und einen Flur an der Eingangstür. Hier hingen Kleidung, Tücher, Seile und Gartengeräte. Auf dem Boden lagen Bütten und Holzwerkzeuge sowie sämtliche Holzschuhe der Familie. Das Feuerholz war an der Außenwand gestapelt. In der kleinen Küche stand ein schmaler, zweistöckiger Ofen. Unten wurde gekocht und das obere Fach diente der Warmhaltung und Trocknung. Gegenüber stand ein schmaler Tisch mit zwei Bänken. In den Lehmboden der Küche war ein Holzdeckel eingelassen. Darunter war ein Loch für die Vorräte wie die Tröge für das Sauerkraut und die Bohnen. Dann gab es noch die winzigen Schlafstuben für die Großeltern und die Eltern mit den Kindern.

Alle Siedler waren nur Pächter, besitzlose Tagelöhner. Und sie blieben Tagelöhner. Sie hatten kein persönliches Rechtsverhältnis mit dem Grundherren und mussten Pacht bezahlen.

Mit dem Gewinn der persönlichen Freiheit hatten sie die Mittellosigkeit, die Armut und das Elend neu erworben oder nur fortgeschrieben. Nur selten konnte jemand diese unterste soziale Ebene verlassen. Und somit dachten viele immer wieder über die Auswanderung nach Amerika nach. Sie war die erzwungene Kapitulation vor dem Elend.

4

März-Revolution in Spenge von 1848

Es gärte im Land, in der Spenger Heide und im Kisker. Dort, wo das Heer der besitzlosen Tagelöhner und Kötter wohnte, waren Elend und Unzufriedenheit am größten. Missernten, Hungersnöte, schlecht bezahlte Heimarbeit, Arbeits- und Obdachlosigkeit hatten ein nie gekanntes Ausmaß erreicht. Es genügte ein Funke, um einen Brand zu entfachen. Und dieser Funke kam am 18. und 19. März 1848 aus der Berliner *»März-Revolution«*. Dort führten die Ideen der Französischen Revolution, die in Deutschland nach der Napoleonischen Zeit wieder in der *Restauration*, also in der Wiederherstellung der autoritären Systeme, erstarrt war, zu Aufständen und Barrikadenkämpfen. Bereits einen Tag später, am 20. März, verbreitete sich die Nachricht von der Berliner Revolution wie ein Lauffeuer. Noch am gleichen Tag rotteten sich in Lenzinghausen und auf der Spenger Heide die Menschen zusammen. Ob die Jostings dabei waren, die zu der Zeit im Kisker wohnten, ist nicht bekannt. Ein Mann aus Klein-Aschen, nördlich von Spenge, wiegelte die Leute auf. Es war Zeit zum Handeln! Das soziale Elend sollte mit Gewalt beseitigt werden!

Wie berichtet wurde, kamen am Abend des 22. März 1848 auf der Spenger Heide Hunderte von Menschen zusammen, zum Teil bewaffnet mit Messern, Forken, Beilen, Äxten und Gewehren. Man wollte losschlagen. Der Revolutionszug, der aus etwa vierhundert Männern, Frauen und Kindern bestand, setzte sich zur Spenger Ortsmitte in Bewegung. Es heißt, man sang, lärmte und feuerte ab und zu einen Schuss ab. Man schlug Fensterscheiben ein, demolierte Läden und Gaststätten sowie das Feuerwehrhaus mit der Gefängniszelle. Angeblich wurden auch Nahrungsmittel und Textilien geraubt. Um Mitternacht zog man zu den Grundherrschaften Mühlenburg und Werburg, deren Verwalter nicht besonders beliebt waren. Auch hier randalierte man und richtete Schaden an. Dem Untervogt und dem Rentmeister wollten sie den Hals abschneiden. Dazu ist es nicht gekommen.

Noch in der gleichen Nacht forderten die Spenger Amtsleute obrigkeitliche Hilfe an. Bereits am anderen Morgen – was reichlich schnell ging – rückten dreihundert Soldaten aus dem etwa zwanzig Kilometer entfernten Bielefeld an. Die Revolution in Spenge fand nicht mehr statt. Einhundertachtundzwanzig Männer wurden festgenommen und verurteilt. Teilweise zu Festungshaft. Die Frauen und Kinder ließ man laufen.

Man richtete unter der Leitung des Spenger Seelsorgers, Pastor Weihe, eine Bürgerwehr ein, die – mit Hilfe der evangelischen Kirche – die öffentliche Ordnung sichern und das Elend der Unzufriedenen zementieren sollte. Dieser Skandal brannte sich bei vielen Kirchgängern ein. An den folgenden Sonntagen ging man nicht in Spenge sondern in den Nachbarorten *Wallenbrück* und Enger zur Kirche.

Nicht etwa, dass es bei den »Tumultanten«, wie sie genannt wurden, revolutionäre und sozialtheoretische Zielvorstellungen gab. Die hatte man den Aufständischen in Berlin und Frankfurt überlassen.

Hier in den übervölkerten Spenger Ortsteilen wurde man in das Elend hineingeboren. Armut und Hunger, Krankheit und Not, Knechtschaft und Gewalt, Obdachlosigkeit und Verwahrlosung bestimmten das tägliche Leben. Und die Leute sagten: *»Das ist kein Leben mehr!«* Die Leidensfähigkeit war erschöpft und schlug in Gewalt um. Aber die *»Revolutionäre«* waren führungslos und keine Profis. Und so wurden in Spenge die Notschreie erstickt. Und wenig später wurden auch die revolutionären Errungenschaften in der Frankfurter Paulskirche militärisch niedergeschlagen. Damit feierte das

soziale Elend in ganz Deutschland weiterhin fröhliche Ur-
ständ.

Die *»Spenger Sozialrevolution«* war damals bedeutungslos und ist
auch 170 Jahre später kaum bekannt. Sie wurde sogar vereinzelt als witziger Krawall dargestellt, zu dem man sich Mut an-
trinken musste. Nach der damals üblichen Priorität der »Täter
vor den Opfern« verschwand der Aufstand wohl aus dem öffentlichen Gedächtnis. Der unblutige Ausgang und der »blitz-
artige« Einsatz des preußischen Militärs gaben wohl auch den
Historikern wenig Anlass, die Vorkommnisse in Spenge in die
europäische Revolutionsgeschichte aufzunehmen.

5

Die Beiderwiedin und der Friemler

Anne Beiderwieden kam aus dem ländlichen Umfeld von Enger, der Stadt des Sachsenherzogs Widukind. Sie war dort in
einer großen Familie mit vielen Geschwistern aufgewachsen.
Sie und ihre Schwestern mussten schon mit acht Jahren als
»Würkemädchen« weben mit einer Tagesleistung von fünf bis
sechs Ellen (etwa vier Meter). Sie hatten nach zehn Jahren,
wenn alles gut ging, ihren Brautschatz verdient und konnten
heiraten. Für ihre Zukunft hatte die Beiderwiedin sich etwas
Besseres erhofft, als im Kisker verheiratet zu werden, wo das
Leben noch schwerer war als in Enger.

1854 heiratete sie mit achtzehn Jahren in erster Ehe den
Johann Hermann Josting. Das war der Bruder des *Friemlers*.
Dieser Johann Hermann starb bereits zwei Jahre später und
hinterließ einen Sohn, der ebenfalls Johann hieß, den aber alle
nur *Hannes* nannten.

Nach der Trauerzeit heiratete die Beiderwiedin 1858 in
zweiter Ehe ihren Schwager, Johann Heinrich Josting, den
Friemler. Das war wohl eine Vernunftehe. Sie war erst zweiundzwanzig Jahre alt und wusste, dass sie als Witwe ein noch
kümmerlicheres Leben hätte führen müssen.

Der Schwager, also der Friemler, war ohnehin im Haus,
weil er durch seine Webstuhlreparaturen zum allgemeinen
Lebensunterhalt beitrug und als übriggebliebener Josting ein
gewisses Anrecht als neuer Hausherr hatte. Er hatte bisher
kümmerlich in der Küche geschlafen und zog nun in die
Schlafstube seiner ehemaligen Schwägerin und jetzigen Frau.
Vereinzelt war zu hören, der Friemler habe sich in das Ehe-
bett seines Bruders geschlichen. Als die Beiderwiedin das
hörte, wehrte sie ab und meinte, dass man die Leute nur re-

den lassen sollte. Sie sagte auch überall, diese Lösung sei sehr zweckmäßig.

Aus der neuen Ehe kamen schon in den nächsten beiden Jahren zwei Kinder zur Welt, die nach kurzer Zeit starben. Die Ursachen sind nicht überliefert, aber die hohe Kindersterblichkeit war zweifellos auf die schlechten Lebensumstände zurückzuführen.

Der Friemler war Tagelöhner. Er half nebenan auf dem Kotten aus. Was gerade so zu tun war. Im Kisker gab es keine geregelte Arbeit. Jeder schaute nur, dass er über die Runden kam. Manchmal ging er hinüber zu den großen Bauern nach Lenzinghausen. Zur Erntezeit und beim Mistausbringen konnte man ihn brauchen. Er wurde meist mit Brot und Mehl entlohnt. Häufig kam er unverrichteter Dinge zurück oder ging weiter nach Spenge auf Arbeitssuche. Auch das war meist aussichtslos und so hütete er seine einzige Kuh nebenan im Siek.

Manchmal wurde er auch von den umliegenden Köttern und Bauern zum Reparieren eines Webstuhles gerufen. Und das kam so: Als er mit etwa 12 Jahren noch ein halbes Kind war, hatte er oft zugeschaut, wenn im Kotten nebenan ein Webstuhl repariert wurde. Dem Handwerker, der extra aus Bielefeld gekommen war, konnte er bald etwas zur Hand gehen und schließlich einige Reparaturen selbst vornehmen. Und so kam es, dass er regelmäßig gerufen wurde, wenn im Kisker und auf den angrenzenden Bauernhöfen ein Webstuhl defekt war. Er war technisch begabt und geschickt. Man nannte ihn deswegen den »Friemler«. Er half aus, wo er konnte, verdiente damit aber nicht wirklich Geld. Niemand hatte wirklich Geld. Und das bisschen, das die Weberei den Leuten einbrachte, musste dringend dem Lebensunterhalt dienen.

Als Lohn bekam er eine warme Mahlzeit oder brachte etwas Brot, Mehl, ein paar Eier oder etwas Kuchen mit. Bei den

Jostings trug er somit zum Unterhalt bei und durfte damals nach der Schulzeit vorerst in der Familie bleiben.

Der Friemler, war ein Sonderling. Natürlich wusste er, dass er nach der Hochzeit für den Lebensunterhalt der Familie zu sorgen hatte. Aber wenn es eben ging, vermied er schwere körperliche Arbeit. Er machte zu Hause die Stallarbeit und »proakte« im Garten. Er bastelte und reparierte gerne an den Häusern herum, steckte Pfähle für einen neuen Zaun oder eine Wäscheleine und stellte gegen Maulwürfe und Wühlmäuse Fallen auf. Er machte den Eingang zum Hühnerstall mit einem Klappensystem total sicher vor dem räuberischen Marder, wie er sagte. Wenn er sonst keine Arbeit fand, sammelte er mit seinem Stiefsohn Hannes Brennholz und hütete, wenn Hannes in der Schule war, die Kuh in der Siek-Allmende. Letzteres tat er wohl auch ganz gerne, weil er damit dem ständigen Verdruss des täglichen Elend entgehen konnte.

Die meiste Zeit wartete der Vater aber nur darauf, dass irgendwo ein Webstuhl repariert werden musste. Dann friemelte er so lange daran herum, bis der Schaden behoben war. Er hatte auch schon ein kleines Ersatzteillager für die gängigsten Reparaturen. Wenn ein besonderes Teil aus Bielefeld her musste, besorgte er es. Er ging gerne nach Bielefeld, in die Stadt, und kombinierte die Ersatzteilbeschaffung mit dem Verkauf der Leinen-Ballen, die die Frauen im Kotten gewebt hatten. Wenn die Last zu groß war, musste der Kötter mitgehen. Aber lieber ging er allein. Dann konnte er seinen Gedanken nachgehen, nach Belieben mit seinen Holzschuhen Kieselsteine »wegbölzen«, und er musste auf niemanden Rücksicht nehmen.

Jeden Morgen um sechs Uhr gingen die Beiderwiedin und kurz danach die Großmutter hinüber in den Kotten zum Weben. Dort im hinteren Teil der Deele standen dicht gedrängt sechs Webstühle. Die Kötterin und ihre Tochter, die beiden Frauen aus dem Siek-Haus sowie zwei Mädchen aus der Nachbarschaft webten von sechs Uhr morgens bis häufig spät in die Nacht das Leinen, das der Kötter zusammen mit dem Friemler alle paar Wochen nach Bielefeld zur »Legge« brachte. Die Legge war eine amtliche Einrichtung, die die Qualität des Leinens prüfen und garantieren musste. Dazu wurden die Ballen auseinandergenommen, gemessen, gereckt und gewogen. Die einheitliche westfälische Leinenqualität war in ganz Europa begehrt.

Die beiden Männer brachten dann ihre Ballen mit dem Leggestempel und einem Zettel zum Leinen-Händler. Dieser prüfte erneut, reklamierte hier und dort und zahlte meist einen reduzierten Preis. Neues Leinen-Garn für die Heim-Weberei kaufte man in Spenge günstiger als in Bielefeld. Die meisten Weber im Kisker hatten kein Land und mussten das Leinengarn kaufen. Diejenigen Bauern und Kötter, die Ackerland hatten, bauten Flachs an, verarbeiteten und spannten ihn zu Leinengarn. Das hatte plötzlich ein Ende, weil – so wurde gesagt – die Spinnmaschinen in Bielefeld den russischen und belgischen Flachs besser verarbeiten konnten.

Es wird berichtet, dass die Handweberei und Spinnerei etwa 1848 bis 1850 völlig am Boden lag. Die neuen Spinn- und Webmaschinen arbeiteten besser als die Heimarbeiter. In Bielefeld kam es zu Massenversammlungen der hungernden Weber und Spinner. Die Arbeitslosigkeit und der allgemeine Preisverfall führten zu existenziellen Krisen.

Und die Alternative, nach Amerika auszuwandern, blieb immer aktuell und wurde von vielen genutzt.

In der neuen Josting-Familie kam bald ein weiteres Kind zur Welt. Das war der kleine Hermann. Hermann Josting, der Protagonist dieser Geschichte.

36

6

Hermann und Hannes

Hermann Josting wurde am 16. Mai 1863 im Siek-Haus im Kisker geboren. Nur wenige nahmen Notiz davon. Das Haus war die ehemalige Leibzucht, das Austragshaus des benachbarten Kötters. Wie es aussah war das Kind gesund und lebensfähig. Der Kleine lag zwei Jahr lang in der hölzernen Wiege und musste dann seiner Schwester Anna, die im April 1865 zu Welt kam, Platz machen. Hermann kam dann zu Hannes in den Kasten, in das enge Schlafgestell mit der schäbigen Decke. Wie schon bei der verstorbenen Schwester, war dem achtjährigen Hannes das gar nicht recht. Er schob den Kleinen grob auf die Seite.

Hermann weinte viel, und bei den üblichen ansteckenden Kinderkrankheiten kam er mit angezogenen Beinen wieder in die Wiege. Die kleine Anna schlief dann bei den Eltern. Man stellte die Wiege in die Küche, wo es wärmer war.

Mit vier Jahren hatte Hermann Masern mit Fieber, Husten und roten Pusteln. Er sah furchtbar aus und jammerte viel. Schließlich röchelte er und und sein magerer, schwacher Körper zitterte. Die Großmutter kümmerte sich um ihn. Sie gab ihm Tee aus Salbei- und Thymianblättern, die als Hausmittel immer im Garten wuchsen. Sie päppelte ihn mit Milchbrei wieder auf. Als er über den Berg war und aufstehen konnte, spottete sein Halbbruder Hannes, er solle sich besser wieder in die Kinderkrippe zu Anna legen. Da könne er wie ein Baby jammern:

»'n richtigen Jungsken blärrt nich so rümme! So 'n hennigen Spucht!«

Hermann wehrte sich nicht. Wie sollte er auch. Er schaute einfach nur weg. Er war eher klein und in der Tat schmächtig und dürr. Kein Wunder bei der immer unzureichenden Nahrung. Er war auch oft ein bisschen unbeholfen, konnte Gefahren nicht richtig abschätzen, stieß gegen irgend etwas, fiel häufig hin und schlug sich die Knie, die Ellenbogen und die Nase auf. Pflaster gab es nicht. Die Wunden wurden unter vielen Tränen gewaschen, und, wenn es etwas Größeres war, mit einem halbwegs sauberen Leinen zugebunden.

Es war früher Morgen im Mai des Jahres 1868. Die Obstbäume im kleinen Garten des Siek-Hauses waren schon leicht beblättert und die Blüten waren zu sehen. An den Rändern der Wege und Zäune spross das junge Gras. Hin und wieder sah man Schlüsselblumen. Bei den Jostings im Kisker stand der Beginn des Frühlings nicht im Vordergrund. Die Mutter, die »Beiderwiedin«, hatte Hermann, der gerade erst fünf Jahre alt geworden war, und seinen Halbbruder Hannes, der acht Jahre älter und im letzten Schuljahr war, gegen fünf Uhr geweckt. Die beiden schliefen in dem schmalem Kasten im Schlafraum der Eltern, und bei den nächtlichen Rangeleien zog der kleine Bruder immer den Kürzeren.

Hannes sprang auf, stieß unsanft gegen Hermann und schrie:

»Uppsteun! Owwer 'n biaden hannig!«

Wie jeden Morgen stand Hermann in geduckter Haltung auf, zog in der Küche die Hose an, sein geflicktes Hemd und die fransige Joppe, suchte seine Holzschuhe an der Eingangstür und war froh, wenn er weiteren Schlägen und Beschimpfungen seines Bruders entging. Ohne Frühstück lief er hinüber zum Brunnen, auf dessen Mauer noch ein Kübel halb voll Wasser vom Vorabend stand. Er trank aus der hohlen Hand einen Schluck und wischte sich mit nassen Fingern über das Gesicht.

Sein Bruder Hannes hatte in der Küche seine Mehlsuppe gelöffelt und kam auch zum Brunnen. Er stieß seinen Bruder zur Seite, fuhr in gleicher Weise mit nassen Händen über den Kopf und schrie seinen Bruder an:

»Wat steuos 'te da harümme? Nu ma teu mi'm Wader!«

So war das jeden Morgen. Wenn es kalt war, zitterte Hermann am ganzen Körper. Er musste morgens als Erstes die Wasservorräte im Kotten, im Siek-Haus und in den Viehtränken auffüllen. Es gab keine Pumpe. Er musste das Wasser mit dem Holzkübel und dem Seil aus dem Brunnen ziehen. Eine schwere Arbeit und er konnte immer nur einen halben Kübel heraufziehen. Häufig weinte er dabei, weil er es einfach nicht schaffte. So dauerten die Wasseraktionen morgens und abends jeweils fast eine Stunde.

Der Vater und die Großmutter waren auch aufgestanden und löffelten mit der Beiderwiedin dicht gedrängt in der Küche ihre Mehlsuppe.

Wenn der kleine Hermann in der Frühe mit dem Wasserschöpfen fertig war, ging auch er in die Küche zu seiner Mehlsuppe. Dort saß meist auch seine Schwester Anna, die zwei Jahre jünger war und die jetzt in einem Kasten bei den Großeltern schlief. Die Milchsuppe war meist schon kalt und die anderen hatten für ihn nur selten ein Stück Brot übrig gelassen.

Die morgendliche Wasseraktion war nicht die einzige Schinderei. Hermann hatte dafür zu sorgen, dass in der Küche des Kottens und des Siek-Hauses immer ein Vorrat an Holz vorhanden war, um die Herde nahtlos befeuern zu können. Die größeren Holzvorräte lagen meist gestapelt an den Außenwänden der Häuser. Wenn es dort kein Holz mehr gab, machte man erst einmal ihn für diesen Mangel verantwortlich und schlug und beschimpfte ihn. Er hätte gefälligst früher Hannes, der für das Holzspalten verantwortlich war, sagen müssen, dass die Vorräte zur Neige gingen. Weinend erklärte er, dass der Hannes alles gewusst habe und wohl nicht zum Holz-Suchen und Spalten gekommen war. Wie gewöhnlich ließ Hannes seine Wut über die Petze seines Bruders an diesem aus und schlug ihn bei anderer Gelegenheit umso mehr.

Hermann wich seinem Halbbruder Hannes aber auch anderen Familienmitgliedern zunehmend aus. Er verstand vieles einfach nicht. Und mit wem sollte er über seine Probleme sprechen?

Hermanns Mutter, die Beiderwiedin, hatte wohl am wenigsten Zeit für ihn. Obwohl sie der Kopf der Familie war und deutlich bestimmte, wie alles weitergehen sollte, saß sie jeden Tag bis spät abends am Webstuhl im Nachbarhaus. Hermann sah seine Mutter eher selten.

Auch die Großmutter ging morgens nach der Hausarbeit in den Kotten zum Weben. Sie bereitete mittags ein spärliches Mahl und verschwand dann wieder im Nachbarhaus. Abends kamen alle unregelmäßig und zu unterschiedlichen Zeiten zurück. Manchmal gab es einen Rest Mehlsuppe oder ein Stück Brot.

Zurückgelassen in diesem Elend waren Hermann und seine kleine Schwester Anna. Wenn er so allein war, versank er häufig in seinen Gedanken und träumte. Wie immer träumte er davon, sich einmal satt essen zu können. Aber er sollte auch auf Anna und auf das Herdfeuer aufpassen. Aber das konnte er anfangs nicht, weil er noch zu klein war. Seine Mutter schimpfte ihn aus und sein Bruder Hannes ergriff wie üblich die Gelegenheit, er schrie Hermann an, stieß und schubste ihn.

Hermann hatte ein kümmerliches, freudloses Leben und nichts zu lachen. Er hatte das Kinderlachen entweder nie kennengelernt oder wieder verlernt. Nur seine Großmutter wusste, dass er lachen konnte. Sie war die einzige, die sich etwas um ihn kümmerte, die ihn tröstete, wenn er weinte, weil Hannes ihn geschlagen und gestoßen hatte. Sie hatte auch manchmal etwas Milch und ein Stück Brot aufgehoben, da alle anderen bei den Mahlzeiten immer bevorzugt wurden.

Hermanns Halbbruder Hannes, ging im Jahre 1862 mit sieben Jahren in die Volksschule nach Spenge. Im Winter sollte er täglich und im Sommer wenigstens einen ganzen Tag oder zwei halbe Tage in der Woche gehen. Hannes fehlte häufig.

Eltern, die ihre Kinder nicht in die Schule schickten, wurden einbestellt und zurechtgewiesen. Der Einwand, die Kinder würden zur Arbeit benötigt, galt nicht. Wer das Schulgeld nicht zahlen konnte, nahm »Armenmittel« in Anspruch.

Vom Kisker bis zur Schule in Spenge waren es sechs Kilometer. Schulbeginn war um sieben Uhr. Im Kisker gab es keine Uhren oder Wecker. Die Turmuhr der Spenger Kirche, die zur vollen Stunde schlug, war nur bei nördlichen Wetterlagen zu hören. Also verließ man sich der Jahreszeit entsprechend auf ein »kollektives Zeitgefühl«.

Hannes ging gegen sechs Uhr fort. Er schloss sich manchmal den Nachbarskindern zum gemeinsamen Schulweg an. Wenn die anderen schon weg waren, hieß das nicht, dass er zu spät war. Man mochte ihn nicht besonders und wartete nicht auf ihn. Das galt auch mittags für den Heimweg.

Hannes tat sich schon früh als Schreihals hervor und brauchte immer jemanden, vor dem er sich wichtig tun konnte. Am liebsten waren ihm Kinder, die ihm unterlegen waren, und mit denen er laut fechten und raufen konnte. Sein Bruder Hermann kam dafür nicht in Frage. Den konnte man nur anschreien und verprügeln. Aber die Kinder aus der Nachbarschaft ließen sich nichts gefallen und wollten mit Hannes nichts zu tun haben. Der Lehrer schimpfte heftig und grob, wenn sie morgens zu spät kamen. Er meinte: »Typisch Kisker!«

Der Kantor der Spenger Kirche, der Organist und Chorleiter, war auch Hauptlehrer der Schule. Die zweite Lehrerstelle hatte der Küster, der auch den Kirchendienst versah. Die notwendigen Lehrqualifikationen sind überliefert:

»Gute Religionskenntnisse und lobenswerte Bekanntschaft mit dem geschichtlichen Inhalt der heiligen Schrift. Er wisse seine Gedanken zu ordnen und könne sich richtig gut ausdrücken. Er soll auch die grammatischen Regeln der Muttersprache kennen. Er soll Kenntnisse auf den Gebieten der Geographie, Geschichte und Naturkunde haben. Im Rechnen geübt und gute Handschrift. Musik und Orgelspiel seien wünschenswert.«

Für ihre kirchlichen Dienste waren die Lehrer auf die Spendenfreudigkeit der Kirchgänger angewiesen. Für ihre Lehrtätigkeit mussten die Kinder Schulgeld bezahlen. Daher hatten die Lehrer ein besonderes Interesse an möglichst großen Schulklassen. Je mehr Kinder pro Klasse, desto mehr Schulgeld. Jostings Kinder gingen eher unregelmäßig zur Schule, da sie für die Haus- und Hofarbeit gebraucht wurden, wie die meisten Kinder im Kisker.

Der Ortsteil Kisker hatte einen schlechten Ruf. Die Spenger Volksschule unterhielt in Lenzinghausen eine Nebenschule, die für die Kinder aus dem Kisker viel näher lag. Schon vor Jahren hatten sich mehrere Eltern aus dem Kisker zusammengetan und den Antrag gestellt, dass ihre Kinder in die nur etwa zwei Kilometer entfernte Nebenschule in Lenzinghausen gehen sollten. Die Bauerschaft von Lenzinghausen lehnte ab. Mit den Leuten aus dem Kisker wollte man nichts zu tun haben.

7

Kinderalltag

Als der Großvater Ende des Jahres 1860 verstorben war, erhielt Hannes die Aufgabe, die Jostingsche Kuh in das allgemeine Weidegebiet am Siek zu treiben und dort zu hüten. Das war nicht gerade seine Lieblingsbeschäftigung. Allein sein nur mit der dummen Kuh, das war ihm zu wenig.

Als nun sein Bruder Hermann mit fünf Jahren für das Kuh-Hüten alt genug war, unternahm Hannes alles, um diese Aufgabe loszuwerden. Hermann war das gerade recht, weil er dann außerhalb der Reichweite seines Bruders war. Anfangs fürchtete er sich von dem großen Tier und war sich der großen Verantwortung für die Kuh nicht bewusst. Aber er kannte sich im Siek aus und gewöhnte sich schnell an die neue Aufgabe. Er wusste, wo gutes Gras wuchs. Er setzte sich neben die Kuh und behielt sie im Auge. Es war strikt verboten, die Kuh allein zu lassen, weil sich immer wieder übles Gesindel am Rande der Siedlung herum trieb, das sich an fremdem Eigentum vergriff. Aber manchmal, wenn er so dasaß, seinen Kopf ein wenig zurücklehnte, schlief er ganz kurz ein. Erschreckt fuhr er zusammen: Die Kuh war noch da. Das war das Wichtigste. Es war nicht auszudenken, was passiert wäre, wenn man ihm die Kuh gestohlen hätte.

Er war gern mit dem Tier allein, entfernt von jeder Schinderei und häuslichen Gewalt. Er grübelte viel und verstand vieles nicht. Warum war Hannes immer so grob zu ihm? Und wie konnte er das ändern? Ihm fiel dazu nichts ein, und fragen konnte er auch niemanden.

Oft träumte er auch nur so vor sich hin. Er träumte von einem besseren Leben, vom satt Essen, aber nicht von der Mehlsuppe. Er wollte nicht mehr frieren, wollte warme Kleidung tragen. Im Winter wollte er mit richtigen Schuhen und nicht mit Holzschuhen laufen. Er wollte Freunde haben, mit denen er spielen konnte. Vor allem wollte er nicht immer so viel arbeiten müssen und nicht wegen jeder Kleinigkeit geschlagen werden. Er träumte auch vom Zurückschlagen. Und dass Hannes einmal hinfiel und nie mehr aufstehen würde. Aber das war ein Alptraum.

Hermann wusste, wann die Kuh genug gefressen hatte. Er rupfte dann zusätzlich Gras, Löwenzahn und kleine Blätter von den Sträuchern und legte alles in Häufchen auf ein ausgebreitetes Tuch. Harte Stängel von großen Gräsern und Wildpflanzen legte er als Strohbüschel dazu. Er warf die verknotete Tuchladung über die Schulter und trottete mit der Kuh heimwärts. Er brachte die Kuh in den Verschlag, wo auch der kleine Schweinekoben und der Hühnerstall waren. Dort legte er das Grasbündel ab. Die Strohbüschel kamen in die Häcksellade. Das Zerkleinern musste Hannes machen, der auch zusammen mit dem Vater für die Stallarbeit zuständig war. Hannes brachte dann den Häcksel in die Vorratsbütte oder gleich mit Gras und Wasser gemischt dem Schwein. Für den Häcksel im Winter hatte man das Erbsen- und Bohnenstroh in großen Bündeln unter das Dach beim Eingang gehängt. Das Schwein schien mit jeder Nahrung zufrieden zu sein. Manchmal dampfte auch auf den Küchenherd ein großer Blechkübel, in dem halbfaule Rüben, Kartoffelreste, Erbsen- und Bohnenabfall sowie Schalen aller Art verkocht wurden. Ein Festessen für das Schwein.

In dem gleichen Kübel wurde bisweilen Wasser heiß gemacht für den Badetag. Der Vater lieh vom Kötter den Zuber aus, und Hermann musste ausnahmsweise nicht allein das Wasser aus dem Brunnen holen. Im Sommer fand die Badeprozedur draußen und hinter dem Haus statt. Im Winter badeten sie ohnehin nicht oft. Und wenn, dann gab es in der kleinen Küche ein großes Gedränge, weil dies ja auch der einzig warme Raum im Haus war.

Die Kuh bekam jedes Jahr im Frühsommer ein Kalb. Sonst hätte man ja keine Milch gehabt. Wenn die Zeit gekommen war, wurde der Vater ganz unruhig und lief ständig hinaus zu dem Verschlag. Der sensationslüsterne Hannes lief vorraus, schrie dabei herum und tat sich wichtig. Meist kamen beide gleich zurück, und Hannes war der Erste, der draußen schrie: »Se is no nich seou wuit! Se is no nich seou wuit!«

Wenn es endlich so weit war, gingen alle hinaus und sahen beim Kalben zu. Die Großmutter meinte dann, dass man der Kuh die Daumen halten sollte. Sie wusste natürlich, wie wichtig alle Tiere für die Familie waren.

Der Vater hatte schon früh gelernt, wie er im Bedarfsfall Geburtshilfe leisten musste. Er krempelte jedes Mal und für alle Fälle die Ärmel hoch. Meist musste er das Kalb nur auffangen, damit es bei der Geburt nicht so hart auf die Erde fiel. Nach ein paar Monaten wurde das Kalb verkauft. Das war das einzige, was etwas Geld einbrachte.

Die Kuh magerte im Winter ab und gab kaum noch Milch. Bei Schnee und Frost konnte man sie nicht in den Siek führen. Es war zu beschwerlich, den Boden freizukratzen, damit die Kuh etwas Gras, Moos und Laub fressen konnte. Eine Vorratshaltung war auf Grund der beengten Verhältnisse nicht möglich.

Das Schwein wurde immer im Frühjahr draußen auf dem Hof geschlachtet. Im Winter, wie es allgemein üblich war, ging das nicht, weil im Siek-Haus kein Platz war. Gleichzeitig kam dann ein neues, kleines Ferkel, das der Vater gegen irgend etwas bei einem Bauern eingetauscht hatte.

Den Hühnerstall betreute Hermann mit seiner Großmutter. Er musste ihn auskehren, freundete sich mit den Hühnern an, fütterte sie mit Gras und sprach mit ihnen. Er durfte dann die Eier einsammeln und in einem Korb in die Küche bringen. Als er einmal stolperte und zwei Eier zu Bruch gingen, wischte die Großmutter alles schnell auf, und damit war die Sache erledigt. Es tat ihm weh, wenn ein Huhn, mit dem er am Vortage noch gesprochen hatte, am nächsten Tag geschlachtet wurde. Die Familie aß tagelang von dem Huhn und er brachte keinen Bissen runter. Wie konnte er seine Hühner vor dem Schlachten bewahren? Er wusste es nicht. In jedem Fall musste er sie sorgfältig vor dem Fuchs und dem Marder schützen, indem er mit großer Gewissenhaftigkeit abends die Klappe an der Hühnerleiter schloss und sie am Morgen wieder öffnete. Im Winter bei hohem Schnee kratzten die Hühner nur noch auf dem freiliegenden Misthaufen, und zwar unter Aufsicht, damit der Fuchs sie nicht holte.

Im Herbst ging häufig die ganze Familie, manchmal auch nur die Frauen und Kinder, mit Leinensäckchen oder Körben in den Wald, um Eicheln, Kastanien und Bucheckern für die Schweine oder auch Beeren zu sammeln. Dabei gab es immer einen Wettstreit über die jeweils gesammelten Mengen. In besonders guten Buchecker-Jahren brachte man viele Kilo davon zur Mühle und kam mit zwei oder drei Litern Bucheckern-Öl zurück.

Wenn die großen Bauern in Lenzinghausen es erlaubten, konnten die Jostings nach der Erntezeit noch einmal über die Felder gehen und vergessene oder zu kleine Kartoffeln aufsammeln. Hilfreich war dabei ein vorangegangener starker Regenguss, der manchmal auf den Feldern wahre Schätze freilegte. Auf den Stoppelfeldern lasen sie mühsam einzelne Getreidekörner auf, die beim Mähen verlorengegangen waren. Wenn jemand noch eine ganze Ähre fand, hielt der Glückspilz sie als Trophäe in die Höhe.

Hermann war nun sieben Jahre alt und sollte im nächsten Jahr zur Schule gehen. Er freute sich darauf. Nicht, dass er sich auf die langen Schulwege und das Lernen freute. Nein, wenn Hannes nun seine Schulzeit beendete und dauerhaft zu Hause war, konnte er ihn, da er, Hermann, in der Schule war, nicht mehr so schikanieren. Und wenn er schon um sechs aus dem Haus ging, musste er wohl auch nicht mehr so viel arbeiten. Das wollte er dann mit seinen Eltern besprechen.

Aber noch war es nicht so weit.

An den nächsten Nachmittagen sollte er mit Hannes zum Holzsammeln in den Siek gehen. Er wusste, dass er dann wieder einiges abbekommen würde und hatte Angst davor. Häufig, wenn Hannes ihn nur sah, schlug er einfach zu oder trat nach ihm. Wenn Hermann weinte, reizte ihn das noch mehr. Er schrie ihn an, dass er kein richtiger Junge sei, nur eine Memme und kein Josting. Wenn es ging, suchte Hermann Schutz bei seiner Großmutter, die den Hannes einen brutalen und jähzornigen »Schweinepuckel« und einen »Bölkhannes« nannte. Seine Eltern griffen selten ein. Manchmal war Hermann so verzweifelt, dass er einfach nur weit weglaufen wollte. Aber wohin? Er tröstete sich damit, dass alles einmal anders werden würde, und er eines Tages dem Halbbruder alles heimzahlen wollte.

So verlief die frühe Jugend des kleinen Hermann Josting.

8

Schulzeit

Im gleichen Jahr 1870, als Hermann erstmals zur Schule ging,
kam noch ein kleiner Bruder zur Welt. Seine Mutter, die Beiderwiedin, tat sich schwer bei der Geburt, da der Kleine über
der Zeit und schon zu groß war. Es war ein kräftiger Sohn,
und er sollte August heißen. Richtig glücklich über den Nach-
wuchs war eigentlich nur sein Vater, der Friemler. Die Kinder
und die Großmutter meinten, dass das Siek-Haus ohnehin
schon viel zu klein sei für die Familie, und man wieder einmal
zusammenrücken musste. Jeder Neuzugang wurde – vielleicht
auch unbewusst – als Konkurrenz angesehen wegen der be-
grenzten Nahrung und der nicht ausreichenden Zuwendung.

Das Jahr 1870 war auch der Beginn des *»Deutsch-Französischen
Krieges«*, von dem man sich nach dem Kirchgang und in den
Wirtshäusern erzählte. Die Leute drängten sich vor dem Aus-
hang im Gemeindekasten, und Hannes brüllte überall:
»Kriag is! Kriag is! Scheten doan se!«
Manche fragten auch:
»Wer gegen wen?« Und: »Worümme dat denn wuia?«
In der allgemeinen Schreierei hörte man *»Emser Depesche«* und
»Vaterland«. Aber die wenigsten konnten damit etwas anfangen.
Einige wussten, dass ein gewisser *Bismarck,* preußischer Kanzler,
und sein König *Wilhelm* hinter allem standen, und es wieder ein-
mal – wie in allen Kriegen – um Machtansprüche besitzgieriger
Herrscherhäuser ging. Das alles war den einfachen Menschen un-
bekannt und völlig gleichgültig. In dem Aushang gab man bekannt, dass es um die *»Verteidigung des Vaterlandes«* ging. Und viele
wussten gar nicht, was ein Vaterland war. Brummend und auch

verunsichert gingen die Leute wieder ihren Alltagsgeschäften nach. Schließlich war alles vorbei und wieder Frieden. Ab dem 18. Januar 1871 gab es ein *»Kaiserreich«* in Deutschland mit dem Preußenkönig *Wilhelm I.* als Kaiser. Er war *»Seine Majestät«*, und es hieß *»Mit Gott für Kaiser und Vaterland«*.

In Spenge hatte sich nichts geändert. Ein paar Männer kehrten als Heimkehrer aus dem Krieg zurück, andere waren gefallen.

Hermanns erster Schultag stand kurz bevor. Er hatte allen Mut zusammengenommen und in Anwesenheit seiner Großmutter und des Hannes mit seinen Eltern wegen der morgendlichen Wasser- und Holzverteilung gesprochen. Sie waren einverstanden, dass Hannes diese Arbeit übernehmen musste. Die Verteilung am Abend musste Hermann allerdings wie bisher machen. Er schlief nun allein in dem Holzgestell mit der schäbigen Decke. Das war für ihn eine große Erleichterung wegen der ständigen Rempeleien seines Halbbruders. Hannes war zu groß und der Platz im Gestell reichte nicht mehr für Zwei. Hannes schlief ab jetzt auf der Bank in der Küche, wie es sein Stiefvater jahrelang musste. Entgegen Hermanns ursprünglicher Sorge hatte Hannes seine Wut über die Zusatzarbeit und die Küchenbank nicht an ihm ausgelassen.

Hannes war jetzt meist zu Hause oder er versuchte sein Glück als Tagelöhner. Bei der Menge der Tagelöhner hatte er wenig Chancen. Und wenn er etwas fand, musste er für eine warme Mahlzeit den ganzen Tag hart arbeiten und wurde trotzdem noch schikaniert. Viele nahmen ihn erst gar nicht in den Dienst, weil er als »Bölkhannes« bekannt war und aus dem Kisker kam.

Manchmal konnte man meinen, dass Hannes aufgrund seiner neuen Erfahrungen etwas ruhiger und bescheidener in seinem Auftreten wurde.

Hermann ging nun jeden Morgen um sechs Uhr zur Schule nach Spenge. Auf dem Weg schloss er sich der Kindergruppe der Erst- und Zweitklässler an. Manche trugen Holzschuhe, die meisten gingen barfuß. Die Kinder der ersten, zweiten und dritten Klasse wurden in einem einzigen Raum unterrichtet. Die Kleinsten saßen ganz vorn, die Großen hinten. Es war sehr eng. Die Kinder wurden in die Bänke gepfercht. Die Luft war schlecht, die Lüftung war noch schlechter. Wer keine Schiefertafel mit Griffel hatte, bekam eine aus »Armenmitteln«. Die kleinen Jungen saßen ganz still und ehrfürchtig, die Mädchen kicherten manchmal.

Der Lehrer hatte eine brummige, feste Stimme und bohrte in der Nase. Er war streng und teilte Stockschläge aus. Wenn die Schreibbänke nicht schnell genug geräumt waren, lief er durch die Reihen und schlug auf die Hände. Man musste die Handflächen nach oben auf die Bank halten, dann schlug er zu, und die Schläge hinterließen wenig Spuren. Wenn jemand sprach, lachte oder Faxen machte, kam er langsam näher, griff nach dem Ohr, drehte es gewaltsam um bis es richtig weh tat. Störer mussten sich mit dem Gesicht in die Zimmerecken stellen und durften sich nicht bewegen. Sein schwarzes Notizbuch war gefürchtet. Er schrieb Störer und Schüler, die zu spät kamen oder die keine Hausaufgaben gemacht hatten, unerbittlich auf.

Mit den Älteren übte er erbarmungslos Kopfrechnen. Die Kleinen mussten schreiben, was er an die Tafel schrieb, Buchstaben und Zahlen. Kirchenlieder-Singen war die Hauptbeschäftigung, bei der alle Kinder mitmachen konnten.

Hermann ging manchmal mit Herzklopfen in die Schule, weil er zu Hause wenig Zeit zum Lernen und Üben hatte. Und zu Hause jemandem eine Frage zum Unterrichtsstoff zu stellen, war nicht möglich. Schreiben war nicht seine Stärke. Er malte lieber und verschnörkelte die Buchstaben und Zahlen, was ihm immer wieder Stockschläge einbrachte.

50

9

Mit Pelle auf Krebs- und Fuchsjagd

Hermann hatte einen Freund gefunden. Einen Schulfreund aus der Nachbarschaft. Er hieß Peter Wittenbreder, aber alle nannten ihn nur Pelle. Er war der Sohn eines Kötters, der auch etwas Land besaß. Sie waren gleichaltrig. Pelle war etwas kleiner und trug im Winter richtige Schuhe. Er konnte gut Raufen, ohne dass es besonders weh tat. Raufen auf dem Schulhof war verboten. Auf dem Heimweg gab es manchmal kleinere Raufereien. Pelle und Hermann ergriffen immer Partei für die Schwächeren und Kleinsten, was ihnen nicht die Sympathie der Großen und Starken einbrachte. Einmal spaltete sich die ganze Kindergruppe in Pelle, Hermann und ihre Anhänger und in die Großen. Man ging tagelang nur hintereinander her, machte Grimassen, Drohgebärden und rief Schmähworte. Zu Handgreiflichkeiten kam es nicht. Pelle und Hermann gingen aus dieser Sache gestärkt hervor, und jeder erzählte zu Hause von ihrer heldenmütigen Standfestigkeit und der schändlichen Feigheit der Großen.

An einem Sonntag im Juli waren Hermanns und Pelles Familie zur Kirche nach Spenge gegangen. Hannes war zum Kuhhüten zu Hause geblieben.

Die Sonntagskleidung der Jostings war eher dürftig aber von der Großmutter so hergerichtet, dass man sich nicht schämen musste. Auf dem Hinweg grüßte man alle freundlich, die man traf oder die den gleichen Weg hatten. Man unterhielt sich aber nur mit seinesgleichen und nicht standesübergreifend. Wenn die größeren Bauern ein- oder zweispännig zur Kirche fuhren, erwiderten diese verhalten die Grüße der zu Fuß Gehenden. Man wurde aber nicht in der Kutsche mitgenommen, auch wenn man Nachbar war oder sogar auf dem gleichen Hof wohnte.

In der Kirche setzten sich die Jostings, wie es der Brauch war, in die hinteren Reihen. Die vorderen Plätze waren der Gutsherrschaft von Mühlen- und Werburg, den Großbauern, den Amtsleuten, den Kolonen und anderen wichtigen Personen vorbehalten. Nach dem Gottesdienst standen die Leute in kleinen Gruppen vor der Kirche, streng getrennt nach Stand und Herkunft. Die Bauern ließen ihre Kutschen vorfahren und die Kötter und Tagelöhner gingen zu Fuß nach Hause. Bis nach Lenzinghausen oder gar in den Kisker waren es fünf bis sechs Kilometer. In der kalten Jahreszeit, bei Regen oder Schnee, war der Kirchgang für die einfachen Leute mit den vielen Kindern sehr beschwerlich.

Und genauso beschwerlich war auch der Schulweg. Nur, dass es dort und während des Unterrichtes kaum Standesunterschiede gab. Alle lernten das Gleiche und zwar gemeinsam. Nur an der besseren Kleidung und an den Lederschuhen konnte man den Standesunterschied erkennen.

Nach dem besagten Kirchgang im Juli verabredeten sich Hermann und Pelle für den Nachmittag zu einem Streifzug durch den Kisker-Siek. Pelle war wie immer ganz begeistert, wenn ein Abenteuer bevorstand und war nach dem Mittagessen schon vor der Zeit bei den Jostings. Es war ein schöner Sommertag mit einer prallen Nachmittagssonne bei leichtem Wind. Sie hatten die Kirchgangs-Kleidung gegen ein Leibchen mit kurzer Hose getauscht. Die Großmutter meinte noch, dass sie sich vor dem Gesindel in Acht nehmen sollten, das im Siek die Krebse stehle. Man ging barfuß und mit Stöcken bewaffnet los. Hermann kannte sich natürlich gut aus und sie suchten erst mal die Stelle, wo es wilde Himbeeren gab. Dann erklärte er seine Geheimplätze, auf die er mit seiner Kuh zum Weiden ging. Schließlich schlichen sie hinüber zu dem eigentlich Siek mit dem flachen Weiher. Sie waren sich schnell einig, dass sie bei dem warmen Wetter ins Wasser gehen und sich abkühlen wollten. Der Weiher, durch den eine fast unsichtbare Strömung eines Baches lief, war ganz klar und nicht besonders tief. Wenn man sich lang hinlegte, war man soeben mit Wasser bedeckt. So lagen die beiden splitternackt nebeneinander, stützten sich mit den Armen auf den Kiesgrund und blinzelten in die Nachmittagssonne. Ab und zu lachten sie und gossen sich gegenseitig mit der hohlen Hand Wasser über das Gesicht. Sie standen auf, planschten und warfen flache Kiesel über das Wasser. Man sagte, dass diese Gegend wegen des Kieses im Siek der »Kisker« genannt wurde.

»Ik will di wat wuisen!«, sagte Hermann. »Da, kuik ma!«

Er hatte zwei Krebse gesehen, die gemächlich über die Kiesel krochen. Er nahm in jede Hand einen und zwar so, dass die Krebse ihn nicht zwicken konnten. Pelle staunte und sah sich interessiert die Zappelgeister an. Er nahm selbst einen Krebs zwischen Daumen und Mittelfinger und sagte:

»Na, du lüdden Kerl, chlicks kümm se in 'n Bullerpot!«

Im gleichen Augenblick sah Hermann am anderen Ufer, auf der Lenzinghauser Seite, einen Mann, der sehr schroff sagte, sie sollten die Krebse sofort wieder ins Wasser setzen. Es sei strikt verboten, die Krebse zu stehlen. Er ging zügig um den Weiher herum und zitierte die beiden nackten Kinder zu sich heran.

Als sie in Reichweite waren, erhielt jeder eine heftige Ohrfeige mit dem Hinweis, sich sofort anzuziehen, die Krebse in Ruhe zu lassen und zu verschwinden. Die beiden waren noch nass, zogen trotzdem ihre wenigen Sachen an und stürmten davon. Als sie einigen Abstand hatten, hielten sie an und mussten erst mal ausschnaufen. Hermann sagte, dass der Mann wohl der Bauer Bockhorst von der Lenzinghauser Seite gewesen war, der die Krebse zu bewachen hatte. Sein Vater hatte gesagt, dass er pro Jahr einhundert Krebse an den Grundeigentümer Mühlenburg abliefern musste. Sie waren ganz gut weggekommen mit der Ohrfeige, wenn es keinen weiteren Ärger gab. Die Eltern sollten von der Sache besser nichts wissen.

Der Winter war für die Schulkinder zweifellos die unangenehmste Jahreszeit. In den Holzschuhen konnte man noch so viele Strümpfe – wenn man sie denn hatte – übereinander anziehen, die Füße waren schnell kalt und häufig nass. Auch an Oberbekleidung mangelte es. Wirklich warme Sachen für einen langen und kalten Winter gab es nicht. Man musste sich dann mit Umhängen und Tüchern behelfen.

Die Kälte drang auch in die Häuser und Feuer gab es nur im Küchenherd. Manchmal wurde auch dort mit dem Feuerholz gespart. Es gab Wochen, in denen man nur voll bekleidet ins Bett ging. Wenn es zum Einschlafen einen heißen, flachen Stein vom Küchenherd gab, wurde alles gleich erträglicher.

Es war an einem verhangenen Schneetag im Februar, als am Siek-Haus ein mittleres Unglück geschah. Schon seit Wochen lag eine dicke Schneedecke über der Landschaft. Der Fußweg zur Schule war sehr beschwerlich. Fast jeden Tag gab es nasse Füße. Am Haus, auf dem Hofplatz am Brunnen hatte man schmale Wege freigeräumt. Der Misthaufen am Siek-Haus war die einzige schneefreie Fläche und wurde von den Hühnern zerkratzt.

Als Hermann mittags aus der Schule kam und die Hühner fütterte, fehlte ein Huhn. Die Suche ließ sofort das Unglück erahnen. Ein hungriger Fuchs musste das Huhn geholt haben. Die Spuren im Schnee waren deutlich. Ein paar Abdrücke eines ungleichen Kampfes, nur wenige Federn etwas Blut und die eindeutigen Fluchtspuren in Richtung Siek. »Na warte, dich kriegen wir schon!«, dachte Hermann.

Gleich nach dem Mittagessen – es gab nur eine dünne Kohl-suppe – kam Pelle, mit dem er Schularbeiten machen wollte. Hermann erzählte von dem Hühnermord, und dass sie sofort die Verfolgung aufnehmen mussten. Die Großmutter verkno-tete alte Leintücher sehr fest um die Holzschuhe, man lieh sich das Messer von Hannes, nahm zwei handlich Knüppel, und folgte der Fuchsspur in den Siek. Es dauerte nicht lange, und sie fanden zwischen den Sträuchern die blutige und mit Federn übersäte Stelle, an der der Fuchs seine Beute verzehrt hatte. Es sah so aus, als wenn er noch einen Rest des Huhnes mitgenommen hatte, da in der anschließenden Spur ab und zu noch eine Feder war. Sie besprachen sich leise, flüsterten, hiel-ten an, untersuchten die Spur. Sie waren sich einig, dass sie den Fuchsbau finden und den Räuber stellen mussten .

So ging das eine ganze Weile, und die Spur durch den ho-hen Schnee mit Holzschuhen zu verfolgen, war mühsam. Sie mussten oft anhalten und sich vergewissern, dass sie noch auf der richtigen Fährte waren. Schließlich sagte Hermann zwei-felnd:

»Säch ma Pelle, chlövs deu, dat wie hier no richtig sin?«

Pelle war unerbittlich:

»Wat deu all denks. Wi kroijet den schon, den äolen Voss, den Mörder! Den wet we afmurksen! Den neimt we hops! Dat säch ik di!«

Die Spur war erkennbar und neu, und der Fuchs konnte auch nicht ewig rennen. Und richtig. Plötzlich war die Spur weg. Sie stutzten und untersuchten vorsichtig die Umgebung. Dann sahen sie ihn, den Eingang zum Fuchsbau. Der Schnee war an dieser Stelle zusammengedrückt durch die vielen Spu-ren. Sehr verräterisch! Hermann bewachte den Eingang mit Hannes' Messer und dem handlichen Knüppel. Pelle suchte nach weiteren Eingängen. Und er fand auch einen Zugang mit weniger Spuren unter einer Baumwurzel. Die Sache war klar: Sie wollten den Fuchs einfach in seinen Bau einsperren und aushungern. Jeder musste erst mal seinen Eingang beobachten und höllisch aufpassen, dass er nicht entwischte. Sie steckten provisorisch umliegende Äste und Zweige in die Öffnungen. Dann sammelten sie weiteres Material, das sie unter den größeren Bäumen fanden, wo nicht so viel Schnee lag. Sie trugen Steine, viele kleine und große halb morsche Holzteile, Grasbüschel und sogar Laub herbei. Danach warfen sie Schnee in die Eingänge. Der Fuchs sollte frieren und nasse Füße bekommen. Jetzt begann die Stopfarbeit. Das Material wurde gemischt und unauflösbar in die Zugänge gestopft, festgetreten und mit Schnee bedeckt. Sie wollten wenig Spuren an ihrem Fuchsgefängnis hinterlassen.

Sie schauten sich an, lächelten und wussten, dass sie alles richtig gemacht hatten. Der Fuchs hatte seine Strafe erhalten. Auch wenn er hungrig war, war das kein Grund, ein Huhn zu stehlen und zu morden. Er hatte sich alles selbst eingebrockt. Es hieß immer, ein Fuchs sei sehr schlau. Aber so schlau auch wieder nicht. Pelle und Hermann waren schlauer.

Auf dem Rückweg redeten sie von nichts anderem, als von der Bestrafung des Fuchses. Und auch zu Hause mussten sich beide Familien alles haarklein von der listigen Heldentat anhören. Leider wurde das Huhn nicht wieder lebendig. Aber wenn die Heldentat erfolgreich war, konnte der gleiche Räuber nicht noch einmal zuschlagen.

10

Lisken

Hermann hatte mit zehn Jahren, als er in der dritten Klasse war, eine kleine Freundin. Sie hieß *Lisken Breckenkamp* und war neu in der Klasse. Er hatte sie immer ansehen müssen und konnte dem Unterricht nicht gut folgen. Eines Nachts war ihm, als habe er von Lisken geträumt. Er sah sie deutlich vor sich und ging zu ihr hin. Er ging, und ging, und hatte nicht das Gefühl, näher zu kommen und sie zu erreichen. Er empfand aber seinen schönen Traum als ein gutes Zeichen.

Einmal fragte er seine Mutter, ob er mal ihren Kamm und ihre Schere benutzen dürfte. Er wollte sich kämmen und die Haare schneiden. Die Mutter schickte ihn zur Großmutter, die für das Haareschneiden in der Familie zuständig war. Hermann meinte, dass die Großmutter es nicht gut genug machen würde. Man dürfe die Haare nicht einfach immer nur kurz abschneiden. Es gäbe jetzt eine richtige Frisur für Jungen, und man müsse das Haar richtig kämmen können. Daraufhin ließ man sein Haar wachsen, dass man es kämmen konnte.

Hermann war ein »hübscher Bengel«, wie man damals sagte. Da er sich viel draußen aufhielt, hatte er eine gesunde, braune Gesichtsfarbe, wie die meisten Kinder. Aber mit seiner einfachen und geflickten Kleidung sah er etwas ärmlich aus. Er fragte seine Großmutter, ob sie ihm nicht eine neue Hose und eine Jacke machen könnte. Die Großmutter war bekannt für ihre Geschicklichkeit, ihre Phantasie in der Nähkunst und für ihre vielen Stoffreste. Und so bastelte sie für ihn etwas Neues, was doch recht ansehnlich aussah. Bis spät in die Nacht, bei kümmerlichem Licht und mit grober Nadel – ihre Augen hatten etwas nachgelassen – nähte sie aus Leinen-Resten ein neues Leibchen mit Ärmeln, eine halblange Hose, in die sie einen Hosensack zum Aufbewahren eines glitzernden Steines und einer Kastanie einnähen musste. Für die kalte Jahreszeit gab es eine Joppe aus wollenen Stoffresten.

Aber da war noch die Sache mit den Holzschuhen. Natürlich gingen sie im Sommer barfuß zur Schule. Aber in der übrigen Zeit kam er um die Holzschuhe nicht herum. Lederschuhe für Kinder? Das war wirklich reiner Luxus.

So leidlich neu ausstaffiert mischte sich Hermann in den Schulpausen unter die älteren Jungen und spitzte die Ohren, wenn sie über Mädchen erzählten. Schließlich nahm er an einem lautlosen Herbsttag all seinen Mut zusammen und schloss sich auf dem Nachhauseweg der Kindergruppe an, in der auch Lisken ging. Sie wohnte in der Spenger Heide, ein ähnlich unbeliebter Ortsteil wie der Kisker. Und es ergab sich irgendwie, dass er neben ihr lief. Er sagte nichts und sie auch nicht. Aber er schaute häufig zu ihr hin. Als es nicht mehr anders ging, fragte er sie, ob sie immer diesen Weg ginge und wo sie wohnte. Das Eis war gebrochen und man sprach über die Schule, über den Lehrer und was man so machte. Dann bog sie zur Heide ab, und man trennte sich mit einem Lächeln und einem kleinen Handzeichen.

Als sie hinter einer Hecke verschwunden war, hielt er es nicht länger aus. Er rannte los, überholte die anderen Schulkinder, die verständnislos den Kopf schüttelten, und hielt erst wieder kurz vor dem Siek-Haus an. Er war total außer Atem, aber glücklich. Seine Mutter und die Großmutter, die gerade vom Weben aus dem Kotten kamen, fragten, was denn los war. Er strahlte nur und verriet nichts.

Von da an nahm er mittags regelmäßig den Weg, den auch Lisken ging. Morgens ging er mit Pelle den alten Schulweg und schließlich gestand er Pelle, dass er mittags wegen Lisken den anderen Weg nahm. Pelle schmunzelte nur und Hermann schwor, dass ihre Freundschaft darunter nicht leiden würde.

Lisken und der gemeinsame Schulweg waren auch der Grund, die Schule nicht zu schwänzen, auch wenn er manchmal dringend zu Hause gebraucht wurde. Auf dem Heimweg von der Schule sonderten sich die beiden manchmal etwas ab, machten Scherze und lachten viel. Bisweilen berührten sich zufällig ihre Hände. Und einmal fasste er mutig ihre Hand, als sie im Winter auf glattem Weg ausrutschte. Dann war alles wieder gut.

Zu Ostern des folgenden Jahres, an einem warmen Sonntag Anfang Mai, ging die Familie Josting nach Spenge zur Kirche. Man hatte sich einigermaßen herausgeputzt und saß wie üblich in den hinteren Kirchenbänken. Lisken und ihre Familie saßen eine Reihe schräg hinter den Jostings. Hermann hatte Lisken schon von weitem erkannt und konnte seine Freude kaum verbergen. Er bemühte sich, stur nach vorne zu schauen. Aber es gelang ihm nicht. Und immer wieder war der Drang, sie kurz anzusehen, größer als die Vernunft. Lisken hatte ihn auch längst gesehen, lächelte und gab ihm mit der Hand ein kleines Zeichen. Hermann merkte, wie sein Herz schneller schlug. Er wollte sich beherrschen.

Seine Mutter hatte die versteckte Techtelmechtelei ihres zehnjährigen Sohnes bemerkt. Ihr wurde sofort klar, was es mit dem Haarschnitt, dem Kamm und der neuen Kleidung auf sich hatte. Nun gut, sie sagte nichts, tippte ihn aber einmal an und gab ihm ein Handzeichen, nach vorn zu schauen. Als sich nach dem Gottesdienst die Kirche langsam leerte, suchten Lisken und Hermann noch einmal Blickkontakt, lächelten und gaben ein kleines Handzeichen zum Abschied.

Etwa eine Woche später hatte Hermann seinen elften Geburtstag. Seine Mutter schenkte ihm ein verspätetes Osterei mit einer Schleife und pflückte im Garten eine Blume.

»Hirm, ick häb ma wat met di to bekuiern, set di ma hin!«, sagte seine Mutter, und er setze sich an den Küchentisch. Sie hatte natürlich in der Kirche bemerkt, dass er und das Mädchen in der Reihe hinter ihnen sich immerzu angeschaut hatten. Ja, ein sehr nettes Mädchen. Wer das denn war und wo sie wohnte? Hermann druckste ein bisschen herum und beantwortete dann etwas erregt die Fragen der Mutter. Sie freute sich mit ihm und sagte aber, dass es für beide noch etwas zu früh war mit dem Techtelmechtel und sie ja noch so viel Zeit in ihrem Leben hatten. Häufig würde sich alles wieder ändern, und sie sollten nicht so weit gehen, sich gegenseitig anzufassen. Und wenn, dann höchsten an den Händen. Eine wirkliche Beziehung könnte er erst eingehen, wenn er schon einige Jahre aus der Schule war.

Hermann fragte seine Mutter, warum eigentlich seine Schwester gestorben war. Es wäre doch schön, eine ältere Schwester zu haben, von der man etwas lernen könnte. Seine Mutter sagte, dass die Schwester zu früh geboren und sehr klein und schwach war. Er, Hermann, sei ja ein hübscher, gutgewachsener Bengel. Natürlich könnte man jetzt noch gar nicht wissen, was aus ihm einmal werde. So wie es aussähe, würde ja wohl sein Bruder Hannes hier im Haus bleiben und er, Hermann, müsste sich später etwas anderes suchen. Er sollte schon mal in den nächsten Jahren immer die Augen und Ohren offen halten, wo er einmal bleiben und arbeiten könnte.

11

Das Kalb und die Hexe

Wie jedes Jahr bekam die Jostingsche Kuh im Frühsommer ein Kalb. So auch an einem Freitag des Jahre 1874, als Hermann elf Jahre alt war. Hermann kannte sich mit der Kuh gut aus, da er sie jahrelang im Siek gehütet und im Stall versorgt hatte. Wenn sonst niemand Zeit hatte, wurde er auch zum Melken eingeteilt.

Als nun das Kalb kommen sollte, sah er häufiger nach der Kuh, streichelte sie und redete ihr gut zu. Schließlich hatte seine Großmutter ihm auch immer zugeredet und ihn gestreichelt, wenn ihm nicht gut war oder er sogar krank darniederlag. Er hatte das Gefühl, dass sich die Kuh dieses Mal etwas schwerer tat. Sie war sehr unruhig, stampfte, schüttelte den Kopf und schrie mehr als gewöhnlich. Als es so weit war, diesmal mitten in der Nacht, wurden Laternen angezündet und die ganze Familie begab sich zum Stall. Der Vater krempelte wieder die Ärmel auf, um im Notfall zu helfen. Und diesmal musste er tatsächlich mitwirken. Das Kalb lag nicht richtig und die Kuh hatte es wohl gemerkt. Also musste der Vater tief in die Kuh hineingreifen, die Glieder des Kalbes sortieren und nacheinander alles herausziehen. Das war eine blutige Angelegenheit und Schwerstarbeit für die Kuh und den Vater.

Es schien alles gut verlaufen zu sein. Hermann machte das Kalb sauber und blieb die ganze Nacht bei ihm. Am nächsten Morgen sagte der Vater, dass man noch nicht wissen könnte, ob das Kalb durchhalte. Jemand müsste bei ihm bleiben und es zum Trinken anhalten. Hermann war sofort dazu bereit und ging nach seiner Milchsuppe wieder in den Stall. Er tat sein Möglichstes. Aber dem Kalb ging es nicht gut. Der Lebenswille war dürftig.

Dann hatte Hermann eine Idee. Er sagte, dass er am Sonntagmorgen dringend etwas besorgen musste und keine Zeit hatte. In Spenge war Jahrmarkt, den sein Freund Pelle und er besuchen wollten. Die beiden brachen nach dem Frühstück und den üblichen häuslichen Arbeiten auf. Hermann berichtete ausführlich von dem kranken Kalb und dass man ihm helfen musste. Lisken hatte ihm mal erzählt, dass es auf dem Spenger Jahrmarkt eine alte Frau gab, die Kräuter und Tinkturen verkaufte. Sie hatte für alles Heilmittel und konnte auch Ratschläge geben. Er, Hermann, wollte die Frau fragen, ob sie etwas für das Kalb tun konnte.

Auf dem Spenger Markt war nicht viel Betrieb, da am Sonntagmorgen viele Leute in der Kirche waren. Nach einigem Suchen und Fragen fanden sie die alte Frau.

Sie hatte keinen richtigen Marktstand sondern nur drei Klappstühlchen. Auf einem saß sie, und auf den beiden anderen hatte sie ihre Kräutersträuße, Salben, Pülverchen, und Tinkturen verteilt. Sie sah sehr alt, faltig und vergilbt aus. Sie war etwas sonderbar gekleidet und in große Tücher gehüllt. Die Schuhe konnte man bei der wallenden Kleidung nicht sehen. Die beiden jungen Leute grüßten freundlich, und die Alte brummte zurück. Hermann meinte dann, ob man etwas fragen könnte und ob sie einen Rat geben würde. Er erzählte dann die Geschichte von dem schwachen, neugeborenen Kalb.

»Häbbt jeu Geld, Penunsen, Piselotten?«, kreischte sie.

Die Jungen schüttelten den Kopf:

»We koamt aeud 'n Kisker.«

Die Alte nickte, überlegte und schüttelte den Kopf. Sie stieß Zischlaute aus, murmelte etwas und lachte ein paar mal schrill. Dann fragte sie, ob die Mutterkuh auch krank sei. Hermann verneinte, aber er wusste es nicht so genau.

»Nu heuert ma cheut teu!« Sie suchte in ihrem Kräuterarsenal einen etwa zwanzig Zentimeter langen, silberfarbenen

Stängel und hielt ihn hoch. Davon sucht ihr euch auf dem Nachhauseweg ein kleines Bündel, meinte sie, aber nur am Wegrand und in den Gräben. Das Kraut sei frisch gepflückt ebenso wirksam wie getrocknet. Zu Hause sollten sie die Blätter abstreifen und mit wenig Wasser zu einem Sud auskochen. Sie sollten einen sauberen Lappen mit dem lauwarmen Sud und Milch tränken und ihn dem Kalb gewaltsam ins Maul stecken. Man musste das Kalb festhalten, das Maul mit dem Lappen zusammendrücken und die Maulspitze hochhalten, damit der milchige Kräutersud in das Kalb hineinfloss. Das müsste man mehrfach wiederholen. Das Lappenende sollte vorn aus dem Maul herausschauen, damit das Kalb nicht den ganzen Lappen verschluckt. Der übrige Sud und der Rest, der noch beim Auswringen des Lappens blieb, sollten sie der Kuh in ihren Wassereimer geben.

Aber das war noch nicht alles.

Die Alte meinte mit schelmischem Grinsen, wenn man wegen der Wirksamkeit der Kräuter sicher sein wollte, müsste man das ganze spät abends machen und eine Hasenpfote unter das Kalb legen. Hermann und Pelle schauten sich wegen der Hasenpfote erstaunt an und fragten schmunzelnd das Kräuterweib, ob sie das ernst meinte. Die Alte gab böse zurück, man könnte das Ganze auch lassen. Dann wäre es nur schade um das Kalb. Die Jungen wehrten sofort lebhaft ab. Nur, wo sollten sie so schnell eine Hasenpfote herbekommen? Die Alte zeigte ihnen ihre Hasenpfote, wollte sie aber auf keinen Fall hergeben, auch nicht leihweise.

Dann hatte Pelle eine Idee: Ob es denn auch eine Kaninchenpfote sein könnte. Seine Eltern hielten zu Hause Kaninchen, und von der letzten Schlachtung sei bestimmt noch eine Pfote im Abfall.

Die Alte wiegte den Kopf und meinte, das wäre nicht sicher genug, aber man könnte es probieren. Das beste wäre, wenn es die linke, hintere Pfote war. Das hatte sich bewährt. Die magischen Kräfte der Kaninchenpfote wurden erst dann wirksam, wenn man fest daran glaubte, dass es eine Hasenpfote war.

Aber damit war es immer noch nicht genug. Die Alte sagte weiter, wenn man die Kaninchenpfote als Hasenpfote unter das Kalb legte, musste man noch einen magischen Spruch aufsagen, der sich seit einigen hundert Jahren bewährt hatte. Die Jungen sollten sich folgendes, aber auf Hochdeutsch, merken:

>> *Bei stiller Nacht*

Zur ersten Wacht,

In großer Not,

Fast halber tot,

Das Kalb beginnt zu klagen.

Oh armes Kalb, oh armer Magen.

Dein Leid verschwind,

Als wie der Wind.<<

Aus Erfahrung wusste die Alte, dass sich die meisten ihre Zaubersprüche nicht merken konnten, und so holte sie umständlich ein kleines Tintenfass und eine Feder hervor, mit der sie den Spruch auf Hermanns Unterarm schrieb. Und dieser sollte nicht gleich wieder alles abwischen. Ohne den Spruch war nichts wirksam.

Pelle und Hermann bedankten sich artig bei der Alten für den Krautstängel und die guten Ratschläge. Sie versprachen ihr, auf dem nächsten Jahrmarkt vom Ergebnis der Aktion zu berichten.

Als sie das Kräuterweib dann verlassen hatten, tauschten sie sich erregt und schmunzelnd über das gerade Erlebte aus.

»Säch mol Pelle, chlövs deu düssen Spökenkram?«, fragte Hermann.

»Hm, ick weed 'et nich. Ick chlööv, de Aeole is 'n Düvelswief, 'ne Hexe! Wat di ol weet!«

Sie überlegten alles hin und her, was sie nun wirklich machen wollten. In jedem Fall suchten sie erst einmal unterwegs das Kraut, das dem Kalb helfen sollte. Schließlich einigten sie sich, doch alles so zu machen, wie es das Hexenweib gesagt hatte. Zu Hause wollte man aber nur die Kräuterbehandlung ansprechen, den Sud kochen und die Sache mit dem milchig getränkten Tuch am späten Nachmittag beginnen. So weit, so gut, das konnte jeder wissen. Die magische Behandlung aber wollten sie am späten Abend heimlich durchführen.

So kam es dann auch. Das Kälbchen war wohl noch etwas schwächer geworden und ließ die Behandlung über sich ergehen. Pelle hatte zu Hause tatsächlich einen Kaninchenfuß gefunden, ihn zurechtgeschnitten und gesäubert. Bevor sie ihn nun zu später Stunde unter das Kalb legten, flüsterte Hermann, dass sie nun fest an den Hasenfuß glauben wollten. Er streckte dann seinen Unterarm vor und las den magischen Spruch langsam und leise.

Das war es dann. Beide streichelten noch einmal das Kalb und Pelle ging heim. Er sagte seinen Eltern, dass Hermann und er noch wichtige Behandlungen an dem kranken Josting-schen Kalb vornehmen mussten.

Hermann blieb in der Nacht bei dem Kalb und als er am anderen Morgen erwachte, hatte sich das Kälbchen tatsächlich erholt. Es stand sogar wackelig auf seinen dünnen Beinen und suchte offenbar seine Mutter. Hermann stellte es unter den Euter, nahm die hasenmäßige Kaninchenpfote weg, und die Welt war wieder in Ordnung. Er ging nach seiner Gewohnheit zum Brunnen, nahm einen Schluck Wasser und fuhr sich mit der nassen Hand über Gesicht und Kopf. Außerdem versuchte er den magischen Spruch von seinem Unterarm abzuwaschen. Als das nicht gelang, nahm er vom Boden etwas Sand und rieb damit heftig auf seinem Arm. Schon besser. Man konnte den Spruch zwar nicht mehr lesen, aber die Tintenspuren waren noch deutlich zu sehen.

Das mysteriöse Meisterstück von Hermann und Pelle sprach sich herum und schließlich wurde auch die direkte Mitwirkung des Spenger Kräuterweibes bekannt. Jemand erfand das Wort von der »*Magischen Kälberheilung*«, bei der Hermann und Pelle nur die ausführenden Organe der verhexten Alten waren. Den beiden Jungen war das egal. Förderte es doch nur das Ansehen unserer beiden Helden aber auch das der Kräuterfrau.

Dass aber besondere Verdienste auch mit einem Lob – zum Beispiel der Eltern – verbunden sein könnten, war im ländlichen Westfalen nicht wirklich verbreitet.

Als Hannes von dem Erfolg seines Bruders hörte, wäre er am liebsten vor Wut geplatzt. Er nahm sich fest vor, ihn das bei nächster Gelegenheit spüren zu lassen.

12

Opodeldok und Dulldill

Im Herbst des folgenden Jahres schlenderten Hermann und sein Freund Pelle erneut über den Spenger Jahrmarkt. Das war wie immer eine willkommene Abwechslung. Es gab viel zu sehen, Neues, Exotisches und viele Mädchen. Es roch nach Gebratenem, nach Gewürzen und Kräutern, nach Menschen und Viehzeug. Fahrende Händler lärmten und machten Späße. Doch alles kostete Geld. Und Geld hatten die Beiden nicht.

Sie mussten etwas Wichtiges erledigen. Der Kräuterfrau hatten Sie im letzten Jahr versprochen, ihr von dem Ergebnis der »*Magischen Kälberheilung*« zu berichten. Sie fanden die Alte am gleichen Platz wie im Vorjahr. Man hatte ihr schon längst berichtet, dass sie als Drahtzieherin der Kälberheilung bezeichnet wurde. Das war nicht ihr Schade, kamen doch nun viele Leute zu ihr, die ihren Rat suchten. Das Geschäft lief ausgesprochen gut und manchmal standen die Leute bei ihr Schlange.

Als sie die Jungen kommen sah, krächzte sie schon von weitem:

»Da sin jeu ol wuia. Dat was aeouk tuit, Ick häbb 'et scho hoiert, dat Kalf lewt no! ›*Magische Kälberheilung*‹, sächt de Luüe. Dat is, wat ick jümmer sächt häbbe!«

Die beiden Jungen gingen freundlich auf die Alte zu und bedankten sich für die guten Ratschläge. Ohne ihre Kraut-Arznei und die magische Hilfe wäre das Kalb gestorben. Das es heute noch lebt, habe man nur ihr zu verdanken. Als Gegenleistung könne man ihr aber kein Geschenk machen oder etwas bezahlen. Man habe nichts.

Die Alte winkte ab:

»Dat deout äouk nich neudich. Ick breouk nix. De Laden löppt cheout!«

Ob sie sonst noch etwas brauchen würden, fragte sie. Die beiden schauten sich an und Hermann meinte mutig, dass sie seiner Großmutter helfen könnte. Die habe wohl Rheuma und Gicht besonders in den Händen und im Winter immer starke Schmerzen. Die Alte nickte heftig, fragte nach dem Alter der Großmutter, fingerte auf den Klappstühlchen herum und zog kleine Säckchen hervor. Die Großmutter sollte viel trinken und zwar Tee mit Leinsamen und Birkenblättern. Warme Bäder mit Kamille und Heublumen seien auch gut. Sie reichte den beiden zwei Kräutersäckchen.

Dann griff sie in die Tiefen ihrer Kleider und Umhänge. Nach einigem Suchen, bei dem sie auch ärgerliche Laute abgab, präsentierte sie zwei bräunliche Spanschachteln, die nicht sehr vertrauenerweckend aussahen. Sie öffnete einen Deckel und zeigte eine gelblich graue Salbe, die sie *Opodeldok* nannte. Opodeldok, ja, das war ein gutes Mittel zum Einreiben. Gegen Gicht und Rheuma, aus Kampfer, Rosmarin- und Thymianöl. Das hatte schon dem Geheimrat Goethe, dem großen Napoleon und dem Kaiser Franz-Joseph geholfen.

Die Kräuter und die Salbe waren ihr Geschenk an die Großmutter und da brauchte man auch keinen Talisman oder Zauberspruch.

Und wenn es nicht half, hatte sie immer noch den *Dulldill*. Sie zeigte auf die andere Schachtel. Ein gefährliches Kraut, aber sehr wirksam. Das war für den Notfall. Wenn die Schmerzen zu stark wurden. Sie sagte:

»Dann müart we den Dulldill niamen, dat *Bilsenkraut*.«

Die Beiden wussten nicht, was es mit Dulldill und Bilse auf sich hatte. Jetzt nahmen sie die Kräutersäckchen und die Opodeldok-Schachtel an sich und waren von der Wirksamkeit der Arzneien total überzeugt. Bei dem Kalb vor einem Jahr hatte es auch gewirkt. Warum sollte es jetzt anders sein? So traten sie gut gelaunt den Heimweg an.

Im folgenden Winter klagte die Großmutter wieder über ihr Rheuma und die Gichthände. Ihre kleine Kammer wurde nicht beheizt und war eiskalt. Hermann drängte sie heftig, endlich die Kräuter zu nehmen, die er besorgt hatte. Er half ihr, so gut er konnte, mit dem Kräutertee und den warmen Armbädern. Er rieb ihr die Hände mit dem ›Wundermittel‹ Opodeldok ein, und es gab tatsächlich eine Schmerzlinderung. Über diesen Erfolg wurde in der Familie kaum gesprochen, wie das im ländlichen Westfalen üblich war. Und ein Kranker, dem es besser ging, musste auch wieder arbeiten.

Aber die Linderung hielt nicht lange an. Hermann nahm die Opodeldok-Salbe und legte sie nachts auf seine ›Hasenpfote‹, die eigentlich eine Kaninchenpfote war. Er sagte dann der Großmutter, dass sie beide nun fest an die Wirksamkeit der Salbe und der Hasenpfote glauben mussten. Nur das konnte helfen. Aber es half nicht merklich.

Hermann ging dann im Mai wieder zum Spenger Jahrmarkt und wollte den wirksameren Dulldill, die Bilsensalbe holen. Den hatte das Kräuterweib für den Notfall versprochen. Als er dann die Alte darauf ansprach, verzog sie ihr faltiges Gesicht und nickte bedächtig.

»Säou, säou, Notfall. Habb ik dat richtig heuert? Sin de Schmerzen so schlimm? Hm. Dann also de Dulldill!«

Sie suchte die Spanschachtel und erklärte, das sei sehr giftig, nicht essen, nicht rauchen, sehr dünn auftragen auf Hände und Arme und mit Leintüchern abdecken. Nur abends verwenden, danach schlafe man sehr gut. Und mal im Bett bleiben, wenn man morgens noch müde war. Ein Wundermittel, das den Schmerz bekämpfe aber müde mache. Hermann bedankte sich und fragte, ob er noch etwas mit der Hasenpfote machten musste. Die Kräuterfrau schmunzelte und meinte:

»Dat lot man sin! Dat wirkt äouk ohne Pfote.«

Als Hermann seiner Großmutter die Bilsensalbe, den Dulldill, zeigte, sagte sie:

»Davo häbb ik hoiert. Soll cheaut sin. Owwer äouk chiftich. Un dat cheout innen Kobbe.«

Man probierte es später aus und der *Dull* tat seinen schmerzstillenden Rausch.

Die Schule fiel Hermann nicht besonders schwer. Seine Leistungen waren jetzt auch ohne großen Aufwand immer befriedigend bis ausreichend. Er wusste die Zeit in der Schule für kleine persönliche Vorteile zu nutzen. Solange er in der Schule war, musste er zu Hause nicht arbeiten. In dieser Zeit konnte er auch einmal in Ruhe seinen Gedanken nachhängen, konnte von schönen Dingen träumen oder einfach nur faulenzen.

Hermann fragte einmal Pelle, ob er schon wusste, was er später werden wollte. Seine Mutter hatte ihm gesagt, dass Hannes das Haus übernehmen würde und er woanders hingehen müsste. Pelle meinte, dass das nichts Besonderes war. Auch in seiner Familie würde sein Bruder im Kotten bleiben und er sollte gehen. Sie unterhielten sich erstmals darüber, was man denn nach der Schulzeit machen könnte. Sie hatten beide – wie viele andere auch – das deutliche Gefühl, aus diesem armseligen Leben ausbrechen zu müssen. Erstmal wollten sie einfach nur weg. Sie wussten, dass viele von den jungen Leuten nach der Schule fortgegangen waren, zum Beispiel nach Bielefeld in die Webereien und Maschinenfabriken. Andere waren nach Holland gegangen oder sogar nach Amerika. Beide wollten die Augen und Ohren offen halten, Leute kennenlernen, die Bescheid wussten, und von denen man etwas lernen konnte. Erfahrungen hatten sie beide nur in der Landwirtschaft. Aber als Knechte auf Bauerhöfe wollten sie eher nicht gehen.

Aber noch war es nicht so weit.

13

Der Höpster

Eines Tages kam ein fahrender Händler, ein Höpster oder Tödder, mit Pferd und Wagen von Werther den Mühlenburgweg hinunter nach Spenge. Er war gleich frech auf den Hof des Kötters und vor das Siek-Haus gefahren. Alle Bewohner und die vielen Kinder der beiden Häuser waren zusammengelaufen, schauten etwas misstrauisch drein und flüsterten.

Der Tödder hatte alles geladen, was sich verkaufen ließ, Geschirr, Töpfe, Eisenwaren, Sensen, Stoffe, Garn, Kleidung, Holzschuhe aber auch Salz und Speck.

»We breaukt niks!«, sagte ein Umstehender.

Der Händler stieg vom Kutschbock und schaute herausfordernd in die Runde. Er war gut bürgerlich gekleidet. Seine Hände waren langfingerig ohne Arbeitsspuren. Er trug eine Peitsche, grüßte hierhin und dorthin. Er forderte lächelnd die Umstehenden auf, sich erst einmal von der Qualität seiner Waren zu überzeugen. Niemand regte sich.

Den Fahrenden ging häufig bei denen, die nichts kaufen konnten, der Ruf der Unredlichkeit und des Wuchers voraus. Deswegen schimpfte man über sie und bezeichnete sie als Quasselpötte, die nur Tüddelkram erzählten und die die Menschen zum Zeitvertreib vergackeiern wollten.

»De foiert nur för 'n Paselatant inner Chejend rümme.«

»Paselatant« stand für Zeitvertreib und war die ländliche Form des französischen »pour passer les temps«.

Aber heute im Kisker war der fesche Höpster noch nicht am Ende. Er holte noch einmal tief Luft und bot mit gesetzten Worten eine neue Erfindung für die Waschtage an. Eine Wäschemangel auf einem Gestell mit zwei Walzen und einer Kurbel sollte eine umwerfende Neuerung sein und eine große

Hilfe für die Hausfrauen und Waschmägde. Als Dreingabe wollte er für den Hausvater eine Bibel drauflegen. Die Umstehenden schauten schon sehr neugierig auf das Walzenwerk, wohl wissend, dass sich niemand das neue Wunderding leisten konnte.

Als der Fahrende merkte, dass kein Geschäft zu machen war, schaute er abfällig in die Runde und polterte laut und schnell seinen Standardspruch:

»Man sollte sich nicht wundern, wenn immer
mehr Leute nach Amerika auswanderten. Dort
gäbe es schon so viele Erfindungen, die das Leben erleichterten. Und die Menschen dort seien
viel aufgeschlossener als die Leute in Spenge und
im Kisker.«

Er wusste natürlich, dass niemand im Kisker Geld hatte. Aber er probierte es immer wieder. Es war schließlich sein Beruf.

Als er seinen Kutschbock wieder besteigen wollte, schaute er noch einmal zur Seite, sah dort Hermann stehen und sagte:

»Wie heißt du?«

Hermann schaute seinen Vater hilfesuchend an.

»Nun sag es!«

Er brachte schließlich stockend heraus, dass er Hermann hieß, und der Fahrende tat, als wenn er das schon gewusst hatte.

Dann fragte er:

»Und wie alt bist du?«

Hermann sagte es ihm und schaute sich unsicher um.

»Dann bist du alt genug. Ich nehme dich mit! Willst du mitfahren? Komm, steig auf! Ihr seid hier sowieso zu viele Leute. Hier hast du keine Chance, hier kannst du nichts werden. Komm mit!«

Die Umstehenden schauten einander fassungslos an. Die meisten waren empört über soviel Dreistigkeit und machten

Handbewegungen, dass der Fahrende endlich verschwinden sollte. Einer aus dem Kotten sagte deutlich vor sich hin:

»Heu het recht. We sen teo veele huier. Teo veele Kinner!«

Hermanns Mutter, die Beiderwiedin, rief dazwischen:

»Ne, ne, so choit dat nech. We häbbt huier koinen Minskenhandel. De Hirm blifft da. So choit dat nech! Un deu, met duinen Kram, mok, dass 'e wuidaküms!«

Hermann hatte gut zugehört, was der Fahrende gesagt hatte, auch über die Leute in Amerika.

14

Missionsfest

Hermanns Zuneigung zu Lisken Breckenkamp war ungebrochen. Natürlich hatte sich die ganz große Begeisterung nach der Ermahnung seiner Mutter etwas gelegt. Ihr Zusammensein beschränkte sich im Wesentlichen auf den Nachhauseweg von der Schule.

Aber es gab ja die Spenger Missionsfeste. Sie fanden seit vielen Jahren etwa Ende März in der Martins-Kirche und am Nachmittag auf einem der großen Spenger Bauernhöfe statt. Ein Volksfest mit vielen Hundert Besuchern.

Man versammelte sich mit dem Posaunenchor zum Gottesdienst auf dem Kirchplatz. Hermanns und Pelles Familie waren auch dabei. Danach strömte ein feierlicher Zug mit Pferde bespannten und Birken geschmückten Leiterwägen, mit Kutschen, mit der Blaskapelle und allen Festbesuchern zu dem großen Spenger Bauernhof. Dort fand das eigentliche Fest mit Buden, Ständen und Attraktionen statt. Man ging langsam von Stand zu Stand, suchte seinesgleichen, Nachbarn, Bekannte und Freunde. Die größeren Kinder lösten sich von den Familien und liefen in Gruppen umher. Sie genossen die Freiheit und das Gewühl der Veranstaltung. So auch Hermann und Pelle. Sie rannten davon, lachten viel, trafen Schulkameraden und Nachbarskinder.

In gleicher Weise waren auch Mädchengruppen unterwegs. Und zu einer dieser Gruppen gehörte auch Lisken. Auf dem letzten Schulweg hatten sich Hermann und Lisken abgesprochen, wenn sie mit ihren Eltern auf das Fest gingen, wollten sie sich dort treffen.

Die beiden gingen nun lachend und etwas verschämt aufeinander zu. Jetzt waren sie eine gemischte Gruppe, die frei von elterlicher Aufsicht war. Dabei fiel es auch nicht weiter auf, dass Lisken und Hermann sich immer wieder ansahen und sich ab und zu an den Händen berührten. Pelle musste feststellen, dass nun der engere Freundeskreis schlagartig aus drei Personen bestand.

Nach einiger Zeit spielte der Posaunenchor ein paar Kirchenlieder. Auch die jungen Leute sangen laut die einstudierten Weisen mit. Dass einige mit dem Text der zweiten oder dritten Strophe Probleme hatten, fiel nicht auf.

Hermann und Lisken standen beim Singen nebeneinander und die Außenflächen ihrer Hände berührten einander. Der Pastor sprach ein paar Worte, lobte den Anlass und den Bauern, der dieses Jahr das Missionsfest ausrichtete. Nach zwei weiteren Liedern ertönte eine große Handglocke und man sprach gemeinsam ein Gebet. Dann gab es den kirchlichen Segen und die Reihen lösten sich nach einem abschließenden Posaunenlied zögerlich auf. Man schlenderte in Gruppen über den Hof, über die große Deele und die beiden Scheunen, vorbei an den vielen Ständen, an denen es für alle ein Stück Platenkuchen und etwas zu trinken gab.

Das Fest war nicht nur für Hermann und Lisken die ideale Gelegenheit, einmal zusammen zu sein. Auch die Angehörigen aller Stände konnten sich austauschen. Sie konnten auch Probleme und Sorgen auf neutralen Boden standesübergreifend besprechen. Die eigentliche kirchliche »Mission« hatte somit eine wichtige lokale und private Komponente.

Im gleichen Jahr gab es eine Entwicklung, die wohl entscheidend dazu beitrug, dass sich Hermann und Lisken aus den Augen verloren. Die Gemeinde Spenge fasste im Jahre 1875 in Abstimmung mit der Preußischen Schulbehörde den Beschluß, in Südspenge eine Nebenschule einzurichten. Die drangvolle Enge in der alten Spenger Volksschule mit über

250 Kindern in zwei Klassenräumen und zwei Lehrern war nicht mehr tragbar. Trotz der Abgabe von einigen Kindern an die Schulen in *Wallenbrück*, Lenzinghausen und *Bardüttingdorf* sollte endlich in Spenge-Süd eine Nebenschule entstehen, also auch für die vielen Kinder im Kisker. Damit entfiel auch der lange Schulweg ins Dorfzentrum.

Als Schulgebäude fand man einen Kotten am Mühlenburger Weg, Ecke Vogelweg. Der neue Lehrer sollte im Kotten wohnen. Zwei Räume wurden zu einem Schulzimmer zusammengelegt und damit Platz für eine Klasse mit 50 Schulkindern geschaffen.

Darunter waren natürlich Hermann und Pelle. Beide gingen gern in die neue Schule, weil sie in zehn Minuten erreichbar war. Lisken ging weiter zur alten Dorfschule, und somit begegneten sich die beiden nicht mehr jeden Tag. Man sah sich manchmal in der Kirche aber ohne Gelegenheit, miteinander zu sprechen. Die Zeit ging über die Gefühle hinweg.

Die Nebenschule Spenge-Süd wurde sehr schnell von den Kindern und der Bevölkerung angenommen. Sie blieb jahrzehntelang eine identitätsbildende Einrichtung der Menschen im Kisker und im Spenger Süden. Im Jahre 1965 wurde sie nach neunzig Jahren unter großer Anteilnahme der Bevölkerung wieder geschlossen. Noch bis zum Schluss wurden etwa 80 Kinder in einer einzigen Klasse unterrichtet. Schließlich kam ein moderner Schulbus und brachte die Schüler zur neuen Spenger Grund- und Hauptschule.

15

Bielefeld

Hermann war im vorletzten Schuljahr, als er eines Tages mit seinem Vater nach Bielefeld gehen sollte, um die beiden Leinen-Ballen wegzubringen. Der Kötter aus dem Nachbarhaus, der ursprünglich gehen sollte, fiel wegen plötzlicher Erkrankung aus. Und so musste Hermann einspringen. In der Schule durfte er wieder einmal fehlen, was ja nicht unüblich war.

Man wollte gegen sechs Uhr in der Frühe losgehen. Es war Ende Mai, kurz nach Hermanns dreizehntem Geburtstag. Ein dunstiger Morgen. Der Morgentau und der Frühnebel lagen bleiern auf den Wiesen und den tieferen Feldern. Oben am Siek-Haus konnte man schon erkennen, dass sich die Sonne bald überall durchsetzen würde.

Hermann und sein Vater hatten ihre Rucksäcke dabei, in die sie ein paar persönliche Utensilien, ein Stück Brot und je zwei Möhren aus der vorjährigen Miete gegeben hatten. Der Vater nahm auch etwas Wasser mit in einer bauchigen Flasche aus dünnem Blech mit neuartigem Schraubverschluss. Er hatte sie auf dem Jahrmarkt in Spenge erworben. Man nannte sie auch »Feldflasche«, und sie hatte wohl einem Soldaten aus dem letzten Krieg gehört.

Die beiden Leinen-Ballen, die die Frauen in den letzten Tagen gewebt hatten, bestanden aus je fünfundzwanzig Metern Leinenstoff und waren jeweils zehn Kilo schwer. Man hatte sie einzeln in lange Säcke gesteckt, die nun von Hermann und seinem Vater geschultert wurden. Man nahm wortlos Abschied und die Frauen wussten, dass die beiden erst am Abend kurz vor Einbruch der Dunkelheit zurück sein würden.

Man ging wie immer die Werther-Straße über Häger nach Bielefeld. Für die etwa zwölf Kilometer würde man drei Stunden brauchen, und bei zehn Kilo Leinen auf der Schulter waren Pausen unvermeidlich.

Der Weg nach Häger führte hügelauf und hügelab mit abgeflachten Strecken. Die Sonne spitzte immer häufiger durch die Nebelschwaden und der Morgentau auf den Wiesen und Feldern glitzerte. Auf vielen Feldern wuchs schon wie aufgeschossen das junge Korn. Die Bäume und das Buschwerk der Gehölze trugen frisches, leuchtendes Grün, und bei den späten Arten blähten sich die Knospen, die olivfarbene und braungrüne Flächen ins Frühlingsbild setzten. Die beiden Leinen-Träger schenkten den Besonderheiten der Natur wenig Beachtung. Als sie nach den ersten zwei Kilometern in dem Dorf Häger ankamen, mussten sie die Ballen absetzen und eine Pause einlegen. Hermann fiel sofort der Länge nach ins Gras und befühlte seine Schultern, die diese Last nicht gewohnt waren.

Zwischenzeitlich strahlte die Sonne und der wolkenlose Himmel lag glasklar über der Landschaft. Vater Josting zog seinen Sohn nach ein Paar Minuten wieder auf die Beine und belud ihn mit dem Leinen-Ballen. Hermann stöhnte und biss die Zähne zusammen. Die Last musste mehrfach die Schulter wechseln, und so erreichten sie *Schröttinghausen*. Am Ortseingang machten sie erneut eine Pause Sie aßen eine Möhre und etwas Brot. Der Vater reichte Hermann die neuartige Wasserflasche. Er sagte:

»Jeu mot den Deckel van de Waaderflasken affschreouven.«

Hermann tat wie ihm gesagt, schaute sich den Schraubverschluss genau an und probierte ihn ein paar mal aus. Er vergaß darüber das Trinken. Sein Vater sagte:

»Nu drink ma 'n biadn Waader, dasse wuida upp 'e Buine kumms.«

Hermann schmunzelte und dachte an den Vorwurf des Wäschemangel-Höpsters, der ja meinte, dass die Leute aus dem Kisker neuen Erfindungen gegenüber nicht aufgeschlossen seien.

Schließlich rollte aus Richtung Schröttinghausen ein Pferdegespann heran. Dies war auch das Zeichen für Vater und Sohn, ihren Weg fortzusetzen. Als sich der Wagen näherte, traten die beiden etwas zur Seite, um das Gespann vorbei zu lassen. Der Fuhrmann hielt an, wies auf die Ladefläche und sagte:

»Wuit jeu euck na Builefeld? Dann stig ma achtern opp! De junge Mann deut se ja 'n biadn schweua mit de Ballen. Ik mot euk na Builefeld to 'n Chüderbahnhoof van de nuije Bahn. Ik bin Lohnkutscher un traspotiere ma dis un dat. Vandage um 'n Middach kümmt de Chüderzug ut Köln. Dann mot ik da suin. Seou, nu ma rupp! Et koss jeuo nix!«

Die beiden freuten sich sichtlich, hieften die Ballen auf den Kastenwagen und kletterten hinauf. Dieser war nicht so lang wie die Leiterwagen auf dem Lande und wohl eher für den Stadtverkehr geeignet. Die Straße war holprig, und die eisenbeschlagenen Räder übertrugen alle Unebenheiten und Schlaglöcher auf die Glieder und Sinne der Mitfahrenden. Hermann richtete sich häufig auf, um dem Gerumpel zu entgehen und um besser die Landschaft zu verfolgen. Er wollte nichts verpassen und schon gar nicht die ersten Eindrücke der großen Stadt Bielefeld. Schließlich schob sich langsam die Silhouette der Stadt in das Blickfeld. Aber bevor die großen, mehrstöckigen Gebäude erkennbar wurden, fuhren sie durch armselige Siedlungen. Behausungen der einfachen Arbeiter, der Spinner und Weber, der vielen Maschinenarbeiter, der Träger und Packer, der Dienstboten und Wäscherinnen. Es waren Elendsquartiere, zusammengezimmert aus Ziegelresten und Holzabfällen. Schmutzige und verwahrloste Kinder liefen schreiend hinter den Fuhrwerken her. Hermanns Vater erklärte alles so gut er konnte und meinte, da hätten es die Jostings im Kisker viel besser mit ihrer Kuh, dem Schwein und den Hühnern.

Die Neustadt mit den großen Bürgerhäusern lag hinter dem neuen Schienendamm der Köln-Mindener-Eisenbahn. Es war alles neu, vor allem für Hermann. Der hohe Bahndamm, die breite, eiserne Unterführung, die gepflasterten Straßen, die hohen, steinernen Bürgerhäuser, der prunkvolle Bahnhof, die vielen Fuhrwerke, beladen mit Kisten und Säcken, jede Art von Holzladung, Baumaterial und schwarze Steine, die man Kohle nannte. Neben der großen Bahnhofshalle lag der Güterbahnhof. Unser Kutscher aus Schröttinghausen reihte sein Fahrzeug in die wartende Fuhrwerk-Kolonne. Hermann und sein Vater stiegen ab, bedankten sich und schulterten ihre Leinen-Ballen. Vater Josting kannte sich aus. Hier begann die Landstraße nach Herford, an der die Bielefelder Spinnereien und Webereien lagen. Dazu die Handelshäuser mit ihren Lagerhallen und die neuen Maschinenfabriken. Sie alle wurden von der neuen Eisenbahn mit Rohstoffen beliefert und verschickten auf die gleiche Weise ihre produzierten Güter in viele Städte Deutschlands und Europas. Entsprechend gab es ein geschäftiges Treiben auf der Herforder Straße.

Hermann und sein Vater gingen in die Heeper Straße zu dem Ankaufbüro der Ravensberger Spinnerei. Seit vier Jahren musste man nicht mehr mit dem Leinen zur »Legge«, der staatlichen Qualitätsbehörde. Die Preußen hatten diese Einrichtung abgeschafft, da man erkannt hatte, dass mindere Leinen-Qualität einfach unverkäuflich war. Also musste auch jeder Heimweber gute Qualität liefern, wenn er einen ordentlichen Preis erzielen wollte.

Und trotzdem saßen die Aufkäufer immer am längeren Hebel. Die Warteschlangen der Heimweber vor den Handels-Kontoren waren jeden Tag lang. Bei handgewebtem Leinen gab es ein deutliches Überangebot. Man musste Geduld haben in der Warteschlange. Manchmal stritten die ländlichen Ballen-Träger, wenn sich jemand vordrängte. Einige redeten laut über die schlechten Zeiten und die knauserigen Aufkäufer. Viele, die aus der Kontor-Halle wieder herauskamen und ihr Leinen abgegeben hatten, sahen nicht glücklich sondern eher bedrückt aus. Manche schimpften über die »Banditen« in der Halle:

»Se mürt oll tum Deubel cheuern, düsse Spitzbuabm.«

Schließlich waren Hermann und sein Vater an der Reihe. Der Mann im Büro hieß *Knigge*. Man kannte sich und lächelte freundlich.

»Ah, de Jostings! Dat du kömms, trifft sich chut. Ik breauk dich!«

Knigge sprach halb platt und halb Hochdeutsch. Schließlich war man in der Stadt.

»Un wer is dat denn?« Er schaute Hermann an, und sein Vater sagte:

»Dat is Hirm, min Sohn. Heu wuillt ma weten, we dat hier so löppt. — Wat hässe denn for mui to deuon?«

Es hatte sich bis Bielefeld herumgesprochen, dass Heinrich Josting, der »Friemler« aus dem Kisker, Webstühle reparieren und Ersatzteile einbauen konnte. Die Bielefelder hatten ihm auch Werkzeug überlassen, da es einfacher und billiger war, wenn der Friemler vor Ort reparieren konnte.

»Hier sind Ersatzteile für 'n Webstuhl in Häger und einen in Spenge. Es ist alles beschriftet und die Adressen der Kotten liegen bei«, sagte der Händler und gab ihm einen festen Jute-sack.

»Aou, de is owwer schweuer«, meinte Heinrich Josting.

»Jeaou, jeaou, es soll dein Schade nich sein. Es sind zehn Garnrollen drin. Dein Reparaturlohn! Und nu zeig ma dein Leinen her, dass eure Mudder jemacht hat.«

81

Herr Knigge schaute nur flüchtig auf die auseinandergenommenen Ballen und wies seine Gehilfen an, alles wieder zusammenzurollen.

»Ik wet ja, dat ihr chutes Zeug maakt«, sagte er und zahlte einen guten Preis. Hermanns Vater bedankte sich mit Handschlag. Das war bei einem guten Geschäft üblich.

Der Aufkäufer sagte:

»Nu seht man teo, dass ihr nach Hause kümmt. Und denk dran, erst mol den Webstuhl in Häger reparieren.«

Heinrich Josting hatte das Geld eingesteckt, den schweren Sack über die Schulter geworfen, und die beiden zogen gut gelaunt an der Warteschlange vorbei. Kurz darauf hielt er an und gab aus dem Jutesack drei Garnrollen in Hermanns Rucksack. Die Last musste verteilt werden. Üblicherweise brachten sie aus Bielefeld kein Leinengarn mit, da man es in Spenge billiger kaufen konnte. Aber heute hatten sie mit den Reparaturaufträgen ein gutes Geschäft gemacht. Das war nicht die Regel. Heinrich Josting war stolz darauf, dass ihm seine Geschicklichkeit und Zuverlässigkeit regelmäßig einen Vorteil einbrachte. Nur seine Familie und der Kötter wussten von dem Vorteil, der sie etwas besser stellte als die Nachbarn im Kisker.

Als sie um die Mittagszeit wieder am Bahnhof vorbeigingen, kam gerade der Güterzug aus Köln an. Die beiden setzten sich auf eine niedrige Mauer und aßen den Rest ihrer Verpflegung. Hermann staunte nicht schlecht, als er zum ersten Mal in seinem Leben eine fauchende Dampflokomotive mit vielen Güterwaggons sah. Einige davon wurden auf ein Nebengleis geschoben und entkuppelt. Aus anderen wurde Stückgut entladen und auf den Laderampen für den Weitertransport gestapelt. Schließlich kam noch aus Richtung Minden ein Personenzug an, der nur kurz hielt und nach einem schrillen Pfeifton weiterfuhr.

Hermann hätte dem großartigen Treiben gerne noch länger zugesehen, aber sein Vater mahnte zum Aufbruch. Sie sollten ja in Häger noch den Webstuhl reparieren. Unterwegs stellte Hermann viele Fragen zu dem, was sie vorher gesehen hatten und was er nicht verstand. Was sind denn eigentlich Bahnschienen, dass sie solche Ungetüme tragen und steuern können? Und wieso können sich Lokomotiven von allein bewegen, ohne dass sie von Pferden gezogen werden? Er fragte auch seinen Vater, warum denn so viele Menschen mit dem Personenzug führen und wohin man überhaupt fahren könnte. Sein Vater beantwortete alles, wenn es auch manchmal etwas oberflächlich blieb. Dann fragte Hermann noch, ob man mit dem Zug auch nach Amerika fahren könnte. Sein Vater schmunzelte und sagte, dass man dorthin mit einem großen Schiff über das Meer fahren müsste. Und warum er das denn wissen wollte? Hermann sagte: »Och, nur so!«

In Häger fragten sie nach dem Kötter Brunig und setzten dann das Ersatzteil mit wenigen Handgriffen in den Webstuhl. Man probierte alles aus und machte sich wieder auf den Weg. Aber dann gab es in Häger noch die Gastwirtschaft. Vater Josting meinte, dass sie ja heute so viel geschafft und Erfolg gehabt hätten und man darauf einen Schnaps trinken müsse. Hermann zuckte mit den Achseln und sagte nur:

»Wenn 'e muins.«

Sie gingen hinein, sein Vater bestellte, trank und ließ ein wenig übrig.

»Wisse ma probuiern?«, fragte er Hermann. Dieser lehnte ab, überlegte es sich aber sofort wieder anders und trank den Rest. Er räusperte sich, hustete und verzog das Gesicht.

»Dat es nix for mich!«

Sein Vater lachte und klopfte seinem Sohn auf den Rücken.

»We votellen dat nich de Mudder, is dat klar?«

»Is klar«, sagte Hermann kumpelhaft.

Auf den letzten Kilometern des Heimwegs meinte sein Vater, dass Hermann ja heute einiges gelernt habe. Er habe vor allem gesehen, dass es in der Stadt keine Land- und Ackersleute gäbe, sondern viele Menschen mit ganz anderen Berufen, in denen man auch gut verdienen könnte. Man könnte am besten leben, wenn man ein Spezialist sei. Wenn man etwas könnte, was andere nicht können. Und so sei es ja auch mit der Webstuhlreparatur. Da sei er Spezialist, und niemand in Spenge und der ganzen Umgebung könnte so etwas, nur er. Und für die neuen, modernen Maschinen wollte er sich als Fachmann ausbilden lassen. Damit könnte er gutes Geld verdienen.

Hermann hörte zu, blickte ab und zu auf und schoss mit seinem Holzschuh immer wieder Steine auf dem Schotterweg fort. Für ihn waren die Webstühle seines Vaters nicht so spannend. Er wollte sich damit nicht beschäftigen. Es war ihm zu viel.

Sein Vater wurde in den nächsten Monaten immer häufiger von seinem Bielefelder Leinen-Aufkäufer, der ja auch die Leihwebstühle zur Verfügung stellte, für Reparaturen, Auswechselung der Stühle und Neuanleitungen eingesetzt. Er erhielt intensive Einweisungen in die neuen Techniken und richtete schließlich im Nachbarkotten eine Werkstatt mit Spezialwerkzeug und Ersatzteilen ein. Er war der Hauptverdiener des Siek-Hauses und des benachbarten Kottens. Der Lebensstandart stieg in beiden Familien und sie konnten sich hier und da etwas Besonderes kaufen. Wenn man zum Beispiel nach den jährlichen Schlachttagen bei einem Bauern ein neues Ferkel erwarb, wurde dies bar bezahlt und nicht gegen etwas eingetauscht.

Das sprach sich herum.

Aber die Menschen aus dem Kisker hatten nun mal einen schlechten Ruf. Den Spitznamen »Friemler«, den man auch mit Tiftler oder sogar Murkser, gleichsetzen konnte, hatte

Hermanns Vater bis ins hohe Alter. Schlimmer war, dass er manchmal auch *»Bönhase«* genannt wurde. Das war ein Schimpfwort für Handwerker, die von den Zünften nicht zugelassen waren und trotzdem in versteckten Buden oder Dachböden teils mangelhafte Leistungen, also »Pfusch« anboten. Hermanns Vater war kein »Pfuscher«. Die ihn so bezeichneten waren nur neidisch und missgünstig.

Aufgrund seiner Fähigkeiten konnten sich schließlich die Großmutter und die Eltern für den Kirchgang und für besondere Anlässe neue Kleidung und Lederschuhe leisten. Und als Hermann im Folgejahr die Schule verließ, kaufte man auch ihm und allen Geschwistern schwarz glänzende, hohe Lederschuhe.

Das konnten alle sehen.

Hannes, Hermanns Halbbruder, hatte vor einiger Zeit eine Stelle als Hilfskraft bei der Jostingschen Zimmerei-Verwandtschaft in Wallenbrück bekommen. Anfangs war er jeden Tag hin- und zurückgegangen, bis er dort auch eine Schlafstelle fand. Von der Haus- und Hofarbeit, für die Hannes im Kisker zuständig war, musste Hermann einiges übernehmen.

16

Schwere Gedanken

Hermann dachte nicht gern an seine Zukunft. Er bummelte in den Tag hinein. Gewiss, seine Aufgaben am Siek-Haus und am Kotten erfüllte er sorgfältig aber ohne Begeisterung. Er führte sich zunehmend merkwürdig auf, war schamhaft und verbarg seine Gefühle. Gegenüber Pelle oder anderen Gleichaltrigen wollte er derb und als Spötter erscheinen, in keinem Fall als Weichling. Aber immer gelang ihm das nicht.

Pelle erzählte auf dem Schulweg etwas großspurig, dass er nach der Schule keinesfalls in Spenge bleiben würde. Wenn man es zu etwas bringen wollte, müsste man hier weg, zum Beispiel nach Bielefeld oder in eine andere große Stadt. Diese klare Ansage verwirrte und bedrückte Hermann noch mehr. Er sagte etwas spöttisch:

»Wenn'e moanst, Pelle. Owwer da küanst 'e äuok seggen, du cheuos na Amerika«

Nein, nach Amerika wollte Pelle nicht. Das war so weit weg, und da müsste man ja Englisch sprechen. Hermann entgegnete, die Menschen in Amerika hätten viele neue Erfindungen und sein viel aufgeschlossener als die Menschen im Kisker. Sie schlenderten weiter und plötzlich sagte Hermann, man könnte auch Soldat bei der Marine werden. Da habe man sein Auskommen, gute Kameraden und komme in der ganzen Welt herum. Darauf wusste Pelle keine Antwort und sagte:

»Wenn'e moanst, dat dat was is?«

Zu Beginn des Jahres 1877 setzten sich Hermanns Eltern mit dem Dreizehnjährigen zusammen und fragten ihn, ob er sich schon überlegt hätte, was er nach Ostern, also nach seiner

Schulentlassung machen wollte. Hermann war irgendwie darauf immer noch nicht vorbereitet und antwortete unwillig und ausweichend. Warum sie das denn wissen wollten? Man werde schon sehen, wie es weiterginge.

Seine Mutter sagte deutlich, es sei so üblich, dass er nach der Schule, wenn er vierzehn Jahre alt sei, aus dem Haus gehen und für sich selbst sorgen müsse.

Diese Üblichkeit war das Resultat der Familienpolitik der einfachen Leute. Man hatte Kinder in die Welt gesetzt, wie alle anderen Mittellosen auch. Jedes Jahr eines. Häufig überlebte nur die Hälfte der Kinder. Die absolute Armut, Missernten, der wenig ertragreiche Boden und die Knebelung durch die Pachtverträge zwangen sie, dass die Kinder aus dem Haus mussten. Nur einer der Jungen durfte bleiben. Die Schwestern hatten Glück im Unglück. Sie konnten oder mussten heiraten, wenn sie ansehnlich waren. Wenn nicht, gingen sie als Dienstmagd und wurden ausgenutzt.

Und das war nicht nur im Kisker so. Das Elend und die Verzweiflung waren überall gleich. Aber bei den Ausgewiesenen wie Hermann, stand natürlich das Elend des *Kiskers* als Ursache und Quell des ganzen Übels.

Bei Hermanns Gespräch mit seinen Eltern ergänzte schließlich sein Vater, er sähe für die erste Zeit nach seinem Schulabgang noch eine Übergangsmöglichkeit. Hannes, sein Halbbruder, der ja einmal das Familienoberhaupt im Siek-Haus werden würde, habe als Knecht in Wallenbrück eine feste Anstellung. Und solange er dort noch wohnen würde, könnte Hermann im Siek-Haus bleiben. Er müsse allerdings einen Großteil der Hofarbeit übernehmen und durch Lohnarbeit zum Unterhalt der Familie beitragen. Er sollte sich das alles überlegen.

Hermann nickte bedrückt. Er wollte sich jetzt auf die Suche nach einer Anstellung in Spenge machen, oder auch in

Bielefeld oder in Amerika. Seine Eltern schmunzelten und sagten:

»Na, Hirm, denn man teou!«

Die letzten Monate bis zu seiner Schulentlassung vergingen, ohne dass etwas passierte. Aber auch nachher dümpelten seine Bemühungen vor sich hin. Hermann war ja nicht gerade schüchtern, aber wenn er versuchte, den einen oder anderen auf eine Stellung anzusprechen, ging das nicht gut aus. Hermann wusste nicht, wie man es anstellen musste, sich richtig »umzuhören«. Die meisten seiner Schulkameraden waren in der gleichen Situation. Aber er konnte eigentlich nicht richtig mit ihnen und auch nicht mit seinen Eltern über Zukunftspläne reden. Er schaute sich häufig verstohlen um, als wollte er ohne Zukunftsaussichten nicht gesehen werden. Wenn er unterwegs Leuten begegnete, die ihn kannten, grüßten diese und lächelten. Er kam aus dem Kisker und wusste nicht, ob sie ihn anlächelten oder über ihn lächelten. Vielleicht war es ein mitleidiges oder schadenfrohes Lächeln. Er fühlte sich irgendwie in einer Sackgasse. War das die Wirklichkeit in seinem Leben, dass er nur darin herumstolperte? Er musste in jeden Fall etwas tun. Etwas machen, was andere offenbar besser konnten als er. Wieso kam er in dieser Sache nicht weiter? Was machte er falsch? Gab es für ihn wirklich keine Chance? Irgendwie hatte er sich selbst in eine Situation gebracht, in der er mit niemandem über seine Probleme reden konnte. Schließlich wurde ihm immer deutlicher, dass er nur ein völlig mittelloser Tagelöhner aus dem Kisker war. Er erkannte auch, dass sein Halbbruder Hannes nach seiner Schulzeit in der gleichen Situation gewesen war. Und wenn Hannes nun aus Wallenbrück zurückkehrte, musste er, Hermann, das Haus verlassen.

Dann fiel ihm das Spenger Kräuterweib ein. Mit dem könnte er mal reden. Und als der Jahrmarkt anstand, ging er hin. Er brauchte nur ihren Rat. Er erzählte ihr alles, auch über die Familie, und sie hörte verständnisvoll zu. Nach einer Pause brummelte sie mehrfach:

»Dat es schweouer, sehr schweouer!«

Nach einer weiteren Pause nannte sie zwei Orte und einen Namen: »Bielefeld«, »Amerika« und »Hannes lebt nicht lange.«

Er fragte sie, ob das alles war, und sie nickte ungeduldig ohne ihn anzusehen. Das war wohl nicht viel. Hermann hatte das Gefühl, dass sie eher ratlos war und war enttäuscht. Die Kräuterfrau hatte auch »Amerika« genannt. Er erinnerte sich an seinen amerikanischen Traum, den er in seiner Schulzeit immer mit sich herumtrug. Er raffte sich auf: »Sei mutig! Du musst etwas wagen!« Er ging zu dem Auswanderungsagenten *Jakob Vogel* in Spenge und erkundigte sich, wie man am besten nach Amerika käme. Er wollte einfach nur weg und seiner unglücklichen Situation entfliehen. Amerika stand für das Land der Verheißungen und für das Glück. Dort wollte er niemanden aus dem Kisker oder aus Spenge treffen.

Der Agent Vogel, der für das Bremer Auswanderungshaus *Ebeling und Landwehr* tätig war, lächelte den Vierzehnjährigen verständnisvoll an und fragte, ob denn seine Eltern oder sein älterer Bruder auch auswandern wollten. Dann könnte er helfen. Aber wenn er allein gehen wollte, müsste er erst mal sechzehn oder achtzehn Jahre alt sein. Nachdem er auch völlig mittellos war und keinerlei Genehmigungen hatte, konnte er für ihn nichts tun. Er sollte mit der ganzen Familie wiederkommen, dann wollte er sofort alles organisieren.

Das war also nichts.

Seinen Eltern hatte er nicht erzählt, dass er bei dem Auswanderungsagenten war. Es war ihnen aber nicht entgangen, dass er immer bekümmerter und schweigsamer wurde. So vergingen einige Wochen und er wurde immer verzagter. Er hatte zu nichts mehr Lust. Bald sah er abgemagert aus und vernachlässigte sein Äußeres. Er hatte so viele Gedanken in seinem

Kopf und fühlte sich trotzdem so leer. Irgendwie kam er zu keinem Ergebnis und verfiel immer wieder ins Grübeln. Er war doch gehorsam, war immer gehorsam gewesen. Er hatte immer getan, was seine Eltern und Hannes sagten. Und er hatte gar keine andere Wahl in seinem Leben gehabt. Und jetzt wollten sie die Tür hinter ihm zuschlagen. War er, ihr Sohn Hermann, damit für die Familie erledigt? Andere hatten jetzt für ihn eine Lebensentscheidung getroffen. Er konnte es einfach nicht fassen.

Es war aber nur die Hälfte der Entscheidung: Er musste gehen. Über die andere Hälfte, wie seine Zukunft aussehen sollte, musste er selbst entscheiden, und dazu war er offenbar nicht in der Lage. Was war das nur für eine scheußliche Wirklichkeit, in der er lebte.

Er wusste, dass es diesmal keinen Sinn machte, die Großmutter um Hilfe zu bitten. Sie hätte nichts tun können. Und seine Mutter? Sie war eigentlich nie wirklich für ihn dagewesen, hatte nie Zeit für ihn gehabt. Sie vertrat den überkommenen Familienkodex im Kisker, der einfach verlangte, dass überzählige Esser, die sich selbst, aber nicht die Familie ernähren konnten, das Haus verlassen mussten.

Und was war mit seinem Vater? War er der Held, der ihm helfen konnte? Er war jetzt der wichtigste Versorger der Familie. Aber ein Held? Er war eher auch ein Mensch, der darauf wartete, das etwas passierte. Mit der Webstuhlreparatur und der neuen Werkstatt hatte er einfach Glück gehabt. Für ihn war alles gut gelaufen, aber es hatte sich auch alles zufällig so ergeben. Er war schon immer ein Sonderling, wie sein Sohn Hermann auch. Er stand immer etwas abseits, war nicht breitschultrig und kräftig und konnte besser die kleinen Dinge regeln und reparieren. Er war ein Friemler. So wie Hermann auch hatte er keine großen Pläne und ließ das Leben auf sich zukommen. Er klagte auch nicht und hatte ein gleichbleibend zufriedenes Gemüt. Ihm reichte es so, wie es kam. Wenn ihm jemand gesagt hätte, man müsse im Leben ganz nach oben, hätte er davon nichts wissen wollen. Und sein Sohn Hermann schien vom gleichen Wesen zu sein. Vater Josting war in der Familie eher schwach und ließ Hermann fallen, wie die anderen auch.

Hermann fühlte, dass er in der Luft hing oder sich bereits im freien Fall befand. Sein Selbstbewusstsein und sein Mut waren am Ende. Ihm fiel das Wort »lebenstüchtig« ein. Wie oft hatte er das früher gehört. »Dieses Kind ist nicht lebenstüchtig!« Damit meinte man bei Kleinkindern »missraten« und »krank«. Aber das traf auf ihn nicht zu.

Von »Lebenstüchtigkeit« war es nicht weit zu »Lebenswille«. Das musste wohl untrennbar zusammengehören. Es kann sich hochschaukeln oder auch wieder verschwinden. Und Hermanns Lebenswille konnte auch brechen.

Auf der anderen Seite, sagte er sich, konnte man auch lange gebrochen durchs Leben gehen.

17

Frittgen und die erste Stelle

Schließlich hatte sich Hermann entschlossen, seine Zukunfts-Überlegungen auf das Naheliegendste zu reduzieren, indem er seinen Vater fragte, ob er nicht in Bielefeld den Mann aus dem Leinen-Annahme-Kontor nach einer Stelle für ihn fragen könnte. Das hätte er eigentlich schon viel früher machen sollen.

Jetzt war es endlich heraus. Der erste Schritt war getan und es ging ihm schon besser. Sein Vater meinte, dass Herr Knigge, so hieß der Mann im Leinen-Büro, schon etwas machen könnte. Da war er sicher. Er musste ohnehin in den nächsten Tagen nach Bielefeld wegen einiger Webstuhl-Ersatzteile.

Der Handel mit Herrn Knigge in Bielefeld ging ganz gut aus, nicht nur wegen der Ersatzteile und Reparaturen, sondern auch wegen Hermanns Stelle.

»Schick ihn mir mal! Ik häbbe 'n ja schon einmal souien,« sagte Knigge halb Platt halb Hochdeutsch.

Hermann war erleichtert und ganz selig, als sein Vater ihm von der geglückten Mission berichtete. Sein Selbstvertrauen stieg etwas an. Er besprach mit seinem Vater, welche Fragen der Knigge stellen würde und was er antworten sollte. Sein Vater, der selbst nie in einer solchen Situation gewesen war, meinte, er sollte immer freundlich und bescheiden lächeln und möglichst Hochdeutsch reden. Er sei jetzt mit vierzehn Jahren aus der Schule gekommen und außer der landwirtschaftlichen Tätigkeit habe er keine Berufserfahrung. Auf die Frage, ob er gerne nach Bielefeld käme, und ob er sich die Arbeit in der Weberei zutrauen würde, sollte er freudig zustimmen. Und wenn er gefragt würde, warum er ausgerechnet zu ihm, Knigge, kommen wollte, sollte er sagen, er wollte bei ihm etwas lernen.

Um eine Unterkunft in Bielefeld würde man sich dann bemühen, wenn er die Stelle bekommen hatte.

Kurz darauf wurde er schon mal so gut es ging zur Probe ordentlich angezogen und durfte zum ersten Mal seine neuen Lederschuhe tragen.

An einem frostigen grauen Morgen Ende April 1877 brach Hermann sehr früh auf. Er kannte den Weg nach Bielefeld und zum Büro des Herrn Knigge von der Ravensberger Spinnerei. Er wurde dort bald als »Nächster« aufgerufen, nannte seinen Namen und bezog sich auf das Gespräch mit seinem Vater. Herr Knigge freute sich über den jungen Mann und die kleine Abwechslung in der üblichen Besucherkette. Er meinte, dass Hermann ja schon einmal dagewesen sei und man sich schon kenne. Sein Vater sei ein ausgezeichneter Mechaniker. Er könne ihm, Hermann, immer als gutes Vorbild dienen. Dann stellte Knigge in der Tat ähnliche Fragen, wie er sie mit seinem Vater geübt hatte. Es lief alles glatt. Schließlich fragte Knigge noch, ob er schon am nächsten Tag anfangen könnte. Hermann war fast ein bisschen erschrocken und sagte, er würde Übermorgen kommen, da er sich in Bielefeld noch um eine Unterkunft kümmern müsse. Das war okay und seine Anstellung wurde mit Handschlag besiegelt.

Hermann hatte nicht gefragt, was er konkret in seiner neuen Stelle machen musste und wie viel er verdiente.

Die Ravensberger Spinnerei mit ihrem Gründer und Direktor Walther Delius war damals die größte Spinnerei in Bielefeld. An der Heeper Straße entstanden zwischen 1854 und 1865 riesige Säle für Spinnmaschinen mit Tausenden von Spindeln. Dazu die Haspelei, die Flachsmagazine, Werghechseleien, Streckwerke, und die Heddebuden für den Wergabfall. Bei der üblichen Nassspinntechnik waren Hunderte von Spinnerinnen dem feuchtwarmen Klima mit ständig nassen Armen und nasser Kleidung ausgesetzt.

Und hier arbeitete nun auch Hermann. Natürlich wurde er als blutjunger Neuling für die einfachsten Arbeiten eingeteilt: Botengänge, große Ballen von Flachs und Abfälle hin und hertragen, leere und volle Spindeln schleppen, Schmierstoffe holen, Maschinen, Tische und Böden reinigen und vor allem fegen und aufwischen. Fegen und nochmals aufwischen. Die Arbeiterinnen an den Maschinen gingen eher grob mit ihm um und nutzten ihn aus. Er hatte wieder keine Wahl. Er musste tun, was andere sagten, musste wieder gehorchen. Es war wie immer, wie zu Hause in der familiären Hackordnung. Und er sah keine Möglichkeit, das zu ändern. Offenbar mussten alle in seinem Alter das ertragen.

In dem Schlafsaal einer Arbeiterunterkunft erhielt er ein Bett mit Spind und winzigem Tisch. Am Anfang pendelte er einige Male zwischen Bielefeld und dem Kisker, um dann mit kleinem Gepäck dauerhaft in Bielefeld zu wohnen. Sein Vater sagte beim Abschied: »Beseouk us mol«, und steckte ihm etwas Geld zu für den ersten Monat in Bielefeld, für die Miete und den Notfall, wie er sagte. Es war im Übrigen das erste und das letzte Mal, dass er von seinen Eltern einen kleinen Betrag erhielt. Erst viel später wurde ihm klar, dass dies sein Erbteil gewesen sein musste.

Trotzdem: Hier in Bielefeld begann sein neues Leben. Alles war neu für ihn, und er musste alles so nehmen, wie es kam. Vom großen Geldverdienen und einem besseren Leben konnte nicht die Rede sein.

Wenn er abends erschöpft in seine Unterkunft kam, legte er sich bald auf die Pritsche mit seiner schäbigen Decke und kam zur Ruhe. Er wusste manchmal gar nicht so genau, was er denken sollte. Er hatte immer wieder ein Gefühl des Zweifels, ob auch alles so richtig war. Er war ja nicht blindlings aus dem Hause im Kisker gestürzt, war nicht wie um sein Leben davongelaufen. Aber man brauchte und wollte ihn nicht mehr. Einerseits war er jetzt frei, frei vom täglichen Drangsal des Kiskers. Andererseits war er hier in Bielefeld völlig allein und ebenfalls den täglichen Arbeitsschikanen ausgesetzt. Er fühlte sich einsam und schlief darüber ein.

In seiner geringen Freizeit am Sonntag, spazierte er durch Bielefeld und erkundete seine Umgebung. Ihm fiel gleich auf, dass es sehr viele Menschen, Männer, Frauen und Kinder gab, die abgerissen, ausgemergelt und teilnahmslos auf den Straßen herumsaßen. Einmal lief ein Kind auf ihn zu und trat barfuß auf seine neuen glänzenden Lederschuhe. Er stieß das Kind reflexartig weg, und sofort beschwerten sich die umstehenden und lagernden Leute:

»Du meinst wohl, du bis wat Bessers, hä? 'n feinen Pinkel, wie? Schuppst Kinner rümme. Kanns 'te öouk wat anners? Hässe wat to iarden for de Kinner?«

Hermann wusste nicht, was er sagen sollte. Natürlich hatte er nichts zu essen dabei. Er ging einfach nur schnell weiter. Er dachte, dass diese armen Menschen ihn nur wegen seiner glänzenden Schuhe für etwas Besseres gehalten hatten. Auf seine neuen Schuhe war er stolz, und andere hatte er nicht.

Später lernte er in seiner Unterkunft seinen Mitbewohner Fritz Blomeyer kennen, den alle nur Frittgen nannten. Frittgen kam aus Bünde. Er hatte, wie Hermann, seine Familie verlassen müssen. Er war zwei Jahre älter, etwas kleiner als Hermann und arbeitete in einer Maschinenfabrik. Wie sich später herausstellte, hatten beide in etwa die gleichen Arbeitsbedingungen und den gleichen Verdienst.

Frittgen sagte, dass die Leute unten in den Straßen arbeits- und meist auch obdachlos waren. Es waren ganz arme Teufel und manchmal gab es Armenspeisungen. Da

konnte man sich freuen, wenn man überhaupt eine Stelle
hatte, auch wenn sie schlecht bezahlt wurde. Er war auf der
Suche nach einer besseren Stelle. Es gab aber so viele Be-
werber, dass er bisher kein Glück gehabt hatte.

18

Rauswurf

Hermann war jetzt seit einem Monat in der Bielefelder Weberei. Er hatte sich einigermaßen eingelebt und mit Frittgen einen neuen Freund gefunden.

Sein Vater hatte ihm gesagt, er sollte sie mal im Kisker besuchen. Und das wollte er auch.

An einem freundlichen Sonntag im Frühsommer des Jahres 1877 war es so weit. Er ging sehr früh am Morgen los. In den Niederungen lagen noch Reste des Frühnebels. Aber die Sonne setzte sich unerbittlich durch und vertrieb die feuchte Luft. Hermann freute sich auf seine Eltern, die Großmutter und seine Geschwister Anna und den kleinen August, der jetzt sieben Jahre alt war. Natürlich zog er seine neuen Schuhe an, und wohl gelaunt schritt er zügig aus. Er wollte auch seinen Freund Pelle treffen und überall von Bielefeld, seiner neuen Stelle und von Frittgen erzählen. Er überlegte auch, ob er alles eher positiv berichten sollte. Dass er alles gut angetroffen hatte, dass er voll zufrieden und Bielefeld eine gute Wahl war. Schließlich meinte er, auch wenn ihm in Wirklichkeit vieles nicht gefiel, wenn er manchmal verärgert, manchmal verängstigt und sogar verzweifelt war und sogar schon einmal Heimweh hatte, wollte er das nicht erzählen. Es würde ohnehin nichts ändern.

Dann fiel ihm ein, dass heute am Sonntag seine Leute vielleicht gar nicht zu Hause, sondern vormittags in der Kirche waren. Aber irgendjemand würden sie als Aufpasser zu Hause gelassen haben, wegen der Tiere und der Sicherheit. Und ein Treffen mit Pelle war auch unsicher. Als er sich vor einigen Wochen von ihm verabschiedet hatte, sagte er, dass seine Abreise in eine andere Stadt unmittelbar bevorstehe. Er wusste nur noch nicht in welche Stadt.

Als Hermann schließlich am Kisker in den Mühlenburger Weg einbog und das Haus am Siek vor ihm lag, verlangsamte er seine Schritte. Er ging ohne anzuklopfen hinein. Es war niemand da. Sie waren wohl alle in der Kirche. Er hatte gehofft, vielleicht seine Großmutter, die ja nicht mehr so gut zu Fuß war, anzutreffen. Somit war das kleine Anwesen wohl ohne Aufsicht, oder jemand aus dem benachbarten Kotten schaute bisweilen hinüber. Hermann wollte dann, um die Zeit bis zum Ende des Kirchgangs zu überbrücken, ein paar Häuser weiter zu Pelle hinübergehen.

Aber so weit kam es nicht.

Draußen kam ihm Hannes, sein Halbbruder entgegen. Er war offenbar in den letzten Wochen von seiner Knechtstelle in Wallenbrück zurückgekehrt und war heute der daheimgebliebene Aufpasser. Beide waren überrascht, hier nach längerer Zeit aufeinander zu treffen. Hannes hatte schmutzige Arbeitskleidung und Holzschuhe an. Hermann trug einfache Sonntagskleidung mit glänzenden Lederschuhen. Hannes provozierte sofort:

»Wat bis deou denn füer 'n schnieken Pinkel? Wat wosse huier? Kannst deou us nich in Riue looden? Wat hässe denn in den Hus to deuorn? Hässe no wat vochieden? Hässe wat mitcheouern looden?«

Hermann war erschrocken wegen dieser Heftigkeit, war verwirrt. Er hatte Hannes fast vergessen und gar nicht daran gedacht, dass er wieder zu Hause im Kisker sein konnte. Und wenn schon. Dann hatte er vielleicht gehofft, dass Hannes sich geändert haben könnte, und dass sich ihr äußerst schwieriges Verhältnis etwas normalisiert hatte.

Er versuchte es im Guten und antwortete:

»Mensch, Hannes, wat sall dat? Ik sin din Bruoda. Ik häbb de do nix deuorn. Wat wiss deu eigentlich? Din vadder häd mi sächt, beseouk us mol. Un nur deswegen sin ik do. Von diu

wui ik gar nix. Un diu müart ja äouk nech dabui sen, wenn ik
to Beseuok kuime.«

Das war wohl zu viel für Hannes:

»Dat häbbe jümmer no ik teo bestimmn. Ik häbbe et hier
to säggen, nich deu. Und deu bis nur 'n windigen Halbbruor-
da! Un duin Vadder is nur muin Stiefvadder un 'n Bönhase! So
is dat, majer nech! Un ik häbbe 't to säggen! Ik well di huir nie
mehr seuhn! We wüllt di nech! Un jetz raus huir!«

Er schrie immer lauter und zeigte mit dem Arm zur Straße.

Hermann drehte sich langsam um, machte aber keine An-
stalten, fortzugehen. Diese neue Wucht von Feindseligkeit und
Boshaftigkeit hatte er nicht erwartet. Und dass die Bezeich-
nungen »Halbbruder«, »Stiefvater« und »Bönhase« für Hannes
eine solche schändliche Rolle spielten, war ihm nicht bewusst.
Hannes tat gerade seinem Vater großes Unrecht, da dieser ja
der Haupternährer der Familie war. Dass er, Hermann für ihn
kein vollwertiger Bruder war, hat er ihn vierzehn Jahre lang
überdeutlich spüren lassen.

Aber mit all diesem Unsinn musste jetzt Schluss sein. Hermann ballte die Fäuste, baute sich vor Hannes auf, wuchs fast
über sich hinaus und schrie zurück:

»Hannes, ik häbbe mi oft in muin Leven swuarn, dat deu
all dat Leid, dat du mi deouern häss, torügge kroichs. Un et
süd äut, as wann 'et nech chanz dazu keime, da duine Boshaftigkeiten chrenzenlous weaouern. Owwer deu sost weden, de
Luüe in Spenge und inn 'e chanzen Chechend, de wüllt dat
Gesocks eut 'n Kisker nich. Se wüllt vor allem Minsken wie
dich nich. Deu biss nor 'n Bölkhannes, 'n Dämellack, 'n ver-
dorrichter Schwienpuckel. Deu biss 'n plunnerigen, chreouden
Köttl, deu bis nich nur 'n dösigen Ossen, deu bis 'n äules
schietiges Swuin. Un koin Minske sal sich an diu de Flunken
schietig maken. Un ik segge di, wenn 'n anner Swuin kömmt
un sich met dui kabbelt, un ihr wat utfechten möt, dann küant
dat Swuin ju met 'n cheuoden Pömpel deout slagen oder di

verquetschen! Un ik segge di, niam di in Acht vo Swuine, wia
deou een bis! Deou lebs nech lang! Dat häd oiner sächt, de dat
weten mot. Un ik wünske di dat äouk.«

Das war es nun. Als Hannes wieder einsetzen wollte, hob
Hermann beide Arme, um ihn zu beschwören, endlich zu
schweigen. Er ging hinaus Richtung Bielefeld und Hannes
schrie üble Sachen hinter ihm her.

Es war einfach genug für heute. Er wollte auch nicht
mehr irgendwo auf seine Eltern warten. Auch zu Pelle wollte
er nicht mehr, der vielleicht auch gar nicht da war. Es war
endgültig aus. Er hatte gerade in die Abgründe menschlicher
Beziehungen geblickt. Er fühlte sich leer. Total leer. Er wollte von allem nichts mehr wissen. Nur noch fort, weit fort.
Dauerhaft fort von Hannes und dem Kisker. Ja, der Kisker,
dieses ärmliche und unmenschliche Stück Erde war nicht
mehr seine Heimat. Er wollte nie mehr zurück.

Wegen der Bedeutung dieses Dialoges für den Fortgang des
Romans und Hermanns Leben wird er auf Hochdeutsch wie-
dergegeben:

Hannes:

*»Was bist du denn für ein feiner Pinkel? Was willst du
hier? Kannst du uns nicht in Ruhe lassen? Was hast du
denn in dem Haus zu tun? Hast du was vergessen?
Hast du was mitgehen lassen?*

Hermann:

*»Mensch, Hannes, ich bin doch dein Bruder. Ich habe dir
doch nichts getan. Was willst du eigentlich? Dein Vater
hat mir gesagt, »besuch uns mal«. Und nur deswegen bin
ich da. Von dir will ich gar nichts. Und du musst ja
auch nicht dabei sein, wenn ich zu Besuch komme.«*

Hannes:

*»Das habe immer noch ich zu bestimmen. Ich habe hier
das Sagen, nicht du! Und du bist nur ein windiger Halb-*

bruder! Und dein Vater ist nur mein Stiefvater und ein
Bönhase (hier wohl gemeint: diebischer Stümper)! So ist
das! Und nicht mehr! Und ich habe es zu sagen! Ich will
dich hier nie mehr sehen! Wir wollen dich nicht! Und
jetzt raus hier!«

Hermann:

»Hannes, ich habe mir oft in meinem Leben geschworen,
dass du all das Leid, das du mir angetan hast, zurück
bekommst. Und es sieht ganz danach aus, dass es nicht
ganz so weit kommt, da deine Boshaftigkeiten grenzenlos
waren. Aber du sollst wissen, die Leute in Spenge und in
der ganzen Gegend mögen das Gesindel aus dem Kisker
nicht. Sie wollen vor allem Menschen wie dich nicht. Du
bist nur ein lauter Schreihals, ein dämlicher Kerl, ein ver-
dammter Schweinehund. Du bist ein schmieriger, großer
Haufen Schiete, du bist nicht nur ein blöder Ochse, du
bist ein altes, dreckiges Schwein, und kein Mensch soll
sich an dir die Hände schmutzig machen. Und ich sage
dir, wenn ein anderes Schwein kommt, und wenn ihr
euch streitet und etwas ausfechten müsst, dann kann dich
das andere Schwein auch mit einem dicken Knüppel tot-
schlagen oder dich zerquetschen. Und ich sage dir, nimm
dich in Acht vor Schweinen wie du eins bist! Du lebst
nicht lang! Das hat einer gesagt, der es wissen muss. Und
ich wünsche dir das auch.«

19

Der Streckenbau-Kaiser

Hermann kam am Sonntagnachmittag wieder in Bielefeld an und ging direkt in das Arbeiterheim. Er hatte unterwegs keine Pause gemacht und war nirgendwo eingekehrt. Er wollte nur weiter, immer weiter. Nur weg, einfach weg. In Bielefeld würde er seinen Freund Frittgen treffen. Er war der Einzige, den er sehen wollte, und mit dem er reden konnte. Aber was sollte er ihm sagen? Dass sein Bruder ihn rausgeworfen hatte? Schon. Aber seine Reaktion, dass er, Hermann, ihm endlich mal die Meinung gesagt hatte, ihn brutal beschimpft, ihn verdammt und ihm sogar den Tod gewünscht hatte, wie das Hexenweib gesagt hatte, das wollte er sagen. Ja, das war »seine Heldentat«. Und diese Tat war so spontan! Sie kam von Innen fast wie von selbst ans Licht. Wie ein volles Fass, das einfach überlaufen musste. Jetzt war alles heraus. Mehr ging nicht. Ja, er hatte Hannes einen elenden Tod gewünscht.

Das musste er sagen.

Aber Frittgen war nicht da. Ein Bettnachbar in der Unterkunft, den er nach Frittgen fragte, wusste nichts. Hermann legte sich auf seine schäbige Decke und verschränkte die Arme hinter dem Kopf. Er wollte auf Frittgen warten. Schließlich schlief er ein. Später am Abend, als viele Mitbewohner kamen, und die Unruhe in dem großen Raum zunahm, wachte er auf. Er hatte Hunger, aß ein Stück Brot und trank einen Becher Wasser.

Frittgen kam wohl erst spät in der Nacht zurück, als Hermann längst wieder eingeschlafen war. Am anderen Morgen wechselten sie nur wenige Worte und beeilten sich, zu ihren Arbeitsplätzen zu kommen.

Abends kamen sie meist erschöpft von der Arbeit zurück und redeten nicht viel. Ein paar Tage später fragte Frittgen, wie es zu Hause in Spenge gewesen war. Hermanns ursprüngliche Absicht, mit Begeisterung davon zu erzählen, wie er mit seinem Bruder abgerechnet und ihm sogar den Tod gewünscht hatte, war verflogen. Vielleicht war schon alles nicht mehr so wichtig. Er sagte noch, dass seine Eltern gar nicht dagewesen waren und sein Bruder ein dreckiges Schwein war, mit dem er nichts mehr zu tun haben wollte.

Aber dann drehte er doch noch einmal auf und sagte: »Ik chong da nie mehr hin. Mir reicht's! Ik will kuin'n mehr soin van dene! Ik häbbe dat Kapitel Kisker affschlourden! Nix mehr!«

Frittgen zuckte mit den Schultern und wusste darauf nichts zu sagen.

In den nächsten Wochen und Monaten wurden die beiden immer wortkarger. Die schwere körperliche und unbefriedigende Arbeit, die kümmerliche Unterkunft, der unzureichende Lohn und keine Aussicht auf Besserung führten bei beiden zu Unzufriedenheit und Verdrießlichkeit. Alle diese negativen Lebensumstände hatten die Eigenschaft von Provisorien. So provisorisch konnte es doch nicht immer weitergehen! Das war doch kein Leben!

Es dauerte noch einmal viele Wochen, bis sich beide ernsthaft besprachen. Sie waren sich einig, dass es jetzt genug war. In Bielefeld sahen sie für sich keine Chance.

Hermann meinte, man müsste sich ernsthaft überlegen, ob man jetzt nach Amerika gehen sollte. Er hatte schon so viel Gutes darüber gehört. Die Menschen waren viel aufgeschlossener als hier. Man könnte gut verdienen und dazu noch sparen. Er war einmal in Spenge bei einem Auswanderungsagenten gewesen und hatte sich beraten lassen. In Bielefeld gäbe es sicherlich auch eine Agentur. Die könnten alles organisieren.

Er werde bald fünfzehn Jahre alt, und man könnte auch einfach angeben, dass man schon sechzehn war. Dann ginge alles auch ohne Begleitung der Eltern oder anderer Erwachsener. Und in Amerika sollte man nicht in New York bleiben, hatte der Agent gesagt. Da war es schon zu voll. Die meisten Auswanderer aus Deutschland wollten in das *»Deutsche Dreieck«* bei *St. Louis* am *Mississippi.*

Genaueres zu dem Dreieck wusste er nicht. Hermann fügte hinzu:

»Oder chiks na *»Quincy«,* odder wie dat het!« Dahin gingen viele aus dem Herforder Land, und man könnte dort auch deutsch sprechen.

»Wat moinst deou dateuo? Metnanner küant we dat schaffen!«

Frittgen hatte nicht ganz so interessiert zugehört und meinte, dass Amerika wohl immer nur die letzte Lösung sein sollte, wenn man hier keinen Ausweg mehr wusste.

Und er wusste einen. Er sagte, dass er kürzlich mit der Eisenbahn nach Bünde zu seinen Eltern gefahren war. Auf dem Bielefelder Bahnhof hatte er einen Zettel bekommen, den er ihm zeigen wollte. Er kramte umständlich – »Wo häbb ik denn den Zeddel?« – das zerknickte Papier heraus und las laut vor:

»Die Bahn baut die neue Schnellstrecke zwischen Berlin und Metz. Neubau der Moselbahn zwischen Koblenz und Trier. Willst du bei den modernen Bautrupps dabei sein? Willst du gutes Geld verdienen? Dann melde dich bei der Einstellungsstelle in Koblenz oder auf allen größeren Bahnhöfen.«

»Wuis me dat mol«, sagte Hermann, »un wat sall we da deouern?«

»Dat wet ik äouk nech. Da müot we mol teou 'n Bahnhof cheouern.«

Am nächsten Sonntag gingen die beiden zu einem der Bahnhofschalter und fragten sich durch wegen der Einstellungen für die Koblenzer Eisenbahnstrecke. Ein blauuniformierter und rotbemützter Obereisenbahner erklärte umständlich, welche Aufgabe er bei der Auswahl der Bahn-Arbeiter habe, stocherte in seinen Unterlagen und Zetteln und fragte, wie alt sie seien und ob sie schon mal gearbeitet hätten.

»Sechzehn« sagten beide wie aus der Pistole geschossen und sie hätten feste Anstellungen bei Bielefelder Betrieben, was ja auch stimmte. Die beiden wollten wissen, welche Arbeiten man dort machen müsse, was sie verdienten und wo sie wohnten. Der Eisenbahner wiegte den Kopf und sagte:

»Sehr jung, sehr jung. Owwer sei 's drum.«

Man wohnte in Arbeiterbaracken auf den Baustellen. Sie würden im Strecken- und Tunnelbau eingesetzt. Sonntags sei frei, und sie würden sehr gut verdienen. Einiges mehr als in Bielefeld. Genaueres würden sie erst in Koblenz beim Einstellungsbüro erfahren. Für die Dauer der Beschäftigung hätten sie freie Fahrt auf allen Eisenbahnen und wenn sie entschlossen sein, würde er jetzt die Antragszettel und die Fahrscheine für Koblenz und zurück ausstellen. Die beiden schauten sich an, grinsten und waren sich einig, das Eisenbahn-Abenteuer einzugehen.

An einem Sonntag im Mai 1878 kamen sie mit dem Zug in Koblenz an. Sie mussten sich vor dem Einstellungsbüro in eine der fünf Schlangen einreihen. Fünf blaue Eisenbahner stellten die neuen Mitarbeiter im Schnellverfahren ein, wiesen ihnen Arbeits- und Unterkunfts-Standorte zu und informierten über Arbeitsbeginn, Verdienst, Kleidung, Unterhalt, für ein Jahr. Die neue Bahnstrecke sollte im Mai 1879 in Betrieb gehen.

Unsere beiden Ostwestfalen waren mit allem einverstanden. Sie fuhren am gleiche Tag nach Bielefeld zurück, beendeten am

Montag ihre Arbeit in der Spinnerei und in der Maschinenfabrik. Am nächsten Tag fuhren sie erneut mit dem Freifahrschein nach Koblenz. Sie kamen dort zunächst für ein paar Tage in ein Musterungslager, in dem sie über alles informiert, ausgestattet und auch befragt wurden. Für die beiden war wichtig, dass sie bei ihrer neuen Arbeit zusammenbleiben konnten.

Über ihren konkreten Einsatz in den nächsten Monaten ist wenig bekannt. Hermann hat über diese Zeit, die fast ausschließlich mit harter körperlicher Arbeit ausgefüllt war, wenig berichtet. Es hieß, dass sie längere Zeit im Tunnelbau zwischen Cochem und der Moselbrücke Eller eingesetzt waren. Mit 4,2 Kilometern war dies der längste zweispurigen Tunnel der damaligen Preußischen Eisenbahn. Er wurde später *»Kaiser-Wilhelm-Tunnel«* genannt.

Das Bauwerk und die gesamte Teilstrecke wurden pünktlich im Mai 1879 fertig, und damit endete auch die Beschäftigung der Bauarbeiter. In Koblenz gab es auf dem dekorierten Bahnhofsplatz eine große Einweihungsfeier, zu der auch Hermann und Frittgen als Vertreter der jüngeren Arbeiter abkommandiert wurden. Bei herrlichem Wetter – die Leute sprachen auch von *»Kaiserwetter«* – waren aus Berlin tatsächlich Kaiser Wilhelm I. und erstaunlich viele Uniformierte angereist. Eine schneidige Militärabteilung paradierte und stellte sich hinter dem Kaiser und den Ehrengästen auf. Ein Zivilist und zwei hochdekorierte Militärs traten nacheinander vor und sollten etwas sagen. Obwohl sie langsam und abgehackt, aber sehr laut sprachen, ja fast schrien (Lautsprecher gab es noch nicht), verstanden Hermann und Frittgen nicht viel. Alle sprachen von einem *»Jahrhundertbauwerk«*, das für Deutschland und das Kaiserreich strategisch von großer Bedeutung war.

Der Kaiser stand in gelöster Haltung daneben und lächelte huldvoll. Dann gab er ein Zeichen, und man brachte ihm auf einem blau glänzenden Kissen eine Pfeife. Der Kaiser nahm gemächlich die Pfeife, zeigte sie mit Würde den Umstehenden, holte tief Luft und blies mit der Pfeife einen schrillen, langanhaltenden Ton als Abfahrtskommando. Der Ton wurde ebenso schrill von einem bereitstehenden Zug wiederholt, der sich dann unter großer, weißgrauer Rauchentwicklung schnaufend in Bewegung setzte.

Der Kaiser erhielt aufgrund seiner »mutigen Tat« viel Beifall sowie Hurra- und Hochrufe. Das Militär, das vor allem die strategische Bedeutung der Bahnlinie im Auge hatte, salutierte und die Eisenbahnerkapelle spielte.

Der Volksmund nannte dann die neue Strecke *»Kanonenbahn«*.

Vier Jahre vorher war im ostwestfälisch/lippischen *Detmold* das neue *Hermannsdenkmal* für den »großen Germanen-Helden« eingeweiht worden. Auch hier trat der gleiche Kaiser huldvoll und mutig auf. Unter Kanonen-Donner und Entfaltung der Reichsflagge hatten sich Wilhelm I. und der Baumeister Hand in Hand aufgestellt. Sie lächelten milde und nahmen die Hochrufe der dreißigtausend Festgäste gnädig entgegen. Unter ihnen endlose Abordnungen von »frisch-fromm-fröhlich-freien Turnerbünden« und »Gaudeamus-Studenten« in vollem Wichs.

Im Jahre 1896 wiederholte sich in Ostwestfalen hoch oben über der Weser an der *Porta Westfalica* erneut eine Feier, bei der der neue *Kaiser Wilhelm II.* ebenso huldvoll das Denkmal für seinen Vorgänger, den ersten Wilhelm, einweihte. Zwanzigtausend geladene »Deutschtum-Begeisterte«, darunter viele herausgeputzte »Vaterlands- und Kriegervereine« rühmten das große nationale Ereignis. Der Kaiser imponierte durch das Abschreiten einer Ehrenformation und gab würdig die Einsatzgeste für eintausenddreihundert Posaunenbläser.

Die vielen deutsch-nationalen Ereignisse fanden bei den einfachen Leuten auf den Lande wenig Beachtung. Sie lösten häufig nur Kopfschütteln aus mit dem Standartargument: »Als wenn wir keine anderen Sorgen hätten!«

20

Höpster-Zeit

Hermann und Frittgen hatten in dem einen Jahr Bahnstreckenbau ganz gut verdient und sogar einiges an Ersparnissen angesammelt. Als sie wieder in Bielefeld waren, gingen sie in ein etwas besseres Wohnheim. Sie hatten statt eines großen Schlafsaales ein Vierbettzimmer.

Nach der harten Tunnelarbeit wollten sie in Bielefeld eine Pause machen und sich nicht sofort nach einer neuen Stelle umsehen. Das hatten sie sich verdient.

Frittgen fuhr einmal nach Bünde zu seiner Familie. Er war auch im letzten Jahr von Koblenz mal heimgefahren. Sein Freund Hermann war nicht nach Hause gefahren. Er hatte kein Zuhause mehr, wie er sagte.

Aber dann traf er in Bielefeld eines Tages seinen Vater. Ein großer Zufall. Hermann und Frittgen gingen häufig über die Bielefelder Händler- und Handwerkerstraßen und auch zum Bahnhof an der Herforder Straße. Manchmal trafen sie jemanden, mit dem sie in einer Eckkneipe ein Bier trinken und klönen konnten. Und einmal meinte Hermann, schon von weitem seinen Vater zu sehen:

»Mensch kuik mol, da achtern kümmt min Vadder! – Jeaou, dat isser! Ik chonk ma hen!«

Beide waren sichtlich erfreut, sich so unerwartet zu treffen. Sie begrüßten sich per Handschlag und leichtem Schulterklopfen. Mehr Emotion gab es in Ostwestfalen nicht.

»Wiss'e 'n Bier met us drinkn?«, fragte Hermann.

»Ne, dat lot ma suin. Ik müat ja no na Spenge!«

Nach dem obligatorischen gegenseitigen »Wie geht's dir?« war schon fast Schluss. Hermann rettete die Situation mit einem:

»Wo kümms deuo denn her?«

Sein Vater erzählte dann, dass er seinen Leinen-Ballen zur Ravensberger Spinnerei gebracht hatte:

»Teu den Knigge, den kins 'e oll.«

Herr Knigge hatte seinem Vater schon vor einem Jahr erzählt, dass Hermann nicht mehr in der Firma war.

Wo er denn bloß gewesen war? Was er denn gemacht hatte?

Hermann druckste ein wenig herum:

»Jeaou, jeaou, dat is ne lange Jeschich. Wea de Tuit rümme cheouert!«

Dann erzählte er vom Eisenbahnbau in Koblenz, vom Zugfahren und das er schon etwas von der Welt und sogar den Kaiser gesehen hatte. Er hatte auch gutes Geld verdient. Nach seinen Leuten im Kisker erkundigte er sich nicht. Und sein Vater erzählte auch nichts.

Das war es dann wohl mit der Kommunikation zwischen Vater und Sohn.

»Beseouk us mol«, sagte der Vater beim Abschied.

»Ne Vadder, janz bestimmt nech! Deou küant ja Hannes frougn, worümme ik nech majer in 'n Kisker kaime! Owwa jeou kuant ja olle mol na Builefeld kuamen. Owwa ohne Hannes!«, sagte Hermann mit einem gequälten Lächeln.

»Jeaou, jeaou, dat is oll wat«, meinte sein Vater und:

»Dann mak´et ma cheaut!«

Beide tippten sich zum Abschied an ihre Mütze. Hermann ging zurück in die Stehkneipe und erzählte von der kurzen Unterhaltung. Sein Vater sei auch irgendwie komisch gewesen. Er hätte von der Familie im Kisker nichts erzählt und zu Besuch würde er, Hermann, dort auf keinen Fall hingehen. Obwohl, seine Geschwister würde er gerne einmal wiedersehen. Zu denen hatte er ein gutes Verhältnis. Aber Hannes? Nein! Den wollte er nie mehr sehen!

In den nächsten Tagen ging ihm das Treffen mit seinem Vater nicht aus dem Kopf, und er dachte an seine Geschwister, an Pelle und auch an Lisken, seine ehemalige Schulfreundin. Was die wohl alle machten?

Nach einigen weiteren Wochen sagte er zu Frittgen, dass ihre Arbeitspause ja auch nicht ewig dauern könnte, und sie wieder mal überlegen müssten, was sie jetzt machen wollten. Er, Hermann, sei ja dafür, sich erneut mit Amerika zu beschäftigen. Sie hätten ja jetzt auch so viel gespart, dass es für die Überfahrt und die ersten Monate dort reichte.

Aber Frittgen biss wieder einmal nicht an, und meinte, ihm würde schon noch etwas einfallen.

Aber ihm fiel nichts ein, und es vergingen wieder einige Wochen, in denen außer ihren Spaziergängen und gelegentlichen Kneipenbesuchen nichts passierte.

Und dann passierte doch etwas. Etwas, das Hermanns Leben langfristig verändern sollte. Die Beiden hielten sich in der Nähe des Bielefelder Bahnhofs auf, als ein bespannter Trödelwagen langsam heranklingelte. Er war mit den üblichen Haushaltswaren, Werkzeugen und Neuheiten beladen. Hermann schoss durch den Kopf, das dies der gleiche Fahrende, der Höpster, sein musste, der auch bisweilen durch den Kisker fuhr, und der ihn vor vier Jahre einmal mitnehmen wollte. Ja mitnehmen, einfach so. Weil es ohnehin im Kisker zu viele Kinder gab, wie er meinte. Hermann stellte sich frech dem Wagen in den Weg und rief:

»He, Höpster, kin'se mich noch? Vo veer Joohrn in Spenge, da hässe mich mitneihmn wolln! Einfach so! Wosse mich noch? Dann keime ik met!«

»Kumm rup! Owwer 'n biaden flott!«, lachte der Fahrende.

»Bliv mol 'n Momang steuan! Ik sin chliks torügge! Mot bloß min 'n Rucksack haln«, sagte Hermann. Er ließ Frittgen mit offenem Mund und kopfschüttelnd stehen und rannte los. Der Höpster schrie hinter ihm her:

»Wann deou in tein Mineuoden nech woier da bis, foier ik wuider!«

Ein paar Straßen weiter stürmte Hermann in seine Unterkunft und die beiden Treppen hinauf. Er riss seinen Spind auf und stopfte sein Hab und Gut und die schäbige Decke in einen Sack, rannte zurück, verhielt seinen Lauf an der Eckkneipe und sagte atemlos zu Frittgen:

»Ik foier met em. Hoi wullt mech schon mol häbben. Damolt im Kisker. Damolt ching dat nech. Owwer jetzt mot ik dat maken. Ik wüll weg! Ik mot dat deauoern, vorstes 'se!«

Frittgen meinte nur:

»Deou spinns! Wat sall dat denn?«

Hermann war weitergelaufen, warf seinen Kleidersack auf den Wagen und stieg auf den Kutschbock. Der Höpster machte einen kurzen Zischlaut, und das Pferd zog den Wagen langsam an. Sie fuhren die Herforder Straße hinunter. Frittgen stand immer noch fassungslos auf der Straße und schaute dem Gespann nach. Hermann sah nicht zurück.

Jetzt saß er hier oben auf dem Bock, dem harten Kutschbock. Der Höpster war großzügig etwas auf die Seite gerückt, hielt lässig die Zügel, schaute stur nach vorn, als wenn nichts passiert war. Hermann saß gelöst wie ganz selbstverständlich daneben, als wenn dies schon immer sein Platz gewesen war. Er hatte das Gefühl, seine spontane Entscheidung war richtig. Irgendwie gehörte er hierher. Vielleicht war es auch gar keine richtige *Entscheidung*, sondern es war einfach nur die richtige Zeit, hier aufzusteigen.

Und dem Höpster schien es ähnlich zu gehen. Er hatte schon vor vier Jahren bei seinem Besuch im Kisker den Eindruck hinterlassen, als kannte er Hermann schon lange und sein Name war ihm geläufig. Nun saßen sie einmütig nebeneinander, als wenn sie sich schon eine Ewigkeit kannten.

»Deou bis Hermann, de lüdde Hirm. Ik häbbe et jümmer

112

wust, dat deou mol küms. Häd 'n biaden lang chedauert. Owwer nu bis'se ja da«, grinste er. »We ward us scho vodragen!«

Hermann nickte nur. Er lächelte und war zufrieden.
Manchmal schaute er zur Seite und auf den Wagen mit der
großen Plane aus verblichenem Segeltuch. Wie ein großes
halbrundes Zelt, vorn und hinten zu verschließen. Die eisenbeschlagenen Räder übertrugen jede Unebenheit, jeden Stein,
jedes Schlagloch auf den Wagen, auf die Menschen und die
Ladung. Die vielen hängenden Haushaltswaren und Eisenteile
klingelten unablässig vor sich hin. Für Hermann und den Fahrenden waren die Geräusche und die ständigen Erschütterun-
gen keine Beleidigung sondern eine angenehme Begleitung.

Hermann fragte schließlich, wohin sie in den nächsten Wochen und Monaten fahren wollten. Welche Dörfer und Städte
sie besuchen würden. Der Fahrende erzählte langsam und ausführlich von seinem Tourenplan und von den Menschen im
Ravensberger Land. Hermann hörte zu und fand alles ganz
spannend. Er freute sich darauf, die »große Welt« des Höpsters kennenzulernen. Aber am Ende hatte er eine Bedingung.
Er sagte:

»Dat heuert sich allet cheout an. Ik sin dabui, ik mak met!
Owwer deou most me wat teouseggen, dat we nich in'n Kisker no Spenge feuert!«

»Jeaou, dat küant we teoseggen. Do in 'n Kisker häbbt 'se
sowieso kuin Cheld!«.

Am späten Nachmittag erreichten sie einen Kotten im
Dorf *Heepen* am Rande von Bielefeld. Dort lebte ein älterer
Mann, der die Landwirtschaft aufgegeben und seine Felder
verkauft hatte. Der Fahrende hatte in diesem Kotten und
den Nebengebäuden seinen Stützpunkt. Hier konnte er gegen geringes Entgelt seinen Wagen und das Pferd einstellen. Er konnte Reparaturen vornehmen, seine Waren aus einem Depot ergänzen und sogar die Wintermonate verbringen.

Nach einigen Tagen Aufenthalt in Heepen starteten sie zu ihrer Verkaufsfahrt Richtung Detmold ins *Lipperland*. Sie kamen nach *Oerlinghausen, Leopoldshöhe, Lage* und in die vielen kleinen Dörfer und Siedlungen. Der Fahrende kannte die meisten Leute und wusste, wer regelmäßig etwas brauchte und wo sich ein Besuch lohnte.

Zu Hermanns Aufgaben gehörte es, das Pferd zu versorgen, sich um die Petroleumlampen, den Wasserkanister und um die Sicherheit des Wagens zu kümmern. Er lernte, Vieles selbständig zu machen. Im Umgang mit den Kunden schaute er dem Höpster unauffällig aber hoch interessiert zu. Das oberste Gebot, immer lächeln und freundlich sein, musste er üben. Er lernte, die Waren richtig anzufassen, sie den Leuten von der schönsten Seite zu zeigen, sowie ihre Vorteile, Einmaligkeit und ihren Wert darzustellen. Er wusste schließlich, wann man Alternativen anbieten musste, und dass man erst ganz zum Schluss den Preis nannte. Beim Handeln oder Feilschen tat er sich schwer. Und noch schwerer fand er, die Leute richtig einzuschätzen, und schon im voraus zu wissen, was sie dringend brauchten und wirklich wollten. Dazu gehörten auch die »vertrauensvollen Standardsätze«:

»Ik häbbe da wat fo di!«

» Dat mot jeou häbben!«

» Dat kürnt jeuo breuoken!«

Auf der Strecke zwischen Lage und Detmold machten sie gute Geschäfte. Die großen Bauernhöfe, die hier die fruchtbare Ebene bewirtschafteten, waren wohlhabend. Sie waren landwirtschaftlichen Neuerungen gegenüber aufgeschlossen und leisteten sich hin und wieder etwas Besonderes. Sie waren großzügig gegenüber ihren Töchtern, die immer besondere Wünsche hatten, und auch gegenüber ihren Mägden und Knechten. Der Fahrende lobte ihren Sinn für gute Qualität und Fortschrittlichkeit.

Dann erreichten sie Detmold, die Residenz des Fürstentums Lippe. Um die Mittagszeit legten sie am Stadtrand eine

Pause ein. Der Höpster schwärmte von Detmold als einer schönen Stadt, die was *hermache* mit ihrer herrschaftlichen Atmosphäre. Aber er wusste auch, dass die Lipper schon immer als geizig abgestempelt wurden. Man sagte sogar: *»Geizig wie ein Lipper«.* Er, der Höpster, hatte diese Erfahrung nicht gemacht und war immer gut behandelt worden. Aber ihr Geiz-Image haben die Lipper wohl nie verloren. Viel später bezeichnete man die Lipper immer noch als *»wegen Geizes ausgewiesene Schotten«.*

Die Pause am Trödelwagen währte nicht lange, und Hermann musste sich um die vielen Neugierigen kümmern. In Detmold blieben sie nur kurz. Die Stadtleute waren verwöhnt von den örtlichen Geschäften. Das Sortiment der Fahrenden richtete sich eher an die Bedürfnisse der Landbevölkerung.

Östlich von Detmold fuhren sie auf der *Hornschen Straße* im *Werretal* entlang. Sie hielten auf den großen Höfen von *Remminghausen* und *Schmedissen,* wo sie gut verkaufen konnten. Dann ging es hinauf nach *Horn,* eine nette Kleinstadt am großen *Teutoburger Wald.* Dort blieben sie zwei Tage und übernachteten in einem Wirtshaus, wo sie auch das Pferd und den Wagen einstellen konnten. Fremde und Reisende waren auch in Horn immer etwas Besonderes. Sie waren die einzige Möglichkeit, Neuigkeiten zu erfahren. Am Abend mussten sie wie üblich in der Gaststube viele Fragen beantworten und erzählen, was man in Detmold und Bielefeld so hört und redet. Der Höpster erzählte munter drauflos von seinen Erlebnissen, von der leidigen Obrigkeit, den Pfaffen und den Amtsleuten. Er wusste auch immer etwas in eigener Sache zu sagen, über die Rückständigkeit aber auch über die Aufgeschlossenheit der Leute in Stadt und Land. Damit meinte er natürlich das Interesse an Neuerungen, Geräten und Waren, wie er sie verkaufte. Hermann berichtete von den großen Fabriken, dem Elend der Arbeiter in Bielefeld und dem Eisenbahnbau mit Kaiser Wilhelm in Koblenz.

Zu fortgeschrittener Stunde fragte schließlich ein älterer Mann, wohin sie in den nächsten Tagen fahren würden. Der Höpster sagte, man fahre Richtung *Lemgo*. Der Alte erwiderte, das sei auch gut so. Wenn sie nämlich nach Süden über den Wald nach *Altenbeken* fahren würden, könnte es gefährlich werden und man könnte für nichts garantieren. Dort war vor einiger Zeit bei dem Ort *Kempen* ein fahrender Händler auf üble Weise ermordet worden. Ein Steinkreuz, das die Leute als »Messerkerl« bezeichneten, wies noch heute auf das Unglück hin.

Darauf meldete sich ein anderer mit tiefer Stimme zu Wort und meinte, man sollte nicht nur Angst machen, sondern dann schon die ganze Geschichte erzählen. Das tat er dann auch und sagte, dass – den Erzählungen nach – ein Wanderhändler auf dem Wege von Horn nach Altenbeken und *Paderborn* oben im Wald eine Pause machte. Er wollte sich ausruhen, legte ein Tellereisen gegen wilde Tiere aus und wollte noch einige Zinnlöffel anfertigen. Zum Schmelzen des Zinns zündete er ein Feuer an. Und wie er so in die Glut starrte, schlief er ein. Es näherte sich ein finsterer Geselle. Dieser nahm die Pfanne mit dem flüssigen Zinn und goss es in den offenen Mund des Händlers. Der erstickte jämmerlich. Der Mörder durchsuchte das Gepäck und trat dabei in das Tellereisen. Er stürzte um, fiel in das Feuer und verbrannte.

»En leidig Geschich«, bemerkte der Höpster, aber das sei ja schon viele Jahre her, und die Zeiten hätten sich geändert. Man könne heute auch nicht mehr davor warnen, hier bei Horn durch die »*Gauseköte*« zu gehen, nur weil vor 2000 Jahren der Römer *Varus* mit seinen Legionen dort den Germanen eine Falle gestellt hatte. Er meinte, dass man sich hier in Horn ganz sicher fühlen konnte, und alle sollten morgen mit ihren Familien, den Kindern und den Freunden auf den Marktplatz kommen. Er habe auf seinem Wagen für jeden etwas dabei, das jeder brauchen konnte.

Der zweite Teil der Verkaufsreise führte über Lemgo durch ländliches Gebiet. Das Wetter war gut, und die beiden waren mit ihrem Geschäft zufrieden. Ende Oktober 1879 waren sie wieder in Heepen und bezogen ihr Winterquartier auf dem stillgelegten Bauernhof. Hier blieben sie vier Monate und wollten im März des folgenden Jahres ihre nächste Tour antreten.

Die Zeit verging damit, das Pferd, den Wagen und die Plane zu pflegen und zu reparieren. Es mussten Waren neu bestellt werden. Dazu gingen sie zu den Großhändlern und Agenten nach Bielefeld, ließen sich neue Werkzeuge und Haushaltswaren erklären, gaben Bestellungen auf und verhandelten die Preise. Sie besprachen alles miteinander und traten häufig wie zwei gleichberechtigte Partner auf. Sie ergänzten sich bei schwierigen Verhandlungen, obwohl Hermann erst 16 Jahre alt war.

An einem Sonntag Anfang Dezember ging Hermann allein nach Bielefeld. Er wollte nach seinen Freund Frittgen suchen und schaute als Erstes in die kleine Unterkunft in der Nähe des Bahnhofs, fragte die Hauswirtin und zwei Mitbewohner. Niemand wusste etwas. Er schlenderte kreuz und quer durch die Innenstadt, besuchte auch die Eckkneipe, in der sie häufig ein Bier getrunken hatten. Die Wirtin erkannte ihn sofort und begrüßte ihn herzlich. Nein, Frittgen sei schon lange nicht mehr dagewesen. Sie wusste nicht, was mit ihm war. Hermann ging zum Bahnhof und zu Plätzen, an denen sie früher oft zusammen waren. Ohne Erfolg. Er nahm sich vor, gleich im nächsten Jahr noch einmal nach ihm zu suchen. Und wenn sie mit dem Trödelwagen mal durch Bünde führen, würde er dort nach ihm und der Familie Blomeyer fragen.

Im Januar und Februar ging er auch werktags mal nach Bielefeld. Er trieb sich wieder in der Nähe des Bahnhofs und auf den Wegen zur Ravensberger Spinnerei herum. Er hoffte, neben Frittgen auch seinen Vater zu treffen, wie im letzten Jahr. Schließlich ging er jede Woche zweimal hinüber, aber ohne Erfolg. Als er Ende Februar noch einmal ging, sah er nicht seinen Vater, sondern Hannes, seinen Halbbruder. Sie begegneten sich mitten auf der Straße, schauten einander an und gingen wortlos weiter. Beide waren offenbar fertig miteinander, und selbst aus Gründen der Höflichkeit und des Brauches gab es keinerlei Reaktion. Aber Hermann merkte natürlich die plötzliche Anspannung, den heftigen Herzschlag, und es dauerte eine gewisse Zeit, bis er seine innere Ruhe wieder fand.

Wie sollte er das verstehen, dass nun offenbar Hannes das Leinen nach Bielefeld trug? War sein Vater krank oder vielleicht schon nicht mehr da? Er tröstete sich mit dem Gedanken, dass sein Vater wohl wegen der vielen Webstuhl-Reparaturen wenig Zeit hatte. Das schien ihm am Vernünftigsten.

Hermann war etwas verwirrt, als er zurück in Heepen war, und sein Partner, der Höpster, fragte ihn, was denn los war. Hermann wehrte erst ab, aber der Fahrende sagte:

»Nu red scho! Reous domet! Häs deou den deubel druapen?«

Die Sache mit dem Teufel war wohl das entscheidende Stichwort, und Hermann erzählte ihm die ganze Geschichte seiner Familie, seiner Jugend und seines Rauswurfs. Allerdings in westfälischer Kürze.

»Häd owwer lang dauert«, sagte der Höpster, »owwer jetz is et raus. Cheaut so. Un jetzt bisse bi mui. Un naichse Wiakn cheuod 'et wuider los.«

21

Es ist genug

Der Wagen stand bereit, vollbeladen, alles geputzt, auch das Pferd. Es stand gut im Futter und war fast jeden Tag bewegt worden. Allerdings war es in der ersten Märzwoche noch sehr kalt, und es hatte geschneit. Man verschob die Abreise geringfügig bis zum nächsten Tauwetter. Es folgte ein kurzer Abschied von dem Kötter. Man würde im Sommer für ein paar Tage wiederkommen.

Sie fuhren auf die großen Höfe in *Schildesche*, *Brake* und *Eickum*. Der Verkaufserfolg war um diese Jahreszeit eher mäßig.

In der alten Hansestadt *Herford*, die auch »*Sancta Herfordia*« »*Dat hillige Hervede*«, genannt wurde, hielten sie sich nicht auf. Die Großbauern bei Salzuflen versprachen bessere Geschäfte. In *Vlotho* erreichten sie die Weser. Sie fuhren sofort zur Schiffs-Anlegestelle, wo ein reger Fährbetrieb stattfand. Eine gute Gelegenheit, mit den Reisenden Geschäfte zu machen. Sie blieben etwa zwei Wochen und mischten sich unter die anderen Händler und Bauern, die landwirtschaftliche Produkte, insbesondere auch lebende Tiere, wie Hühner, Enten, Küken und Ferkel anboten.

Inzwischen war es Frühling geworden, und die nächtliche Kühle auf dem Planwagen wurde erträglicher.

Von Vlotho führte die Tour über *Gohfeld*, *Oeynhausen* und *Kirchlengern* nach Bünde. Die Landschaft Bünde war Zigarrenland. Zigarren-Rauchen war längst in ganz Europa zum Statussymbol geworden. Hergestellt, das heißt »gerollt«, wurden die Zigarren in unzähligen Heimarbeiter-Betrieben im Großraum Bünde. Ein gutes Geschäft für die Direktoren der Zigarrenfabriken und Handelshäuser. Und häufig eine Zwangslage für die Heimarbeiter, die zu jedem Preis Zigarren rollen mussten, um ihren Heim-Arbeitsplatz nicht zu verlieren.

Hermann hatte sich vorgenommen, in Bünde nach seinem Freund Frittgen Blomeyer zu fragen. An allen Haltepunkten des Höpsterwagens fragte er die Käufer und die Neugierigen, ob sie die Familie Blomeyer kannten. Der Name Blomeyer war geläufig, aber Frittgen kannte niemand.

Hermann hatte wohl auch nicht wirklich erwartet, Frittgen hier in Bünde anzutreffen.

Ende Juni 1880 fuhren sie in Richtung der Wittekind-Stadt Enger. Eine eher verschlafene aber historische Kleinstadt. Ob der Name Enger wirklich von den altgermanischen *»Angrivariern«* abstammt, ist umstritten. Sagen und Mythen umwabern den Ort und vertragen sich ganz gut mit der Neuzeit.

Die Landschaft ist seit Jahrhunderten geprägt von den großen, legendären *Sattelmeyer-Höfen,* den freien, mit Privilegien ausgestatteten Vasallen der Landesherrschaft. Diese großen Höfe waren auch die besten Kunden des Höpsters. Er kannte sie alle, die wohlhabenden Großbauern. Und man schätzte den Höpster mit seinen praktischen Neuheiten. Hier und da wurde er schon dringend erwartet zum Auffüllen des Haushaltsinventars. Dieses Vertrauensverhältnis hatte sich herumgesprochen. Man ließ sich Zeit und machte gute Umsätze.

An einem frühen Nachmittag fuhren sie von den Sattelmeyern der Ortschaft *Westerenger* Richtung Spenge. Nach einigen hundert Metern ging es nach rechts über einen holprigen Feldweg zu dem Hof des Erbpächters Asbrok. Der Fahrende kannte den Hof. Die Familie kaufte regelmäßig brauchbare Kleinigkeiten.

Es war ein sonniger, windstiller Tag, und die Asbroks hörten das Geklingel des Höpster-Wagens schon von weitem.

Man rief:

»De Höpster kümmt! De Höpster kümmt!«

Man unterbrach die häusliche Arbeit und ging langsam dem Wagen entgegen. Dieser kam den Hügel hinunter und bog dann ab auf den Hofplatz. Man begrüßte sich freundlich aber mit westfälischer Zurückhaltung. Heinrich Asbrok, der Bauer, meinte:

»Na, wat hässe denn vandage vo us? Hässe wat Nuiet, wat we breaouken küant?«

Der Höpster und Hermann stiegen vom Wagen, schlugen die Plane zurück und zeigten wortreich das eine oder andere. Frau Asbrok – eine geborene Niehaus aus Jöllenbeck – und ihre Tochter *Hanne* kamen auch zögerlich näher. Dies war für Hermann – wie einstudiert – das Zeichen, ein paar Textilien, Tücher und Bänder zu zeigen. Man schaute, probierte und fühlte alles an. Und schließlich blieb es bei ein paar Bändern für die Tochter. Hermann wollte gerade den Preis nennen, als der Höpster dazwischen fuhr:

»Ne, ne, dat lot ma suin, Hirm.«

An die Tochter Hanne gewandt meinte er lächelnd:

»De Bänner schenkt di use Hermann!«

Das war eigentlich unmöglich. Ein starkes Stück. Das hätte der Höpster nicht machen dürfen. Hanne wurde rot, trat einen Schritt zurück und hielt die Bänder in den Händen, als wenn sie sie zurückgeben wollte. Hermann wurde mit seinen siebzehn Jahren ebenfalls knallrot.

Einem jungen Mädchen Bänder zu schenken war zwar gut gemeint aber hier bedeutungsschwer und in dieser Situation völlig unpassend. Aber es war gesagt und wurde nicht korrigiert.

Der Höpster wollte wohl die verkorkste Situation auflösen und fragte:

»Kann ik süss no wat fo di deouern?«

Nein, meinte der Bauer Asbrok, wenn er aber einen Knecht wüsste, der bei ihm arbeiten wollte, wäre das auch ein schönes Geschenk. Alle lachten und die Tochter schmunzelte verlegen. Der Fahrende wiegte den Kopf und grinste. Damit könne er nicht dienen. Knechte habe er nicht in seinem Sortiment. Man würde sich im nächsten Jahr wiedersehen, etwa zur gleichen Zeit, und:

»Nix vo uncheaut!«

Sie bestiegen den Kutschbock, tippten sich an die Mütze und verließen langsam und klingelnd den Hofplatz. Es ging hinunter zur Straße nach Spenge.

Hermann war schweigsam geworden. Er musste immer wieder an die Situation mit dem Mädchen denken, das bei den Bändern ganz rot wurde, und ihm war auch ganz heiß geworden. Er hatte seit langem wieder einmal einen roten Kopf gehabt. Warum eigentlich? Ja, das Mädchen war wirklich hübsch. Aber vor allem ging ihm die Knecht-Stelle nicht aus dem Kopf. War das etwas für ihn? Warum eigentlich nicht? Von der Landwirtschaft verstand er was, und der Bauer Asbrok war sympathisch.

Und der Höpster? Hermann war bisher ein verlässlicher Partner und der Fahrende hatte ihn vielleicht schon als seinen Nachfolger vorgesehen. Aber die Höpsterei war auf Dauer nichts für ihn.

Der Asbrok-Hof lag direkt an der Ortsgrenze von Spenge/Westerenger. Spenge war nun mal seine Heimat. Hier kannte er einige Leute, und nur der Kisker war Tabu. Aber die Zeit drängte. Sollte er es probieren? Erstmal hingehen und den Asbrok fragen, ob er ihn überhaupt nehmen würde! Und der Höpster sollte noch nichts wissen. Wenn es mit dem Asbrok nicht klappte, würde er bei ihm bleiben ... oder nach Amerika gehen. So könnte es laufen. Er war verwundert über sich selbst, dass er so schnell entschlossen war, und dachte, so schnell er im letzten Jahr zum Höpster gekommen war, so schnell könnte er ihn auch wieder verlassen.

Nachdem sie ihren Standplatz in Spenge bezogen hatten und das Geschäft schon gut angelaufen war, sagte Hermann, dass er am Abend einen Freund besuchen wollte. Sie würden vielleicht auch ein Bier trinken und er käme etwas später zum Wagen zurück.

Einige Zeit darauf, als sie die Plane am Wagen heruntergelassen und alles verschnürt hatten, ging Hermann los. Er ging sehr langsam und brauchte etwa eine halbe Stunde bis zum Asbrok-Hof.

Unterwegs musste er nicht überlegen, ob das, was er nun vorhatte, richtig war. Er spürte es einfach tief in seinem Inneren, dass seine Entscheidung gut war. Er überlegte noch, was er sagen wollte. Ihm würde schon das Richtige einfallen. Zwei Dinge waren ihm noch wichtig. Er würde offen sagen, dass er aus Spenge, aus dem Kisker kam. Dass er dort die Landwirtschaft gelernt hatte und mit vierzehn Jahren fortgehen musste. Er wollte nie mehr zum Kisker zurück, auch nicht besuchsweise. Als zweites wollte er die Sache mit den Bändern vom Nachmittag ansprechen. Er, Hermann, hatte natürlich die Bänder verkaufen wollen, und nur der Höpster hatte durch seine vorlaute Art, dass dies ein Geschenk an die Tochter war, die Sache peinlich gemacht. Der Höpster hätte das nicht machen dürfen, und er, Hermann, hatte damit nichts zu tun. Das wollte er sagen.

Zwischenzeitlich hatte die Dämmerung eingesetzt, und beim Asbrok-Hof gab es wenig Licht in den hinteren Fenstern. Hermann klopfte an die große Deelentür, aber nichts regte sich. Er ging hinein und rief auf der Deele:

»Herr Asbrok? – Is wer do?«

»Jeaou, jeaou, i' kumm scho. Wer is denn do?«

»Ik sin dat, Hermamm Josting. Ik was vandage met 'n Höpster do, un woll mol kuiern wegen de Knechtstelle.«

»Dann kumm mol rin!«, sagte der Bauer.

Sie gingen in die Stube und setzten sich an den Küchentisch. Die beiden Frauen hatten Hermann kaum angeschaut und verließen – wie es üblich war – diskret den Raum.

»Seou, un deou wis bi mui arboidn, upp 'n Hof.«

Hermann meinte, dass ihm schwere körperliche Arbeit nichts ausmache. Er sei das schon seit seiner Kindheit gewohnt und habe auch schon ein Jahr lang beim Eisenbahn-Streckenbau gearbeitet.

Der Bauer erklärte den Hof, Stall, Tiere, Garten, Ackerland und die kleine Knecht-Kammer. Der Betrieb und die beiden Webstühle liefen gut. Er war jetzt 67 Jahre alt und konnte nicht mehr alles allein machen. Und dann sollte Hermann von sich erzählen. Wie alt er sei, wo er schon gearbeitet habe, warum er bei dem Höpster mitfahre und wo er herstammte.

Hermann erklärte alles sehr offen, wie er sich das vorgenommen hatte. Er verschwieg auch den Kisker nicht. Und ganz zum Schluss stellte er auch etwas klar zu der kleinen Bändergeschichte vom Nachmittag. Der Bauer lächelte und meinte, das sei schon in Ordnung:

»Ik kin em jo, den eouln Höpster! Heu is 'n biaden vorlaut un quasselich.«

Und schließlich meinte er:

»Deou chefällst mui, 'n biaden jung. Owwer dat chivt sich. Deuo kuans bui mi anfangen. Wann sall dat dann losjehn?«

»Chliks moin fruh!«, meinte Hermann.

»Dat is 'n Wort!«

Sie besiegelten alles durch einen Händedruck.

Hermann ging gut gelaunt den Weg zur Spenger Straße hinunter. Unterwegs trank er in Spenge noch ein Bier und schaute in der Schankstube in die Runde, ob er jemanden kannte. Fehlanzeige. Aber ein älterer Mann sprach ihn an:

»Bis deou nech de Junge von den Höpster-Wagen? Ik häbbe di vandage do soin.«

»Jeaou, der sin ik. Jümmer no. Owwer nech majer lange!«

Als er zu dem Trödel-Wagen zurückkam, schlief der Höpster schon.

22

Knecht

Am nächsten Morgen – die Sonne hatte den Planwagen schon aufgeheizt – suchte Hermann seine wenigen Sachen zusammen. Er sagte nichts. Die Ostwestfalen hatten ja die Sprache nicht erfunden, und wenn sie daran mitgewirkt hatten, dann nicht am frühen Morgen.

Der Höpster fragte schließlich:

»Wat makst deou do? Wisse huir uttreken?«

Hermann steckte alles in seinen Kleidersack, druckste herum und sagte:

»Ik chong wiage, to den Bauer Asbrok als Knecht. Ik häbbe kuine Tuit, ik mot wiage.«

Er warf den Kleidersack und seine schäbige Decke über die Schulter. Und dann wuchs er über sich hinaus, als er noch ein Dankeswort herausbrachte:

»Ik häbbe bannig veel bi dui chelönt! Un nu is cheneu. Lot man cheaut sin, Höpster!«

Er tippte an seine Mütze und ging mit Schlürschritten davon. Als er sich noch einmal umdrehte, war der Höpster nicht zu sehen.

Er beschleunigte seine Schritte und war wenig später auf dem Asbrok-Hof. Die Begrüßung fiel westfälisch mager aus. Die Frau sagte:

»Ik häbbe duine Kamer scho'n biaden uprümt. Ik wuis di dat mol.«

Im rückwärtigen Teil der Deele, hinter den Webstühlen, gab es eine steile Treppe, eher eine Leiter, zu einem Verschlag unter der Dachschräge. Eigentlich nur ein »*Schapp*« mit Bett und Spind. Für Hermann war das in Ordnung. Er hatte im letzten Jahr bei jeder Witterung kümmerlich auf dem Höpster-Wagen geschlafen.

Dieser Schapp war eine erhebliche Verbesserung, und mit seiner schäbigen Decke war es fast gemütlich. Der Bauer zeigte ihm die Ställe der beiden Kühe, der Schweine und den Hühnerstall. Dazu die Stroh- und Heuvorräte, die Häcksellade, den Brunnen mit den Holzbütten, die Werkzeuge und landwirtschaftlichen Geräte. Hermann kannte sich aus und konnte mit allem Hofrat umgehen.

Es war vorauszusehen, dass er die Stall- und Feldarbeit übernehmen musste. Das war in Ordnung. Der Bauer wollte im Garten arbeiten, die Schweine füttern und die Oberaufsicht behalten. Die Frauen webten von morgens bis abends, melkten die Kühe, versorgten die Hühner und den Haushalt.

Es war Erntezeit. Das kleine Gerstenfeld hatte der Bauer schon in den letzten Tagen gemäht. *»Gerste ist die Erste«* heißt es. Das Hauptgetreide war der Roggen. Er wurde von den beiden Männern in den nächsten Tagen mit der Sense gemäht, von den Frauen zu Garben gebündelt und zu Stiegen zusammengestellt. Ende August war der Hafer an der Reihe.

Für Hermann war die körperliche Arbeit zuerst ungewohnt und er fiel abends nach dem Essen todmüde in seine Schlafstelle.

Bei den Asbroks gab es das gleiche zu essen wie früher im Kisker: Milch-, Mehl- und Kohlsuppen, Brot, und Wasser. Manchmal gab es einen großen Eintopf mit etwas Speck und Wurst, der für zwei Tage reichen musste. Während der Erntezeit aß man auf dem Feld ein Stück Brot, selten mit Speck. Abends saßen sie alle am Küchentisch. Geredet wurde nicht viel. Manchmal erzählte Hermann etwas von Bielefeld, vom Bahnstreckenbau und aus seiner Höpsterzeit.

Bisweilen, wenn er eine eintönige Arbeit machte oder am Sonntagnachmittag im Garten saß, dachte er über seine neue Stelle nach. Die Arbeit und das Leben auf dem Asbrok-Hof waren ihm vertraut. Es gab kaum etwas besonderes, was er hätte lernen können. Die bäuerliche Lebensweise war überall die gleiche, und oft wurde er an seine Jugendzeit im Kisker erinnert. Hier auf dem Hof ging alles friedlich zu. Er wurde nicht geschlagen und hatte satt zu essen.

Der Asbrok-Hof in Westerenger gehörte zur Kirchengemeinde Enger. Beim sonntäglichen Kirchgang musste man die vier Kilometer zu Fuß gehen. Nicht einmal halb so weit entfernt lag die Kirche in Spenge, die Hermann von Kind an gewohnt war. Dorthin ging er bisweilen am Sonntagmorgen. Aber wohl nicht nur aus religiösen Gründen, sondern er hoffte, den einen oder anderen, den er von früher kannte, zu treffen. Und so kam es, dass er einmal zwei ehemalige Mitschüler aus dem Kisker sah, die mit ihren Kötter-Familien unterwegs waren. Er ging zu ihnen und wechselte ein paar Worte. Man freute sich auf westfälisch untertriebene Art, denn die groben plattdeutschen Floskeln ließen keine sichtbare Wiedersehensfreude erkennen. Hermann erfuhr, dass sein Freund Pelle nicht mehr in dieser Gegend war. Und ehe man sich weiter austauschen konnte, riefen die Eltern ihre Söhne dringlich zurück. Es waren Söhne von Köttern mit geringem Grundbesitz. Hermann war nur Tagelöhner.

Er erkannte auch ein paar Mitschüler aus Spenge. Als er zu ihnen Blickkontakt aufnehmen wollte, wandten sie sich prustend ab und gingen ihm aus dem Weg. Mit Leuten aus dem Kisker wollte man nichts zu tun haben.

Er ging in Spenge ziellos die Hauptstraße entlang. Dies war auch seine Heimat, aber nicht der Ort seiner Herkunft. Er stammte aus dem Kisker. Aus einem *Nicht-Ort*. Ihm wurde wieder einmal klar, dass ihm seine Herkunft deutlich im Weg war. Soziale Ausgrenzungen waren an der Tagesordnung. In Spenge war er in den ersten fünf Jahren zur Schule gegangen. Zerlumpt und in Holzschuhen. Aber es war ein Ort der Erinnerungen. Erinnerungen an seine Freundin Lisken, an den

Jahrmarkt und Pelle. An die Missionsfeste, an nasse Füße und Verzweiflung. Was hatte er hier nur gelernt, in Spenge? Kirchenlieder, Lesen und Schreiben und wieder Kirchenlieder. Aber Wissen? Schließlich wusste er nur, dass sein Leben im Kisker kein Leben war.

Umso mehr wusste er zu schätzen, dass die Asbroks, die in der sozialen Hierarchie zwei Stufen höher standen als er, ihn aufgenommen hatten. Er musste sich dieser Großzügigkeit würdig erweisen. Er wollte alle Anweisungen strikt befolgen, nicht besserwisserisch auftreten und vor allem freundlich sein. Das hatte er beim Höpster gelernt.

Beim Abendessen probierte er gleich mal seine Freundlichkeit aus. Beiläufig erzählte er von seinem Kirchenbesuch in Spenge. Und er meinte auch, dass es ihm hier auf dem Hof in Westerenger sehr gut gefiel. Hier sei alles nicht so eng. Der Hof läge hier sehr schön, am Hügel, mitten in der Natur, umgeben von guten Feldern. Und er freute sich, dass er hier arbeiten durfte.

Die Asbroks schmunzelten und nickten zustimmend. Und zum ersten Mal schaute sogar die Tochter Hanne ihn an und schenkte ihm ein Lächeln.

Der Bauer meinte, dass die Kirche in Enger zwar weiter entfernt, aber auch sehr schön und alt sei. Und er erzählte eine kleine Geschichte: Als vor über Tausend Jahren die Leute hier den christlichen Glauben annahmen, bauten einige Städte im Wettstreit mit Enger ihre erste Kirche. Und in *der* Kirche, die zuerst fertig war, wollte *Herzog Wittekind* begraben werden. Die Kirche in Enger war zuerst fertig, allerdings ohne Turm. Das war dem Wittekind egal. Und noch heute kann man seine Grabstätte in der Kirche sehen. Damals waren die Leute in Enger sehr schlau.

Er sagte: »Ob dat vandage äouk no so is, wet 'ik nech.«

Der Bauer erzählte auch von seinem Asbrok-Hof. Seine Vorfahren hatten die *»Besitzung«*, wie man das Anwesen auch nannte, als Erbpächter von dem Großbauern *Middelmann* erhalten und später als freier »Kolon« bewirtschaftet. Heute habe man sein Auskommen. Das sei das Wichtigste.

Man besprach die Arbeit für den nächsten Tag.

Hermann ging später noch einmal mit der Laterne vor die Tür und schaute in den Nachthimmel. Irgendwie schien ihm die Nacht heller als sonst. Es war kein Vollmond, aber die vielen Sterne hatten sich vielleicht seinetwegen herausgeputzt. Ganz still war es hier, draußen unter dem Sternenzelt, und er hörte nur seinen Atem, seine Schritte und die Stallgeräusche der Tiere. Er überlegte, eigentlich hätte der Bauer ihm seine privaten Angelegenheiten, aber auch die Geschichte mit dem Wittekind gar nicht erzählen müssen. Er, Hermann, war nur einfacher Knecht, dazu aus dem Kisker. Dass der Bauer das alles erzählt hatte, empfand er als großen Vertrauensbeweis.

Zur Obsternte im September/Oktober stieg Hermann auf die lange Leiter in die obersten Wipfel der Apfel-, Birnen- und Zwetschgenbäume. Die Frauen entsteinten und kochten die großen und sehr süßen Zwetschgen ohne Zucker zu Mus. Das noch kochende Mus wurde in Steingut-Töpfe abgefüllt und sofort mit Schweineblasen verschnürt. Das Apfel- und Birnenmus wurde mit Zucker verkocht und in gleicher Weise abgefüllt. Der größte Teil der Äpfel musste sehr sorgfältig ohne Beschädigungen und Druckstellen gepflückt werden. Sie wurden dann einzeln auf Holzregalen kühl gelagert. Alles diente der Vorratshaltung.

Einmal stieg auch Hanne die lange Leiter hinauf, auf der ganz oben Hermann stand. Sie kletterte dann in den Baum hinein und sprang auf den Ästen herum. Schließlich hängte sie sich mit den Armen an einen Ast und schaukelte. Mit ihrer ländlich langen Kleidung sah das alles sehr gewagt, ja gefährlich aus. Hermann wusste nicht, ob er etwas sagen oder sogar einschreiten sollte. Sie war die Tochter des Bauern, der er keine Vorschriften machen konnte. Schließlich rief er:

»Hanne, wat makst deou do?! Sachte, 'n biaden sachte!«.

Hanne schaute hoch, lächelte und pflückte sich beim Schaukeln mit einer Hand einen großen Apfel. Sie setzte sich auf einen Ast und aß ihn genüsslich auf.

Als Hermann seinen Korb voll hatte, stieg er die Leiter hinunter. Hanne kam – noch kauend – hinterher.

»Smekt chanz cheaut! Deou süst äouk en'n häbbn, oder twee.«

»Häbb' ik scho. – Jeaou, chanz lecker!«, meinte Hermann, leerte seinen Korb aus und stieg die Leiter wieder hinauf. So hatte er die kleine Hanne noch nicht erlebt. Ein mutiges »Teufels-Mädchen«.

Hanne war fünfzehn Jahre alt und hübsch. Sie war sehr natürlich und in keiner Weise gestelzt. Sie bewegte sich anmutig, war kräftig und sah älter aus als fünfzehn. Ihre Schwester *Friederike* wurde bald siebzehn Jahre und arbeitete in einem anderen Haushalt. Bald darauf heiratete sie und hieß dann *Friederike Buschmann*.

Hanne war in die alte Dorfschule bei den großen Meyerhöfen südlich der Werther-Straße gegangen. 1879 hatte man sie mit vierzehn Jahren von der Schulbank gleich an den Webstuhl gesetzt. Wie überall konnte die spärliche Landwirtschaft die Familien kaum ernähren und das Leinen-Weben war ein dringendes Zubrot. Hanne war über Enger und Spenge nicht hinausgekommen. Jetzt war sie das einzige Kind im Haus, und Hoferbin.

Ein paar Wochen später meinte der Bauer, es fiel ihm immer schwerer, die großen Leinen-Ballen nach Bielefeld zu bringen. Es wäre an der Zeit, dass Hermann diese Aufgabe übernehmen sollte. Hermann war einverstanden. Er kannte sich aus, hatte aber noch eine Frage:

»Chiwt 'et den *Knigge* noch in 'en Annahmebüro von 'ne Spinnerei?«

»Ne, den chiwt 'et nech majer. Da is nu 'n nuier Spitzbube. De red 'n biaden veel. Owwer dat cheit schon.«

Hermann erklärte, der Knigge habe ihm vor drei Jahren eine Stelle in der Spinnerei verschafft. Er sei aber nach einem Jahr mit seinem Freund Frittgen zum Streckenbau der Eisenbahn gegangen, ohne sich bei dem Knigge abzumelden. Aber das spielte ja keine Rolle mehr.

Der Bauer sagte, Hermann sollte schon am nächsten Morgen aufbrechen und beschrieb den Weg nach Bielefeld. Er sollte bei *Glösinghausen* über den *Boldam Bach* gehen, und immer geradeaus. Am *Abker-Hof* vorbei, käme man direkt nach Jöllenbeck und Bielefeld.

Am nächsten Vormittag hatte er den Leinen-Ballen problemlos bei der Spinnerei abgegeben. Der Asbrok-Bauer hatte ihm eine Vollmacht ausgestellt, dass der Verkauf und die Entlohnung in seinem Namen geregelt wurden. Hermann lief dann, wie er es gewohnt war, eine Weile kreuz und quer durch die Händler- und Handwerker-Straßen. In einem Haushaltsladen kaufte er ein modernes Einmachglas mit Gummiring und Spange, wie er es schon von dem Höpster-Wagen kannte. Er wollte das der Bäuerin schenken. Er beobachtete natürlich die vielen Menschen, ob er vielleicht jemanden traf, den er kannte. Aber er hatte kein Glück.

Als er zurückkam und das Einmachglas der Bäuerin überreichte, fragte Hanne vorwitzig:

»Un wat krich ik?« Hermann lächelte und zuckte mit den Schultern.

Die Tage wurden kürzer und zum Endes des Jahres mussten lange aufgeschobene Arbeiten am Haus erledigt werden. In den Ställen wollten sie die hölzernen Böden, Gatter, Wände und Stege reparieren. Eine Regenrinne war undicht. Auf dem Dach waren Ziegel zerbrochen oder lagen schief, und in der Deelentür waren Glasscheiben gesplittert. Die Schwalben hatten, wie in jedem Jahr, auf der Deele einigen Dreck hinterlas-

sen. Der Wirtschafts- und Melkraum musste gründlich ge-
schrubbt und neu gemalt werden. Die landwirtschaftlichen
Geräte und Werkzeuge wurden gesäubert, repariert, geölt und
verstaut. Man schlug und sammelte Brennholz im benachbarten Wäldchen, einer verwilderten Allmende, die man später
Kusch nannte. Wenn wenig zu tun war und das Wetter mit-
machte, spaltete Hermann Holz.

Im Januar und Februar machte er die Stallarbeit und die
häuslichen Routinearbeiten ganz allein. Manchmal suchte er
geradezu neuen Aufgaben. Einmal putzte er alle Petroleumlampen blitzblank.

Ein anderes Mal im Februar war ein Webstuhl defekt. Es war
Hannes Webstuhl, und beim Abendessen überlegten sie, was
zu tun war. Hermann meinte, er könnte sich den Webstuhl ja
mal ansehen. Sein Vater war Webstuhlspezialist und wurde
von der Spinnerei in Bielefeld in der Spenger Gegend zur Reparatur eingesetzt. Er, Hermann, hatte häufig bei seiner Arbeit
zugeschaut. Vielleicht konnte er etwas tun.

Man ging gleich hinaus auf die Deele, zündete zwei blank
geputzte Laternen an, räumte einiges auf die Seite, und Hanne
erklärte Hermann die Fehlstelle. Dazu mussten sie sich hinkni-
en, sich Kopf an Kopf hinunterbeugen und die beweglichen
Teile mit ihren Fingern prüfen. Die Fehlersuche war ja nicht
anders möglich, und ihre Köpfe und Hände waren erstmals
ganz eng beieinander. Und prompt stießen ihre Köpfe auch
mehrfach leicht aneinander und ihre Finger berührten sich
noch häufiger. Natürlich unabsichtlich. Sie redeten unablässig
über das, was falsch und richtig war, was alt und defekt und
was neu sein musste. Dabei merkten sie schon, dass bei den
Berührungen ihre Hände leicht zuckten. Sie lächelten und
schauten sich unschuldig an.

Hermann hatte Hanne nach längerer Diskussion – so lange
hatten die beiden noch nie miteinander gesprochen – über-

zeugt, dass der Fehler wohl bei zwei ausgeleierten Teilen lag,
die man erneuern musste. Er wollte nach Bielefeld gehen und
die Teile bei der Spinnerei besorgen. Gleich am nächsten Morgen wollte er aufbrechen. Er konnte auch den schon fertigen
Leinen-Ballen mitnehmen. Hanne wollte mitgehen. Sie wollte
auch mal nach Bielefeld. Der Bauer sagte:

»Ne, Hanne dat lot ma sin. 'n anner mol.«

In der Bielefelder Spinnerei erklärte Hermann, dass sein Vater
der Monteur Heinrich Josting aus Spenge war. Und er benö-
tigte zwei Ersatzteile für den Asbrok-Hof in Westerenger.
Man kannte den Heinrich Josting gut, und wusste sogar, dass
man ihn den ›Friemler‹ nannte.

»Un di kinn ik äouk scho. Deou bis ja scho 'n paar mol do
weouern«, sagte der Büroleiter, der *Bockhorst* hieß. So nannte
ihn jedenfalls der Gehilfe, der die Ersatzteile holen musste.
Das waren nur übliche Verschleißteile. Bockhorst nickte und
sagte:

»Dat müat cheuoen. Dat küant jeuo einbaun. Un deou
küant dat äouk? Na, deou bis äouk so 'n Friemler, hä?«

Er lachte und tippte sich an die Mütze. Hermann hatte keine Mütze und tippte an die Stirn.

Er bummelte heute nicht länger in der Stadt umher, trank
aber in seiner Eckkneipe ein Bier und machte sich auf den
Rückweg. Er wollte sich merken, dass der Mann in der Annah-
mestelle Bockhorst hieß. Ja, Bockhorst! Jetzt erinnerte er sich.
So hieß nämlich auch der große Bauer auf der Ostseite des
Kisker-Sieks, der dort im Teich die Krebse bewachen musste.
Wahrscheinlich stammte der Bielefelder Büro-Bockhorst von
dem Hof in Lenzinghausen und kannte deswegen auch seinen
Vater, den Friemler.

Und dann ging ihm Hanne nicht mehr aus dem Kopf. Es
hatte gestern gefunkt bei der Fehlersuche und er hatte Herzklopfen. Sie war sehr nett und freundlich zu ihm. Sie war auch

kein kleines Mädchen mehr und musste wissen, was sie tat. Sie wollte sogar mitgehen nach Bielefeld. Er hätte das nicht ablehnen können, weil er ihr keine Vorschriften machen durfte. Aber Gott sei Dank hatte ihr Vater eingegriffen. Was sollte er nun machen? Hanne gefiel ihm. Er mochte sie. Sogar sehr, aber er konnte auf keinen Fall ihre kleinen Bemühungen erwidern. Schon gar nicht im Hause der Eltern.

Er war sich darüber im Klaren, dass er und Hanne keine dauerhafte Beziehung eingehen konnten. Der Standesunterschied war einfach zu groß. Ihre Eltern waren in die ständischen Regeln eingebunden und würden das nie zulassen. Also musste er sich total zurücknehmen, wenn er seine Stelle nicht verlieren wollte. Und er wollte die Stelle behalten.

Auf dem Heimweg blies ihm ein kalter Nordwind ins Gesicht. Er hätte sich wärmer anziehen sollen. Als er auf den Hof kam, war es schon dunkel. Durchgefroren ging er gleich in die Küche, legte die Ballen-Quittung, den Erlös, und die Ersatzteile auf den Tisch und stellte sich mit ausgestreckten Händen an den Herd. Es habe alles geklappt mit den Ersatzteilen, sagte er beim Abendessen. Der Büroleiter hieß übrigens Bockhorst und hatte ihn gleich als Sohn des Spenger Webstuhl-Friemlers erkannt. Ja, Bockhorst hieß er, das musste man sich merken. Er, Hermann, kannte schließlich auch einen Bockhorst. Das war der Bauer auf der Lenzinghauser Seite des Kisker-Sieks. Dieser hatte ihm und seinem Freund Pelle vor vielen Jahren einmal kräftige Ohrfeigen gegeben, als sie im Siek-Teich mit seinen Krebsen gespielt hatten. Der Bielefelder Büro-Bockhorst war vielleicht der gleiche wie der Backpfeifen-Bockhorst. Vielleicht hatte er sich auch an die Ohrfeigen erinnert und war deshalb so freundlich zu Hermann.

Und morgen früh könnte er Hannes Webstuhl reparieren. Nach guter westfälischer Art bedankte sich niemand bei Hermann oder sagte etwas Anerkennendes. Lediglich der Bauer brummte kurz, was wohl ein Zeichen der Zustimmung war.

Am nächsten Morgen war die Bäuerin schon früh zum Weben auf die Deele gegangen. Hanne saß daneben, die Ersatzteile in der Hand und wartete auf Hermann. Der kam auch bald mit einem freundlichen »Moin« und brachte die beiden Öllampen mit, die er am Küchenherd angezündet hatte. Er kramte eine Weile in der Werkzeugkiste, nahm die Ersatzteile und tauchte ab in die Niederungen des Webstuhls. Hanne tauchte vor den Augen ihrer Mutter hinterher und dicht neben ihm gab sie ihm Ratschläge, fragte, was er mache und ob es nicht so oder so besser sei. Und wieder berührten sich ihre Hände. Sie waren sehr nah beieinander. Das konnte auch der Mutter am Nachbarwebstuhl nicht verborgen bleiben. Hermann war sehr freundlich und bemühte sich, alles mit etwas übertriebenem Fachwissen zu beantworten. Einmal sagte er bei einem komplizierten Sachverhalt:

»Dat vosteou ik nech. Vostes deou dat?«, fragte er Hanne.

»Dat is do chanz eenfach!«, meinte Hanne und erklärte die Sache umständlich und wohl auch nicht zutreffend.

»Ne, ne, Hanne, dat is 'et nech, deou vostes dat äouk nech!«

Hanne wollte aber nicht hören, dass sie etwas nicht verstand und sagte, dass sie ja schließlich »kein Kind« mehr war. Hermann hätte sie am liebsten in den Arm genommen, aber er arbeitete still weiter. Die Mutter hatte alles mitangehört und dachte sich ihren Teil.

Nach einiger Zeit lief der Webstuhl wieder einwandfrei. Hermann war zu Recht ein bisschen stolz auf die Reparatur und meinte später beim Mittagessen, dass Hanne ja auch geholfen hatte. Schließlich war es ja ihr Webstuhl. Hanne lächelte und schlug die Augen nieder.

Bei den Mahlzeiten am Küchentisch saßen sich Hanne und Hermann gegenüber, und es war offensichtlich, dass Hanne häufig zu ihm hinüber sah. Hermann ignorierte das und blickte sie nur an, wenn Hanne ihn etwas fragte. Sie wollte alles genau wissen aus seiner Höpsterzeit, aber noch mehr interessierte sie seine Zeit in Bielefeld. Als sie ihn einmal fragte, ob er in Bielefeld eine Freundin gehabt habe, hielt Hermann sichtlich die Luft an, schaute hilfesuchend die Bauersleute an, und ehe er antworten konnte – was er eigentlich gar nicht wollte – sagte der Bauer schroff:

»Hanne, nu is owwer cheout! Dat cheit deou nix an! Dat lot ma sin! Hässe dat heuert?«

»Mm«, machte Hanne, schaute vor sich hin und spielte mit ihren Händen. Hermann war froh, dass der Bauer eingegriffen hatte. Hanne sollte sich wirklich zurücknehmen. Das tat sie aber nicht, und kurze Zeit später schaute sie ihn kurz an, halb hilfesuchend und halb vorwurfsvoll.

In den nächsten Tagen gab es keine Gelegenheit, dass sich die beiden einmal allein begegneten. Hermann ging ihr aus dem Weg, und nur bei den Mahlzeiten saßen sie sich wie immer gegenüber. Obwohl Hanne wissen musste, dass die Eltern sie beobachteten, konnte sie sich nicht beherrschen. Sie machte einen abwesenden Eindruck. Sie träumte und schaute immer wieder zu Hermann hinüber.

Die Eltern besprachen sich daraufhin. Sie waren sich einig, dass sie eine Beziehung zwischen den beiden nicht dulden wollten. Hanne erbte einmal den Hof und würde Bäuerin, würde Kolonin. Ein Knecht aus dem Kisker, so sehr sie ihn auch schätzten, war nicht standesgemäß. Eine Einheirat kam nicht in Frage. Und Hanne war jetzt sechzehn Jahre! Der Bauer wollte ihr die Flausen schon austreiben und ihr die Leviten lesen.

Am nächsten Morgen nach dem Frühstück, als Hermann schon zur Stallarbeit gegangen war, musste Hanne in der Küche bleiben. Die Mutter räumte auf, und der Bauer sagte:

»Hanne, set di mol woier hin. Ik häbbe wat met di to bekuiern. Dine Modder un ik, we häbbt oll soin, dat deuo wat häs
met 'n Knecht. Dat choit nech!«

Er erklärte weiter, in ihrem Alter konnte es kein Techtelmechtel geben, und es musste ein Ende haben. Wenn die Leute erst reden würden, war es zu spät. Hermann war ein guter
Knecht, und es gab nichts an ihm auszusetzen. Er und seine
Familie waren nur Tagelöhner und noch nicht einmal Kötter
mit etwas Land. Dauerhaft würde das nicht passen. Wenn sie,
Hanne, ihm weiterhin schöne Augen und Hoffnungen machte, musste er gehen.

Hanne saß bedröppelt, mit gesenktem Kopf am Tisch und
weinte still. Sie hatte ihn aber gern und er war ein guter
Mensch, schluchzte sie.

»We häbbt 'n äouk cheern, owwer et cheit nech!«, sagte der
Vater, und wenn es in den nächsten zwei Wochen nicht anders
wurde, musste er gehen.

Und es wurde etwas besser, aber nicht viel. Die beiden schauten sich nicht mehr im Beisein der Eltern an und redeten nur
noch das Nötigste miteinander. Hanne zog sich zurück. Sie saß
mehr als sonst am Webstuhl, war traurig oder missmutig und sehr
wortkarg. Man konnte ihr nichts recht machen, sie für nichts in-
teressieren oder aufheitern. Wenn niemand zusah, weinte sie.

Den Eltern entging ihre Veränderung nicht, und so be-
schlossen sie Ende Januar 1881, dass Hermann zu Lichtmess
am zweiten Februar gehen sollte. Das war ohnehin der ge-
bräuchliche Zeitpunkt für einen Knechtwechsel.

Hermann, der natürlich auch die Veränderungen bei Hanne und die missliche Stimmung im Haus bemerkt hatte, war
wie versteinert, als der Bauer ihm mit dürren Worten die Situation erklärte. Er hatte immer sehr gut gearbeitet, und es gab
an ihm nichts zu beanstanden. Aber Hanne musste wieder
normal werden. So ginge das nicht weiter. Das war ihm ganz
wichtig. Und deswegen musste Hermann gehen.

Hermann sagte nichts. Er nickte nur, presste die Lippen zusammen und ging langsam aus der Küche. In seiner Dachkammer suchte er seine Sachen zusammen und steckte alles in den Kleidersack. Auf der Deele ging er zu Hanne, die am Webstuhl saß. Als sie ihn mit seiner Joppe und dem Kleidersack sah, und er ihr die Hand entgegenstreckte, brach sie in Tränen aus und schlug die Hände vor das Gesicht. Hermann sagte, dass er erst jetzt richtig gespürt hatte, wie sehr sie ihm ans Herz gewachsen war, und dass der Abschied ihm sehr weh tat. Er wollte sie aber nicht für immer verlassen. Wenn sie ihn brauchte, würde er wiederkommen. Er wollte nach Amerika gehen und ihr schreiben. Das war alles. Zum Abschied, auch gegenüber den Bauersleuten, tippte er sich an die Stirn.

Als er draußen war, warf er sich den Kleidersack über die Schulter. Die ersten Schritte an der frischen Winterluft kamen ihm wie eine Befreiung vor. Vielleicht hatte er auch die neue Situation noch nicht richtig begriffen. Es ging alles so schnell. Natürlich war die Trennung von Hanne und dem Asbrok-Hof kein *Rauswurf,* wie er ihn vor vier Jahren im Kisker erlebt hatte. Aber das Ergebnis war das gleiche. Er stand wieder allein auf der Straße. Trauer und Zurückblicken würden aber nicht viel helfen. Eigentlich hatte er schon in den letzten Wochen überlegt, wie es denn weiterginge, wenn man ihn fortschickte. Ja, jetzt wollte er nach Amerika gehen! Das Geld für die Überfahrt hatte er vom Bahnstrecken-Bau. Amerika war schon immer seine Idee, sein alter Traum. Er wollte dort in einem freien Land ein neues Leben beginnen. Und jetzt war es so weit.

Es ist nicht überliefert, wie es Hanne erging, nachdem Hermann fort war. Aus dem spärlichen Briefwechsel und der weiteren Entwicklung der Familie Asbrok wird aber ersichtlich, dass Hanne ihren Hermann nicht vergessen konnte. Sie klammerte sich jahrelang an seine letzten Worte:

»Wenn du mich brauchst, komme ich zurück«.

Und sie brauchte ihn eigentlich sofort, konnte ihn aber nicht zurückholen.

Hermann hatte seine schäbige Decke, die die Asbrok-Mutter einmal gewaschen hatte, in seiner Dachkammer liegen lassen. Hanne bewahrte sie auf, und die Mutter ließ sie gewähren.

23

Nach Amerika

Hermanns Entschluss stand fest. Er wollte noch am gleichen Tag nach Spenge zu dem Auswanderungs-Agenten Jakob Vogel gehen, bei dem er sich vor drei Jahren eine Abfuhr geholt hatte. Damals war er erst vierzehn Jahre alt, und nun wurde er am 16. Mai achtzehn. Alt genug, um die Entscheidung zum Auswandern allein zu treffen. Vogel war nicht da und das Büro sah verriegelt aus. Hermann fragte jemanden auf der Straße, ob er wusste, was mit der Agentur war. Man meinte, dass der Vogel wohl nicht mehr da war, wusste es aber nicht genau.

Hermann ging nach Wallenbrück zu seinen Jostingschen Verwandten, die dort in der Bauerschaft *Hellingen* eine Zimmerei hatten. Der Betrieb hatte eine lange Tradition. Es gibt Aufzeichnungen über einen Zimmerer Josting aus Hellingen, der die Mühlbach-Brücke an der Spenger Werburg im Jahre 1753 erneuert hatte. Die Zimmerei bestand bis 2015.

Hermann wollte bei den Wallenbrückern fragen, ob er dort für ein paar Tage oder Wochen arbeiten konnte, bis er etwas anderes gefunden hatte. Er wusste natürlich, dass sein Halbbruder Hannes dort einmal gearbeitet hatte, und man aus diesem Grunde vielleicht nicht besonders gut auf die Verwandtschaft aus dem Kisker zu sprechen war. Er hatte aber keine Wahl und klopfte an. Wider Erwarten freute man sich, den jungen Mann kennenzulernen, und etwas zu erfahren über die »große weite Welt«, die Hermann angeblich schon gesehen hatte. Neues aus dem Kisker wusste er nicht. Sein Bruder Hannes war – wie zu erwarten – bei ihnen nicht in guter Erinnerung.

Hermann konnte in der Zimmerei arbeiten. Darüber vergaß er bisweilen sein Auswanderungs-Vorhaben. In unruhigen Nächten dachte er an den Asbrok-Hof und an Hanne. Er liebte und vermisste sie sehr. Aber er sah keine Alternative. Er wollte weg und konnte sie nicht mitnehmen.

Er wollte ins »Exil« nach Amerika. Ja, ins Exil, so sagte man. Er hatte gehört, dass man den Napoleon ins Exil geschickt hatte. Aber er, Hermann, wollte freiwillig ins Exil. Und wenn Hanne ihn brauchte, würde sie ihn zurückholen.

Einige Wochen vor seinem achtzehnten Geburtstag im Mai 1881 erzählte er den Jostings, er wäre nun entschlossen, nach Amerika auszuwandern. Dabei stellte sich heraus, dass aus der Wallenbrücker Familie schon früher einmal einige nach Amerika gegangen waren. Eine Agent aus Bünde, der dort auch Kantor war, hatte alles organisiert. Zu den Geschwistern in Amerika, die allesamt mit ihren Familien in *Quincy, Illinois* wohnten, hatte man kaum noch Kontakt. Der Ort Quincy war Hermann geläufig und er wollte auch dort hin. Ein paar Tage später ging er nach Bünde. Unterwegs, auf den zwölf Kilometern, hatte er Zeit, noch einmal über alles nachzudenken. Seine grundsätzliche Entscheidung wollte er nicht in Frage stellen. Warum er weg wollte, hatte er zur Genüge überlegt. Er wollte *nicht nur einfach weg, so mal eben.* Wenn man weggeht, genügt einem das bisherigen Leben nicht mehr, wenn es denn überhaupt ein richtiges Leben war. Man will etwas anderes machen, was vielleicht auch leichter ist. Es wirkt vielleicht nur leichter und ist in Wahrheit nicht wirklich besser. Das würde man sehen.

Er wollte im Exil sein Glück machen und reich werden. Ja, das wollte er. Und Amerika *garantierte* sogar das *Glück* für seine Bürger und die Neuankömmlinge. Und wenn man reich war, konnte man heiraten und Söhne haben. Und wenn man zurückkäme, war man *jemand*, ohne es zu wollen.

So oder so ähnlich würde es schon sein. Da war er sicher. In Bünde fragte er sich durch nach dem Kantor und traf dann mit einem Herrn Winter zusammen. Der hatte allerdings keine offizielle Konzession für eine Auswanderer-Agentur. Er wollte Hermann aber gegen ein geringes Entgelt helfen und ihm alles sagen, was er wusste.

Zuerst stellten sie fest, dass Hermann achtzehn Jahre alt, ledig und ungebunden war. Er hatte Geld für die Beratung und für die Reise. Und in Amerika wollte er nach *Quincy*. Das war schon mal ganz wichtig, meinte der Winter und schilderte dann ausführlich, wie alles ablaufen musste. Hermann hatte keinen Pass und brauchte zum Auswandern auch keinen. Er durfte trotzdem nicht offiziell auswandern, weil er in seinem Alter militärpflichtig war. Also ging nur die »heimliche Auswanderung«, die nicht unüblich war.

Er sollte eine Fahrkarte kaufen für die Eisenbahn von Bünde nach Osnabrück und dort umsteigen in den Zug nach Bremen. Wenn die Gendarmen ihn unterwegs kontrollierten, sollte er sagen, dass er Verwandte in Bremen besuchte, Bremer Neustadt, Kornweg 24. Von Bremen aus könnte er eine Dampfbarkasse zum Auswanderungskai nach Bremerhaven nehmen. Das war sicherer als der Zug. Am Auswanderungskai sollte er in der New-York-Agentur die Passage buchen. Er konnte wählen zwischen Segel- und Dampfschiff. Die Segelschiffe waren nur halb so teuer, brauchten aber für die Überfahrt etwa eineinhalb Monate. Die Dampfschiffe waren nur acht Tage unterwegs. Viele Passagiere, die Zeit und keine Familie hatten, fuhren mit den Seglern. Die kleinen Segelschiffe waren schneller, aber nicht so komfortabel wie die großen. Wegen der Einreise-Genehmigung, der Kleidung, Decken und Proviant musste man in der Agentur fragen. Am besten sollte er nur ein Stück Reisegepäck und einen Rucksack mitnehmen.

Auf dem Schiff sollte er Kontakte knüpfen zu anderen Reisenden, sich gegebenenfalls mit ihnen zusammentun und von ihren Erfahrungen profitieren. In New York wurden alle Einwanderer durch das Landungsdepot *Castle Garden* geschleust. Auf den Straßen dort gab es viele finstere Gestalten, die vorgaben, einem zu helfen, die aber meist nur an das Geld der Einwanderer wollten. Im Zentralbahnhof von Manhattan fuhren die Züge ab nach Chicago. Dort sollte er umsteigen in den Zug nach Quincy.

In Quincy gab es fast nur Deutsche aus dem Herforder Land. Man konnte auch Deutsch sprechen, aber besser kein Plattdeutsch. Und dennoch war es höchst wichtig – so der Agent – , Englisch zu lernen. In vielen Städten, so auch in Quincy, gab es Agenturen, die Stellen vermittelten.

Das war alles. Hast du dir alles gemerkt, oder hast du noch Fragen, meinte der Winter.

Hermann schwirrte der Kopf, und er hatte keine Fragen. Er zahlte die Beratungsprovision und trank in einer Gastwirtschaft am Bahnhof ein Bier. Schließlich erkundigte er sich am Fahrkartenschalter nach den Zügen für Osnabrück und Bremen. Er ging etwas missmutig und noch ganz benommen von den vielen Ratschlägen zurück nach Wallenbrück.

Am Abend sollte er den Jostings ausführlich berichten. Er wusste gar nicht, wo er anfangen sollte. Der Kantor Winter war ein sehr netter Mann, meinte Hermann, der sich sehr gut auskannte und alle Einzelheiten erklärt hatte. Er erzählte dann verkürzt den Ablauf der Unternehmung, und in Quincy wollte er nach dem *Namen Josting* Ausschau halten.

Der alte Zimmer-Meister Josting fragte dann etwas umständlich, ob er denn wirklich fest entschlossen war, ob er das Geld für die Reise hatte und ob seine Eltern im Kisker Bescheid wussten.

Hermann sagte:

»Jeaou, ik häbbe scho 'n poor Jeauhr do an rumklamüsert, un nu mak we dat. Dat mot nu sin. Un dat Cheld häbb' ik äouk, von 'n Eisenbahn-Bau. Un muine Luüe ut 'n Kisker müart dat nech weetn. De häbbt mi reutschmuidn! Jeaou, so is dat oll. Un naichse Wiaken choid dat los!«

Hermann fragte noch, ob man vielleicht einen alten Koffer oder Kasten für seine Reise hatte. Er hatte nur einen Rucksack und einen Kleidersack. In der Tat gab es einen alten, beschädigten Holzkoffer, der in der Zimmerei noch repariert werden musste. Hermann meinte, der Koffer werde ihn immer an seine Zeit in Wallenbrück erinnern.

Ein paar Tage später brach er auf. Ein kurzer, wortkarger Abschied. Ganz nach ostwestfälischer Art. »Schreib mal!« und eine brummende Zustimmung waren die einzigen Hinweise, dass man irgendwie zusammengehörte.

Zum Ablauf seiner Reise im Spätsommer 1881 nach Bremerhaven und Amerika ist nichts bekannt, und über seinen etwa vierjährigen Aufenthalt in Quincy gibt es auch nur spärliche Informationen.

Es ist wohl anzunehmen, dass sich Hermann im Auswanderungsbüro in Bremerhaven einen Ausweis besorgen musste, ohne den die Amerikaner ihn nicht hätten einreisen lassen. Dazu musste er seinen Namen mit Geburtsdatum und Wohnort (Wallenbrück) angeben. Diese Daten sind viel später an die Kreisverwaltungsbehörden in Herford geliefert worden, und belegen für 1881 die Auswanderung eines Hermann Josting, Ackersmann aus Wallenbrück.

24

Quincy

Quincy, im Bundesstaat Illinois, liegt etwa zweihundert Meilen südwestlich von Chicago, verkehrsgünstig am Ostufer des Mississippi. Der riesige Fluss bildete jahrhundertelang die symbolische Westgrenze der Vereinigten Staaten und die große Nord-Süd-Ader des Kontinents. Hier begann der *Wilde Westen,* und Städte wie St. Louis und Quincy galten als »*Tore des Westens*«.

Ein großer Teil der Bevölkerung von Quincy bestand aus Deutschen aus dem Landkreis Herford. Ursächlich dafür war die *»Kettenwanderung«,* die durch den stetigen Nachzug von Familienangehörigen, Nachbarn und Freunden gekennzeichnet war. Auch Hermann hatte gehört, das man in Quincy deutsch sprechen und einige Jostings treffen könnte.

Für seine Reise in den USA benutzte er die Eisenbahn auf der gesamten Strecke zwischen New York über Chicago bis Quincy. Seine erste Arbeitsstelle hatte er wohl über ein örtliches Vermittlungsbüro erhalten. Er kannte sich *nur* in der Landwirtschaft aus, hatte kein Handwerk gelernt und keinen technischen oder Handelsberuf. Somit arbeitete er etwas außerhalb von Quincy auf einer *Farm.*

Dies schrieb er auch seiner Hanne Anfang des Jahres 1882. Er hatte es nicht so mit dem Schreiben, und sein Brief war eher kurz und klang nicht sehr optimistisch. Er war gut angekommen, war wieder Knecht auf einem Bauerhof, aber verdiente gut. Man sprach Deutsch. Englisch war nicht seine Sache. Es war ein gutes Leben, aber nicht viel anders als zu Hause. Amerika war ein großes Land, praktisch ohne Grenzen. Und manchmal kam er auch in die Stadt Quincy. Er gab seine Adresse an und ergänzte: »Schreib mal.«

Aber Hanne schrieb nicht. Ihre Eltern hatten Hermanns Brief abgefangen und auf die Seite gelegt. Er tauchte erst einige Jahre später wieder auf.

Hermann schrieb auch an die Jostings in Wallenbrück: Er war angekommen, und Leute mit dem Namen Josting hatte er noch nicht getroffen.

Man muss wohl annehmen, dass Hermann zu den Auswanderern gehörte, die nur *einen Brief* an die in der Heimat Zurückgebliebenen schrieben, mit dem Standardtext:»Ich bin hier angekommen und lebe noch.« Wenn keine Antwort kam, war die Beziehung häufig über Jahre am Ende. Das Schreiben fiel den meisten Leuten schwer.

Nach über einem Jahr, Mitte 1883, schrieb Hermann einen zweiten Brief an Hanne. Sie hatte ja seinen ersten nicht beantworten können. Es ging ihm gut, schrieb er. Er hatte die Stelle gewechselt und arbeitete jetzt bei einem Pferdezuchtbetrieb. Mit Pferden kannte er sich aus auf Grund seiner Höpster-Zeit. Er teilte ihr seine neue Adresse mit und schloss den Brief mit:»Schreib mal.«

Hannes Mutter hatte den Brief wieder entgegengenommen. Sie war der Meinung, dass Hanne dem Hermann nach über zwei Jahren nicht mehr nachtrauerte und übergab ihr den Brief. Als ihre Eltern am Sonntag in der Kirche waren, schrieb Hanne heimlich zurück. »Was machst du, und wie geht es dir? Warum schreibst du erst jetzt? Ich denke immer an dich. Vater ist krank. Schreibe mir.«

Hermann schrieb vorerst nicht. Er blieb etwa ein Jahr bei dem Pferdezüchter und erkannte wohl, dass er auch dort nicht voran kam und nicht das *große Geld* verdiente.

In seinem nächsten Brief im Herbst 1884 schrieb er, dass er jetzt in einem *»Saloon«* am Mississippi-Ufer arbeitete. Das angegliederte Restaurant war berühmt für seine »Spiegeleier mit

Schinken«, *Ham and Eggs*, und er war in die Braterei schon gut eingearbeitet. Er verdiente das Doppelte wie bisher, musste aber länger arbeiten. Ob der Vater noch krank war, fragte er. Mit seiner neuen Anschrift und dem üblichen »Schreib mal wieder« beendete er den Brief.

Erst im neuen Jahr 1885 schrieb Hanne zurück: Dem Vater ging es mal so und mal so. Er würde wohl nicht wieder. Sie müssten alles allein machen. Der Nachbar würde auf dem Feld helfen und das Leinen nach Bielefeld mitnehmen. Sie habe wenig Zeit. Ob er immer noch Eier brate?

Hermanns Bratstelle hatte sich in der Tat gefestigt und ausgeweitet. Der Betrieb lief gut. Mit zwei Küchen- und Brathelfern schafften sie etwa zehn Kilo Schinken und tausend Eier am Tag. Die beiden Bedienungen waren hübsch und freundlich, sie hießen Frieda und Adele. Die junge Frau an der Kasse war Gertrud oder *Trude*. Sie tippte auf einer neuen Registrierkasse, die man vor einiger Zeit in *Dayton*, Ohio erfunden hatte, und die bei jeder Abrechnung klingelte. Trude war eine Draufgängerin. Sie wollte alles haben, Geld, Alkohol, ein gutes Leben und auch ihn, Hermann. Sie machte ihm manchmal Angst, wenn sie sehr laut mit den Leuten Englisch redete und ihn ständig anstarrte. Sie verbrachte viel Zeit damit, sich ihre blonden Locken und ihre Bluse zu richten. Wenn Hermann an seiner Theke mit jemandem, insbesondere mit einer jungen Frau sprach, spitzte Trude an der Kasse die Ohren und ließ ihn nicht aus den Augen. Später gab es dann spitzzüngige Fragen mit vorgestreckten Brüsten.

Wenn Sie im Restaurant gemeinsam frei hatten, gingen sie am Mississippi spazieren und tranken etwas. Trude ließ sich nur anfassen, wenn sie etwas getrunken hatte und dann ununterbrochen plapperte.

Eines Tages würde sie ihn nicht mehr sehen.

Wenn Hermann allein war, wurde er bisweilen sehr nachdenklich. Amerika war ihm immer noch sehr fremd. Und *alle* waren hier eigentlich fremd. Niemand wusste wohl ganz genau, wohin er gehörte. Die meisten waren einfach nur Menschen, ohne Wurzeln. Alle waren angelockt durch Versprechungen. Und das Land war so groß, dass es für alle reichte. Aber die meisten gaben sich nicht mit dem zufrieden, was sie hatten. Alle wollten mehr, immer mehr. Es war kein Land, in dem man zur Ruhe kommen konnte. Sich einfach nur hinsetzen oder sich mit etwas begnügen, ging nicht.

Auch Trude war mit nichts zufrieden und wollte immer mehr. Selbst Hermann wurde in diese *Immer-mehr-Entwicklung* hineingezogen und fühlte sich machtlos. Er wehrte sich nicht, wenn zum Beispiel die zu bratende Menge von Schinken und Eiern immer mehr wurde. Aber er dachte, früher oder später würde ihm das alles zu viel werden. Er wollte dann diese Zwänge einfach loswerden.

In den Sommernächten von Illinois saß er manchmal am Ufer des Mississippi, wo es nach Erde, Feuchtigkeit und Moder roch. Bei der Stille des endlosen Wasserspiegels bekam er Zweifel, ob Amerika überhaupt seine Welt oder wirklich nur ein vorübergehendes Exil war. Und wenn er sich zurücklehnte und nach oben schaute, sah er den faszinierenden Sternenhimmel des amerikanischen Westens. Obwohl er diese klaren Sterne schon seit Jahren bewunderte, begriff er eines Nachts, dass dies »nicht seine Sterne« waren.

Ein paar Monate später, Ende des Jahres 1885, erhielt er einen Brief von Hanne. Sie hatte diesen Brief wohl in einiger Aufregung geschrieben:

»Lieber Hermann, komm bitte sofort zurück. Ich brauch dich. Der Vater ist gestorben, und wenn wir jetzt zusammen sind, ist die Mutter einverstanden. Beeile dich, ich warte.«

Für Hermann war dieser Brief eine unglaubliche Erlösung, die er im Stillen immer herbei gewünscht hatte. Damit waren alle seine Probleme, die er mit Amerika und den Menschen, mit Trude und der Eierbraterei hatte, vom Tisch. Das amerikanische Exil war beendet. Er setzte sich spontan hin und antwortete sehr kurz:

»Liebe Hanne, ich komme jetzt zurück, mit dem Dampfschiff. Das geht schneller. Hermann.«

25

Rückkehr

Im Winter 1886 gab es in der Atlantik-Schifffahrt nur einen reduzierten Fahrplan. Schließlich fand Hermann im Februar einen Passagierdampfer, der ihn nach vier Jahren Amerika-Aufenthalt von New York nach Bremerhaven zurückbrachte. Die Dampfer-Fahrt kostete das Doppelte eines traditionellen Seglers und wurde als wesentlich komfortabler dargestellt. Hermann hatte in der Quincy-Braterei gut verdient, sodass ihm die hohen Fahrtkosten nicht weh taten.

Er hatte eine Vierbettkabine, die er mit drei weiteren Heimkehrern, die alle viel Gepäck dabei hatten, teilen musste. Einer von ihnen hieß *Franz Beiderbecke*. Er rauchte pausenlos Zigarren. Seine Mitreisenden suchten ständig in ihrem Gepäck herum, um sich mit den erworbenen Mitbringseln voreinander wichtig zu tun.

Hermann hatte nur seinen Rucksack und den Wallenbrücker Holzkoffer. Er hatte in Amerika nur wenige Andenken und Geschenke gekauft. Für sich etwas Kleidung und für die beiden Frauen zwei Blusen und Tücher aus amerikanischer Baumwolle. Dazu eine Wanduhr für die Küche in Westerenger. Er hatte sich eine schöne Taschenuhr geleistet, wie sie seit einiger Zeit in Amerika preisgünstig gefertigt wurden.

Auch auf dem Schiff gab es etwas Besonderes, wiewohl das auf viele Dampfschiffe zutraf: Es war der üble Geruch. Man konnte auch »Gestank« sagen. Auf allen Decks, in allen Kabinen, Kojen und Bunkern, in allen Salons, Kombüsen und selbst auf der Brücke roch es widerwärtig. Der Gestank kam aus den Heiz- und Kesselräumen, wo Dutzende von Männern mit nacktem Oberkörper die Kohle, stinkende Schwefelkohle, in die Öfen schaufelten, um den nötigen Dampf für den

Schiffsantrieb zu produzieren. Nicht alle Abgase nahmen den Weg durch die Schornsteine. Sie verbreiteten sich über das ganze Schiff und hatten das absolute, ekelhafte Geruchsmonopol. Viele Fahrgäste erinnerten sich noch Jahrzehnte später an diese Gestank-Orgie.

Anfang März fuhr Hermann mit dem Zug zurück von Bremerhaven über Osnabrück nach Bünde. Dort stieg er aus, setzte sein Gepäck auf dem Bahnsteig ab und holte tief Luft. Er meinte, eine schon frühlingshafte Stimmung zu erkennen. Er war fast am Ziel. Der Zehn-Kilometer-Fußweg über *Hücker-Aschen* nach Westerenger würde mit Gepäck noch zwei Stunden dauern. Schließlich wurde es dämmrig, und gegen 19:00 Uhr stand er vor der Deelentür des Asbrok-Hofes.

Ein denkwürdiges Ereignis. Er war wieder zurück, aus dem amerikanischen Exil. Der Weg des Menschen zu sich selbst ist die Heimkehr. Er hatte es geschafft.

Unterwegs hatte er überlegt, wie denn die erste Begegnung mit Hanne sein würde. Würde sie ihn sofort erkennen? Er meinte, dass er ja wie immer aussah und sich nicht verändert hatte. Aber wie sah sie aus, seine Hanne? Hatte sie sich verändert? War sie noch hübscher geworden? Sie war jetzt zwanzig Jahre alt und erwachsen. Und er, Hermann war zweiundzwanzig. Er war älter und reifer geworden, meinte er. Sollte er sie gleich in den Arm nehmen? Sie hatten sich noch nie umarmt. Vielleicht war auch alles ganz einfach und würde sich ergeben. Beide wussten jedenfalls, dass sie zusammengehörten.

Nun stand er da, vor der großen Tür, und er klopfte beherzt an. Nichts rührte sich. Er betrat die Deele, setzte den Koffer ab und ging langsam zur Küchentür. Sein Herzklopfen war fast lauter als das Türklopfen. Er hörte schnelle Schritte und Hanne riss die Tür auf. Sie stieß einen Freudenschrei aus und rief:

»Er is do! Modder, er is do!«

Hermann stand etwas hilflos in der Tür und er hatte seine Arme wohl reflexartig vorgestreckt. Und dann flog sie ihm um den Hals und sie wollten einander gar nicht wieder loslassen. Bis schließlich die Mutter ein original westfälisches »no, no« murmelte.

Es gab bisher keinen schöneren Moment im Leben der Beiden, wie sie nachher feststellten.

Dann zog Hanne ihren Hermann in die Küche, nahm ihm den Rucksack ab und sagte ganz aufgeregt:

»Ik kürnt et no char nech chlöven, dat deou voier do bess. Dat is so schön! Ik häbb so lange teubn mürten. Veer Jeohr! Ne lange Tuit. Un nu set di ma erst 'n biaden hin. Set di ma do hin, up Vadders Platz. Dat in nu din Platz. Ik häbbe ollet met Mudder bekuiert. Se is met ollen envostanden. Dat werd se di no süms seggen.«

Die Mutter stand neben ihm, nickte eifrig, strahlte und klopfte ihm sanft auf die Schulter.

Es ging alles so schnell, und Hermann wusste gar nicht, was er sagen sollte. Er setzte sich etwas umständlich auf den zugewiesenen Platz. Hanne saß ihm gegenüber, reichte über den Tisch und nahm seine Hände. Ja, die Hände, so hatten sie sich vor vier Jahren manchmal zufällig berührt. Sie sahen sich lange an, und Hanne wischte immer wieder Tränen zur Seite. Hermann meinte etwas stotternd, er sei froh, wieder hier zu sein, zu Hause zu sein. Er hatte sich immer gewünscht, bald zurückzukommen. Und jetzt war er da und strahlte, als wäre er nie weg gewesen.

Hanne sagte, er müsste alles ganz genau erzählen, wie es in Amerika war. Sie waren schon sehr gespannt, alles zu erfahren. Das wollte er auch, aber jetzt musste er seinen Wallenbrücker Koffer von der Deele holen wegen der Geschenke. Wieso Wallenbrück? Und wieso Geschenke? fragte Hanne. Er wollte den Koffer erst einmal öffnen, nahm die zwei Blusen und die schönen Tücher, rieb den Stoff zwischen seinen Fingern und meinte, dass Baumwolle etwas Besonderes war. Und dann war da noch die weiße Wanduhr für die Küche.

Hanne ließ ihrer Freude freien Lauf. Sie umarmte Hermann und wollte die Bluse gleich anprobieren. Die Mutter sagte dann leise, dass Hanne für ihre Umkleideaktion in die Schlafstube gehen sollte. Sie verschwand im Nachbarzimmer mit der mürrischen Bemerkung, dass es dort aber kalt war. Kurz darauf präsentierte sie sich in der neuen Bluse und fiel Hermann erneut um den Hals. Ein solch ungestümes Maß von Vertrautheit war Hermann nicht gewohnt. Er wusste auch nicht recht, ob er die Umarmung im Beisein der Mutter Asbrok erwidern sollte. Er zögerte, als aber Hanne nicht losließ, drückte er sie behutsam an sich. Hanne sah schick und völlig anders aus als in der angestammten, bäuerlichen Kleidung. Sie drehte sich und Hermann bewunderte sie. Sie war in den vier Jahren noch hübscher und natürlich erwachsener geworden.

Dann suchten sie in der Küche einen Platz für die neue Uhr. Sie einigten sich auf ein Wandstück neben dem Fenster. Hermann wollte die Uhr am nächsten Morgen erklären und befestigen.

Die Mutter bedankte sich für die Geschenke mit Handschlag und meinte, wenn es ihm recht sei, könnte er auch *Mutter* zu ihr sagen. Damit hatte Hermann nicht gerechnet. Er sagte freudig, dass er es so tun wollte.

Die beiden Frauen hatten sich in den letzten Wochen überlegt, welches Zimmer sie für Hermann vorsehen sollten. Die winzige Knecht-Kammer über der Deele kam nicht in Frage. Er sollte in Hannes Zimmer wohnen, und Hanne wollte umziehen in das Elternschlafzimmer zu ihrer Mutter. Das hatten sie aber nicht im voraus vollzogen, sondern musste jetzt nachgeholt werden. Er sollte schon heute in ihrem Bett schlafen. Umziehen mit ihren Sachen würde Hanne dann am nächsten Tag.

Auch damit hatte Hermann nicht gerechnet. An die kleine Knecht-Kammer glaubte er zwar auch nicht, aber dass er gleich in ihrem Bett schlafen sollte, war schon etwas Besonderes. Hermann ließ seinen Koffer vorerst in der Küche. Während die Mutter das Abendessen richtete, machten Hanne und er einen Rundgang durch den Hof. Sie zündete die Laterne an und zeigte ihm die Ställe, die Heu- und Strohmengen, die Kornkammer und Vorräte. Er sah wohl, dass alles gut bestellt war. In der Kornkammer stellte sie die Laterne ab. Sie umarmte und küsste ihn. Der erste Kuss. Sie meinte, das müsste jetzt endlich sein. Das neue Leben sollte mit einem Kuss beginnen. Hermann bestätigte alles mit einem weiteren Kuss.

Als wenn die beiden etwas mit schlechtem Gewissen getan hätten, betraten sie wieder die Küche. Schon beim Abendessen sollte Hermann von seinen Erlebnissen berichten. Er wusste gar nicht, wo er anfangen sollte, und schließlich begann er von seiner Ankunft in Bünde und von dem schweren Koffer zu erzählen. Danach schilderte er die endlose Fahrt mit der Eisenbahn und die Ankunft des großen Dampfers in Bremerhaven. Von den schlimmen Unwettern auf hoher See war ihm und den meisten Passagieren immer schlecht. Und nur bei dem Gedanken daran, konnte einem speiübel werden. Er erwähnte seinen Kabinen-Nachbarn, den dicken Beiderbecke, der aus Minden kam und ewig Zigarren rauchte. Wenn einem vom Seegang nicht schlecht war, dann von dem ständigen Zigarren-Qualm. Dann war da noch der widerwärtige Abgasgestank an Bord, der sich auch in der Eisenbahn, ganz besonders im ersten Wagen hinter der Lokomotive, fortsetzte. Und Hermann meinte noch, dass er den guten Geruch auf dem Asbrok-Hof, den Geruch nach Erde, Holz, Heu und Stroh vermisst habe.

Hermann fragte, wann und warum der Vater gestorben war. Die Mutter sagte, er sei lange krank gewesen und habe dann Ende Oktober keine Luft mehr bekommen. Das sei alles sehr schlimm gewesen. Sie hätten schon bei der Feldbestellung und zur Erntezeit Tagelöhner und Aushilfen benötigt. Die

Nachbarn, besonders der Bauer Heitsiek, hatten sehr geholfen. Aber vor allem hatte Hanne die ganze Stallarbeit und vieles bei der Feldarbeit geleistet.

Hanne meinte, jetzt musste man mal besprechen, was morgen und in den nächsten Tagen dringend auf dem Hof gemacht werden sollte.

Die Mutter widersprach:

»Nu lot use Hermann mol ers richtig ankuamen, Hanne. Wuis ihm mol dine Kamer. Un moin küant we bekuiern, wat we ollet maken wulln.«

Hanne schnappte sich die Laterne und Hermanns Rucksack; sie stöhnte sofort:

»Ouh, de is awwer schweouer!«

Hermann folgte ihr mit seinem Koffer. Hannes Zimmer lag neben dem Elternschlafzimmer und war nur von der Deele aus zu betreten. Sie wollte schnell etwas aufräumen, Platz für ihn schaffen und das Bett neu beziehen. Hermann legte seine Hand auf ihren Arm und meinte, sie könnte etwas aufräumen aber das Bett sollte sie so belassen. Dann könnte er besser von ihr träumen.

Hanne sagte schmunzelnd, was er heute Nacht träumte, werde ganz sicher in Erfüllung gehen. Dann holte sie ihm für die Waschschüssel noch einen Krug frisches Wasser. Sie umarmten und küssten sich und wünschten eine gute Nacht. Hermann schaute sich im Zimmer flüchtig um, und da lag sie, auf einem Stuhl, seine schäbige Decke. Hanne hatte sie als einen Teil von ihm in Ehren gehalten.

Hanne kam strahlend mit ihrer Nachtwäsche unter dem Arm in die Küche zurück und sagte nur:

»Et werd allet cheout, Modder! Ik wet dat!«

Hermann konnte nicht sofort einschlafen. Ihm ging so viel im Kopf herum. Hanne und er hatten in den letzten Jahren mit wenigen Sätzen ihre Zukunft im voraus bestimmt. *»Wenn sie ihn brauchte, würde er kommen. – Und sie brauchte ihn, und er* *kam.«* Alles war in Erfüllung gegangen. Natürlich gab es auch viele Zufälle. Es hätte auch anders kommen können. Daran wollte er nicht denken. Denn über allem stand ihre unerschütterliche Zuneigung und der Wille, zusammenzukommen. Sie glaubten einfach daran, dass sie für einander bestimmt waren und wollten bald heiraten. Diese schöne Vorstellung nahm er mit in seinen Schlaf und seine Träume.

Am nächsten Morgen machten Hanne und Hermann einen Spaziergang. Es war kalt und diesig. Hanne hakte sich bei Hermann ein und zeigte ihm, wie es üblich war, die Felder und Wiesen, den Fruchtwechsel und den Garten. Hermann kannte sich noch gut aus. In den letzten vier Jahren hatte sich nicht viel verändert. Ihr Gang über die Felder bis hinunter zur Spenger Straße hatte auch den Sinn, dass jeder sehen sollte, Hermann ist aus Amerika wieder zurück, und beide gehen Arm in Arm auf der Straße. Hier und da grüßten sie freundlich und wechselten einige belanglose Worte. Alle, die diesen Auftritt gesehen hatten, würden schon für seine Verbreitung sorgen.

Hanne erklärte Hermann, wie wichtig das alles für Ansehen und Bedeutung im ländlichen Westerenger war.

Hermann meinte dann, sie habe ihm gestern Abend gesagt, dass die Träume der letzten Nacht in Erfüllung gehen würden. Und gestern Nacht hatte er sie im Traum geheiratet. Er hielt auf ihrem Spaziergang an, nahm sie in den Arm und fragte:

»Diou wuist mi do heiraten, Hanne?!«

»Jeaou«, sagte sie, » dat häs diou do jümmer weeten.«

Die Mutter, erklärte Hanne, hatte sich total geändert, seitdem der Vater tot war. Sie war nun mit allem einverstanden, und man musste nur noch die Trauerzeit abwarten. Dann sollte die Hochzeit sein.

Hermann ergänzte, es sollte eine schöne und große Hochzeit werden. Das hatte er sich immer gewünscht.

Es war nicht das wichtigste, aber sie sollte wissen, er hatte auch etwas Geld mitgebracht aus Amerika. Damit konnten sie

156

den Hof renovieren, das Dach neu decken und eine schöne Hochzeit feiern.

»Dat hoiert si cheout an!«, lächelte Hanne, »ik breouk dann mol 'n paar nuie Scheoe un 'n schön'n Heou (Hut).«

»Dat mot wohl suin!«, lachte Hermann und drückte seine Hanne.

In den nächsten Tagen setzten sich die Drei nach dem Abendessen zusammen. Die Mutter wollte etwas Wichtiges sagen. Reden war nicht ihre Stärke. Sie habe sich alles gut überlegt. Sie sei ja nun mitverantwortlich dafür, dass Hermann vor vier Jahren fortgehen musste. Heute sehe sie das alles ganz anders, und sie wollte dem Glück der Beiden nicht im Wege stehen. Selbst der Vater habe wenige Wochen vor seinem Tode noch gesagt:

»Ob wi dat allet so richtig makt häd Modder? Deou mot dat nui besluiden.«

Das hatte sie bestärkt, und Hanne hatte sie überzeugt, dass er der Richtige war und wiederkommen musste. Ja, es gäbe Standesunterschiede, damals wie heute. Aber das war jetzt überwunden, wie sie sagte. Sie hatte auch nichts mehr dagegen, wenn die beiden bald heiraten und Kinder kriegen würden. Und damit alle sehen konnten, dass Hermann zur Familie gehörte, wollte man gemeinsam am Sonntag zur Kirche nach Enger gehen. Hermann in der Mitte, Hanne rechts und die Mutter links. So wie sich das gehörte. Und dem Bauer Heitsiek, der immer nachbarschaftlich ausgeholfen hatte, wollte sie in gleicher Weise offen sagen, dass sie jetzt wieder zu dritt in der Familie waren.

Jetzt war Hermann dran, der sich artig für soviel Vertrauen bedankte. Er wollte sich bemühen, alles richtig zu machen. Und schließlich sei er auch nicht ganz mittellos zurückgekehrt. Er hatte gut verdient und Hanne erzählt, dass man den Hof renovieren und das Dach neu decken könnte. Neuzeitliche

Geräte könnte man auch kaufen. Hanne wollte einen neuen Hut!

Alle lachten.

Hermann kam aber noch einmal auf das neue Dach zu sprechen. Es war in der Tat schon seit einigen Jahren undicht. Er wollte das als Erstes machen mit folgendem Hintergedanken: Ein neues, großes Dach wäre weithin auffällig, und jeder konnte es sehen, und sich seinen Teil denken. Es lag auf der Hand, zu vermuten, dass der Heimkehrer Hermann das glänzende Dach ermöglicht hatte, das auch den Standesunterschied etwas zudeckte.

Die beiden Frauen schmunzelten und nickten, die Sache mit dem Dach war genial. Man würde überall über sie reden.

Hermann ging in den nächsten Tagen zu seiner Wallenbrücker Verwandtschaft. Er wollte sich zurückmelden, ein bisschen über Amerika erzählen und sich noch einmal für den Koffer bedanken. Er hatte außerdem die Hoffnung, dass sich seine Rückkehr auch bis in den Kisker bei seinen Eltern und den jüngeren Geschwistern herumsprechen würde. Wenn sein Halbbruder Hannes davon erführe, würde er wohl vor Missgunst platzen.

Wichtig aber war ihm die Frage nach einem guten Dachdecker, der den Asbrok-Hof preiswert neu eindecken könnte. Der Jostingsche Zimmermann arbeitete vorwiegend mit einem Dachdecker aus Spenge zusammen.Wenn er mit dem verhandelte, sollte er sich auf den Wallenbrücker Josting berufen.

Hermann ließ außerdem einen Baumeister kommen, der einmal prüfen sollte, ob und wie man den Asbrok-Hof renovieren und modernisieren konnte. Das war wichtig, weil der Dachdecker vielleicht bauliche Änderungen berücksichtigen musste. Man beschloss, die Abflüsse in den Ställen sowie im Melk- und Waschraum neu zu verlegen und dort die Böden zu betonieren. Die Toilette wurde verlegt, und es gab eine neue große Deelentür mit Butzenscheiben. Der Eindruck nach außen war wichtig. Auch alle Türen, die von der Deele zu den Zimmern führten, einschließlich der Zargen wurden erneuert. Schließlich wurde alles weiß ausgemalt. Das machten Hermann und Hanne selbst.

Für Hermann genauso wichtig war, endlich eine grüne Wasserpumpe mit Schwengel zu installieren, weil er diese in vierzehn Jahren Kisker-Kindheit vermisst hatte. Sie kauften zwei neue Sensen und eine neue Egge mit eisernen Zinken. Die Holz-Zinken der alten Egge brachen ständig ab und mussten immer mühsam neu geschnitzt werden. Auch einige andere landwirtschaftliche Geräte, die aus Holz waren, ersetzte man durch eiserne Ausrüstung. Sie schafften auch neue Petroleum-Lampen an. Das elektrische Licht gab es auf vielen Bauernhöfen erst zweiunddreißig Jahre später.

Die Renovierungsarbeiten dauerten bis zum Spätherbst 1886, und der landwirtschaftliche Betrieb, der nun allein von Hermann bestritten wurde, lief parallel.

An einem schönen Sonntag im Frühsommer gingen Hanne und Hermann Arm in Arm nach Spenge zum Jahrmarkt. Beide hatten ihre Sonntagskleidung an und trugen schwarze Lederschuhe. Hanne sah mit ihrer neuen Bluse und dem neuen Tuch sehr gut aus, und Hermann war richtig stolz auf sie. Sie spazierten auf der der Langen Straße und blieben hier und da neugierig stehen. Wenn sie einen Nachbarn trafen oder Hanne eine ehemalige Schulfreundin sah, erzählten sie die täglichen Bewandtnisse und erfuhren viel Neues aus den Familien und den Höfen. Für Hermann war es wie früher, als er mit seinem Freund Pelle über den Markt schlenderte und sie einmal den traurigen Alltag im Kisker vergessen konnten. Heute wie damals roch es nach Gebratenem, nach Gewürzen und Kräutern, nach Menschen, Tabak und Viehzeug. An der gleichen

Stelle wie vor dreizehn Jahren saß auch ein Kräuterweib. Es war aber eine andere, jüngere Frau. Hermann erzählte Hanne die Geschichte, wie er fast berühmt wurde mit der »magischen Kälberheilung« und der Bilsensalbe für seine Großmutter. Die alte Kräuterhexe hatte damals auf wundersame Weise geholfen. Die Kaninchenpfote erwähnte er nicht.

Als sie von dem langsamen Gehen und dem Gedränge auf der Straße müde wurden und heimgehen wollten, kamen ihnen drei junge Männer entgegen. Hermann erkannte sie. Es waren ehemalige Mitschüler, mit denen er bis 1875 die Spenger Schule besucht hatte. Keiner von ihnen war jemals sein Freund gewesen. Einer sagte laut:

»Da kik ma an! De Hirm ut 'n Kisker!«

»Nä, de is nu Amerikaner«, sagte der Zweite, und der Dritte meinte:

»De *wor* mol Amerikaner. Un nu issa 'n Erbschleicher.«

Hermann konterte:

»Deou kanns ja mol bi uz längskuamen. Ik wüll di mol votellen, wat deu bisher ollet versäumt häs.«

In diesem Moment kam ein vierter junger Mann hinzu, der wohl schon angetrunken war. Er begrüßte laut seine drei Kumpanen. Hanne kannte ihn. Sie war mit ihm zur Schule gegangen. Es war Hinnak Tiemann aus dem Nachbarort Dreyen.

Hinnak lärmte:

»Un do is jo muine Hanne! Mensch Hanne, deou bis ja 'n schmucke Deern woan! Un wer is dat denn? Din Bruoada? Hanne, wie is met di? Ik weouer ne cheoude Partie vo di! Oder?«

Die jungen Männer lachten. Hinnak ging auf Hanne zu und wollte ihre Hand nehmen.

Hermann sagte:

»Dat lot man sin. Ik wet, dat deou nech de Richtige bis. Un Hanne wet dat äouk. Ik wet owwer no majer. Deuo süs eout wia 'n halfduun Küaken-Kakalaatsch, de sik eoden Waderchlass redden häd!« *(«Das lass man sein. Ich weiß, dass du nicht der Richtige bist. Ich weiß aber noch mehr. Du siehst aus wie eine halbbetrunkene Küchen-Kakalake, die sich aus einem Wasserglas gerettet hat.)*

Das war heftig. Hinnak hatte das nicht verstanden und fragte die anderen:

»Wat häd hoi secht?«

Die anderen lachten und wollten Hermanns Spruch wohl nicht wiedergeben.

Hanne zog Hermann sanft von den Vieren weg und sie gingen ohne sich umzudrehen weiter. Hinter ihnen wurde weiter heftig gelacht und gepoltert.

Nach ein paar Minuten kam Hermann noch einmal auf die Auseinandersetzung zurück. Er meinte, es war schade, dass der schöne Sonntagsspaziergang so geendet hatte. An dem schlechten Ruf der Leute aus dem Kisker hatte sich nichts geändert. An dem niederträchtigen Hochmut der Spenger auch nicht.

Hanne sah alles positiv:

»Ik mot di mol wat seggen, Hirm. No nia häd si oiner so vo mi insetten wia deuo. Dat hässe cheout makt. Dene hässe dat richtig reotchieven. Un de duun Hinnak wor scho jümmer 'n Kakalaatsch. Den häbbt se scho jümmer utlacht. Ik sin froh, dat ik di häbbe, Hirm.«

An einem Samstagnachmittag im Spätherbst gab es Besuch auf dem Asbrok-Hof. Die Erntezeit war vorüber, und Hermann stand zufällig draußen und rauchte seine Pfeife. Es war Peter Wittenbreder, Hermanns Freund Pelle aus dem Kisker. Er blieb stehen und bewunderte das glänzende Dach und die neue Deelentür. Die beiden begrüßten sich herzlich, tauschten die üblichen »Wie-cheud-et-di«-Floskeln aus und klopften sich gegenseitig auf die Schulter. Hermann fragte, woher Pelle wusste, dass er hier in Westerenger wohnte. Er, Hermann, würde ja nach den üblen Vorfällen mit seiner Verwandtschaft nicht mehr in den Kisker gehen. Pelle sagte dann, dass er Hermanns Bruder August getroffen hatte:

»De hät mi sächt, dat deou in Amerika weuoern bis, un nu wojer da bis. Huier, up 'n Asbrok-Hof. Wors deou denn würkli in Amerika? Vortell mol!«

Hermann winkte lächelnd ab, er hatte sich seinen amerikanischen Traum erfüllt und wollte sein Glück machen. Er rieb seinen Daumen auf dem Zeigefinger und meinte, vier Jahre waren genug. Er wollte zu seiner Hanne zurück.

»Deou soss mol muine Hanne und de Modder kennenlönen. Kumm ma rin!«

Er ging auf die Deele und rief:

»Hanne, kuik mol, wer do is. Pelle is do!«

Hanne saß am Webstuhl und kam ihnen entgegen:

»Pelle, jeaou, ik häb scho veel vo dui hoiert. Denn kumt ma rin. Modder, dat is Pelle, Hirms Freund.«

Hermann erklärte dann, dass Hanne und er sich schon so lange kennen, dass sie in den letzten Monaten alles umgebaut und renoviert hatten und bald heiraten wollten.

Und dann musste Pelle erzählen. Er war auch nach der Schule fortgegangen und hatte in verschiedenen Städten des Ruhrgebiets gearbeitet. Er hatte dann jemanden aus Münster kennengelernt, der ihm eine Hilfsstelle an der Akademischen Lehranstalt verschaffte. Er hatte in Münster zwei Jahre lang im Lehrbetrieb gearbeitet und sich selbst weitergebildet. Als dann in der neuen Volksschule Spenge-Süd ein Hilfslehrer gesucht wurde, hatte er sich dort als ehemaliger Schüler und Ortsansässiger beworben. Und dort war er nun und bereitete sich auf seinen Einsatz als Lehrer vor.

Hermann hatte dann die Idee, dass die beiden zur Feier ihres Wiedersehens in das Gasthaus *Einhaus* nach Lenzinghausen gehen und etwas trinken wollten. Zum Abschied gratulierte Pelle schmunzelnd der Mutter und Hanne, dass sie einen so tüchtigen jungen Mann wie Hermann gefunden hatten, und sie sollten ihn nur verwöhnen. Sie wollten jetzt ein Bier und einen Schnaps trinken und von ihren Erlebnissen und Streifzügen aus ihrer Jugend erzählen.

Es war schon dunkel, als Hermann zurückkam. Hanne hatte auf ihn gewartet und er musste über seine Geschichten mit Pelle berichten. Dann sagte Hermann noch ganz stolz, dass Pelle sich als Trauzeuge für ihre Hochzeit angeboten hatte, und er, Hermann, hatte zugesagt.

26

Hochzeit

Im Mai des nächsten Jahres war Hanne schwanger. Dies war das Startsignal, die Hochzeit vorzubereiten. Die Mutter meinte zwar, eigentlich musste man die zwei Jahre nach dem Tod des Vaters abwarten. Aber das Argument, dass man nicht hochschwanger heiraten konnte, oder das Kind auf keinen Fall unehelich zur Welt kommen sollte, überzeugten. Die Hochzeit sollte dann im vierten Schwangerschaftsmonat, also im Juli 1887, stattfinden.

Hermann sagte, dass es eine besondere Hochzeit werden sollte. An die Familie und den Asbrok-Hof sollte man sich noch lange erinnern. Hanne und ihre Mutter meinten, alles sollte auch bezahlbar bleiben, und man wollte nicht aus der Rolle fallen.

Vor diesem Hintergrund begannen sie mit der Einladungsliste. Listen machen war nicht Hermanns Sache. Also schrieb Hanne die Namen der Familienangehörigen, der Nachbarn und Freunde auf. Man kam auf vierzig Personen ohne die Kinder. Das erschien viel, Streichungen waren aber bei erneuter Betrachtung nicht möglich. Für Hermann war wichtig, dass seine Eltern, seine Geschwister Anna und August sowie Pelle und seine Freundin dabei waren. Der Zimmerer Josting aus Wallenbrück sollte auch kommen. Sein Halbbruder Hannes sollte auf keinen Fall eingeladen werden. Und wenn er trotzdem käme, würde er ihn vor aller Augen rausschmeißen. Ja, das würde er machen, beteuerte er.

Die Hochzeiter wollten rechtzeitig zum Pastor nach Enger gehen und das Aufgebot bestellen. Die Trauzeugen waren Pelle und Hannes Schwester Friederike. Das Hochzeitsdatum sollte an einem Sonntag im Juli um 14:00 Uhr sein. Ein besonderes Brautkleid brauchte man nicht. Die schwarze Sonntagskleidung war auch zur Hochzeit üblich. Auch Hermanns guter Gehrock war gerade richtig. Den weißen Brautschleier und die Trauringe aus Gold-Dublee wollte Hermann in Bielefeld kaufen. Die Brautkutsche würde wohl der Bauer Heitsiek stellen und auch schmücken. Mit dem Bauern Rabeneck wollte man wegen seiner großen Kutsche sprechen.

Die Mutter, die schon mehrere Hochzeiten auf den Bauernhöfen mitgemacht hatte, wusste, worauf es ankam und was angemessen war. Die Hochzeitsfeiern fanden bei gutem Wetter draußen vor dem Hause und bei schlechtem auf der ausgeräumten Deele statt. Das Hochzeitsessen gab es an einer langen Tafel, die aus Tischen, Holzböcken und schweren Brettern zusammengestellt und mit vielen Leinentüchern abgedeckt war.

Wenn bei den Großbauern jemand heiratete, und mehr als hundert Gäste anwesend waren, wurden extra Schweine und Hühner geschlachtet. Es gab Brautsuppe und ein warmes Essen. Auf der Asbrok-Feier, sagte die Mutter, waren kalte Speisen angebracht. Es sollte große Platten geben mit Kartoffelpuffern und Buchweizenpfannkuchen. In den Teig mussten viele Eier. Dazu belegte Brote, Platenkuchen und Griesbrei mit Zimt und Zucker. Das sei alles so üblich und gute Tradition. Die Vorbereitungen für das Braten und Backen müssten schon einige Tage vorher mit den Nachbarsfrauen beginnen. Sie erinnerte auch daran, dass man das zusätzliche Essgeschirr, Teller, Becher und Löffel von den Verwandten und Nachbarn ausleihen musste. Zu Trinken sollte es Kaffee geben, natürlich nur den üblich Muckefuck *(eingedeutscht aus dem Französischen: Mocca faux – falscher Kaffee)*, sowie Saft und Milch. Den Schnaps wollte Hermann in der Gaststätte *Einhaus* in Lenzinghausen besorgen. Sieben Flaschen. Er wollte auch nach einem Fass Bier fragen. In Amerika würden die Saloons mit Fassbier beliefert. Ein richtiges Bierfass auf der Hochzeit wäre bestimmt etwas Besonderes.

Und so meinten sie, dass sie vorläufig das Wichtigste besprochen hatten.

Hanne ging es manchmal nicht so gut. Die Schwangerschaft machte ihr zu schaffen. Hermann hatte großes Verständnis. Sie sollte körperliche Anstrengungen vermeiden.

Die Felder mussten für das Sommergetreide gepflügt und bestellt werden. Der Nachbar Heitsiek half wie immer mit seinem Pferd aus.

Anfang Juni bestellten sie in Enger das Aufgebot, und als Hochzeitstermin wurde der 22. Juli 1887, 14:00 Uhr festgesetzt. In den nächsten Tagen und Wochen trug jeder dazu bei, die Gäste einzuladen, Verabredungen zu treffen und Besorgungen zu machen.

Nachdem Hermann die Jostings in Wallenbrück eingeladen hatte, musste er wohl oder übel noch zu seiner Verwandtschaft und auch zu Pelle in den Kisker gehen. Dafür nahm er sich einen ganzen Tag Zeit. Er setzte seinen Rucksack auf, weil er auf dem Rückweg bei *Einhaus* in Lenzinghausen den Schnaps kaufen wollte. Er hatte sich ja eigentlich geschworen, nie mehr in den Kisker zu gehen. Aber bei seinem Schwur hatte er nicht daran gedacht, dass er einmal im Nachbardorf heiraten würde, und es üblich war, die Eltern und Geschwister einzuladen. Wenn er Hannes begegnete, würde er ihn einfach ignorieren.

Aber es kam anders. Auf der Mühlenburger Straße sah er schon von weitem seinen Vater. Der kam gerade vom Nachbarhof, wo er seine kleine Werkstatt hatte. Der Vater sah aus wie immer und hatte sich seit ihrem zufälligen Treffen vor einigen Jahren in Bielefeld nicht verändert. Hermann nannte ihm den Heiratstermin in Enger und danach die Feier auf dem Asbrok-Hof. Er durfte nur die Mutter sowie Anna und August mitbringen. Wenn er den Hannes mitbrächte, oder dieser von sich aus mitkäme, sollten sie besser alle zu Hause bleiben.

Das war sehr deutlich. Sein Vater runzelte die Stirn, schüttelte den Kopf, holte tief Luft und sagte nach westfälische Art:

»Jeaou, jeaou, dat is all wat. Ik red mol met de Modder.«

Vater und Sohn waren wieder einmal fertig miteinander. Hermann sagte noch, dass er jetzt zu Pelle ginge, der ja der Brautführer war.

Pelle war nicht zu Hause, er war unten in der Schule. Hermann hinterließ bei den Eltern den Hochzeitstermin. Und Pelle sollte seine Freundin mitbringen und bloß kein Geschenk. Dann ging er zur Schule hinunter und schaute sich vorsichtig nach Pelle um. Durch die niedrigen Fenster konnte er sehen, dass Pelle wohl bei den Erst- oder Zweitklässlern Unterricht gab oder Aufsicht führte. Pelle hatte ihn auch gesehen, hob den Zeigefinger gegenüber den Kindern und ging kurz hinaus. In aller Kürze informierte ihn Hermann über alles und sagte:

»Ik häb olls met dine Lui bekuiert! De wet Beschoid!«

Dann ging er zum Gasthaus Einhaus an der Lenzinghauser Kreuzung. Er wollte sieben Flaschen Schnaps kaufen und fragte nach dem Fass Bier. Das ging zu einem angemessenen Preis in Ordnung. Der Einhaus-Wirt sagte, am Hochzeitstag würden zwei seiner Leute mit Schubkarren das Fass, den Schnaps und dreißig Krüge bringen. Eine Flasche Schnaps könne er schon jetzt mitnehmen, für den *Vorbesuch*.

Hannes Mutter Anne ging etwa drei Wochen vor der Hochzeit zu der Asbrok-Verwandtschaft nach Spenge. Hier hatten der jüngere Bruder ihres Mannes, der Kolon Fritz Asbrok und die

Schwägerin einen Kleinbauernhof, vergleichbar mit dem Anwesen der Asbroks in Westerenger. Nach der kühlen und wortkargen Begrüßung, wie sie in Ostwestfalen üblich war, überbrachte die Mutter die Einladung, auch für die junge Nachwuchsgeneration, die schon am Hof tätig war.

Niemand bedankte sich für die Einladung, und der Schwager Fritz meinte missmutig nach einigen plattdeutschen Grummel-Präliminarien, ob sie sich das alles richtig überlegt hatten. Sie, die Asbroker in Spenge, hatten natürlich davon gehört, dass der Knecht aus dem Kisker, den sein Bruder Heinrich mal fortgeschickt hatte, wieder da war. Und jetzt die Heirat! Eine unerhörte Situation! Der Knecht war nicht standesgemäß und es gäbe nur Nachteiliges über den künftigen Schwiegersohn.

»Wat is de scho? Dagelöhner! Un wat bring de met? Nix, kuin Häus! kuin Land!«

Jetzt, wo der Bruder tot war, würde es einen Schandfleck in ihrem Hause und über alle Asbroks geben. Und es läge wohl auch an ihr, an der Niehausin – die Schwägerin war eine geborene Niehaus – , weil sie keine lebensfähigen Söhne auf die Welt gebracht hätte.

Jetzt war es genug! Die Mutter Anne stand demonstrativ auf und sagte, dass es nur der *Brauch* war, eine Einladung persönlich zu überbringen. Und als Gast hier müsste sie sich nicht beschimpfen lassen. Es war bekannt, dass er seine Schwägerin von Anfang an nicht gemocht hatte. Aber sie hatte ihn auch nie leiden können. Er war nur ein übler Nörgler und hinter der Zeit zurückgeblieben. Er kannte ja den Bräutigam gar nicht. Und der war ganz gewiss ein besserer Mensch als er, Fritz, je gewesen war. Ab heute war er, der miese Schwager, für *sie* nicht mehr standesgemäß. Sie ergänzte noch, dass die Einladung zur Hochzeit da bliebe, so wie sie sie mitgebracht hatte. Es wäre aber viel besser, wenn die beiden nicht kommen würden. Sie hatte gehört, dass die junge Generation hier im Hause wesentlich aufgeschlossener und moderner wäre. Dann sollten sie ohne die Eltern kommen.

Anne Asbrok ging grußlos hinaus.

Das war ein starkes Stück, dachte sie, aber eigentlich hätte sie wissen müssen, dass der Schwager nach dem Tode seines Bruders so reagieren würde. Er war schon damals, vor achtundzwanzig Jahren mit der Hochzeit seines Bruders nicht einverstanden und hatte sie das immer spüren lassen.

Nun gut. Sie, Anne, hatte sich nichts vorzuwerfen, und dieser Rüpel-Schwager konnte ihr die Laune nicht verderben. Sie wollte allerdings die üble Geschichte, nach gut westfälischer Art, zu Hause nicht erzählen und nur feststellen, dass wohl die jungen Asbroks aus Spenge zur Hochzeit kommen.

In den letzten beiden Tagen vor der Hochzeit wurde es ernst. Junge Leute aus der Nachbarschaft und Freunde kamen zum Pfannkuchen- und Kuchenbacken, zum Brote richten, Getränke und Geschirr vorbereiten. Das Wetter versprach schön zu werden, und so bauten sie draußen vor dem Haus die Tische und Bänke auf. Ab und zu gab es für den *»Vorbesuch«* einen Schnaps.

Am Sonntag – es war herrlichstes Hochzeitswetter mit einer leichten Brise – wurde die Braut mit dem neuen Schleier geschmückt. Hermann, der schon sehr früh die Stallarbeit erledigt hatte, wartete am Küchentisch. Er schaute aber ab und zu hinüber zu den Frauen in die Schlafstube.

Hanne war wirklich sehr hübsch. Ihr langes schwarzes Kleid glänzte. Die Taille war zusammengeschnürt, und hob ihre Hüften hervor. Das Oberteil saß eng an ihrem Körper und war hochgeschlossen. Die schwarze Halskrause betonte ihre Gesichtszüge. Ihre Augen strahlten aus dem feinen, sonnengebräunten Antlitz. Ihr schwarzbraunes Haar war glatt und in der Mitte gescheitelt. Streng nach der Mode türmte sich –

etwas höher als sonst – der feste Haarknoten und machte eine etwas größere Figur. Sie trug eine einfache, silberfarbene Kette auf ihrer Brust.

Hermann stand jetzt dauerhaft in der Tür. Hanne bewegte sich anmutig vor dem kleinen Spiegel. Ihr Liebreiz betörte ihn, und obwohl er nur staunte, lächelte und nichts sagte, wurde er weggeschickt.

Hermann sah auch sehr festlich aus. Seine schwarzen Schnürschuhe glänzten. Der Gehrock war frisch aufgebügelt. Im Knopfloch trug er drei Hornveilchen wie einen Glücksbringer. Für sein gestärktes Leinenhemd hatte er sich eine weiße Fliege geleistet. Seine dunklen Haare waren mit etwas Pomade streng zurückgekämmt. Der Mode nach trug er einen dunklen Schnauzbart.

Dann wurden draußen Stimmen laut, und etwas vor der Zeit waren der Bauer Heitsiek mit dem Brautwagen und kurz danach auch der Bauer Rabeneck mit der großen Familienkutsche eingetroffen. Fleißige Hände hatten den Hochzeitswagen mit Tannengrün und ein paar weißen Kletterrosen geschmückt.

Hermann rief in die Schlafstube:

»De Briutwogen is do!«

Und dann kam Hanne strahlend mit aufgesetztem Schleier und den anderen Frauen heraus. Hermann war sprachlos, er schluckte, nickte nur und klatschte leise in die Hände. Sie gingen Arm in Arm über die Deele und bestiegen die Brautkutsche.

Die meisten Helfer, die noch am Morgen letzte Vorbereitungen getroffen hatten, waren schon zu Fuß voraus nach Enger gegangen. Die Übrigen und die Mutter Anne fuhren in Rabenecks großer Kutsche oder wurden auf die Kutschböcke verteilt.

Bei der Trauung in der alten Stiftskirche zu Enger waren dann alle Gäste sowie einige Neugierige und Müßiggänger

versammelt. Hermann kontrollierte mehrfach seine Hosenta-
sche, ob die Trauringe noch da waren, bevor sie dann feierlich
gebraucht wurden.

Die große Hochzeitsfeier auf dem Asbrok-Hof war ein voller
Erfolg. Mit den vielen weißen Leinentüchern auf der langen
Tafel und den Bänken, mit den kleinen Hornveilchen-Vasen
sah alles wirklich sehr feierlich aus. Und als viele schon einen
Schnaps getrunken hatten, laut durcheinander redeten und
schließlich Platz genommen hatten, wurden die großen Spei-
seplatten und die Getränke aufgetragen. Alle griffen herzhaft
zu. Wie es der Brauch war, ging der Nachschub nicht aus.
Auch das Bierfass mit den beiden Helfern fand regen Zuspruch. Als es dunkel wurde, stellte man Petroleumlampen
auf die Tische, und als die letzten Gäste gingen, war das Bierfass längst leer.

Der Halbbruder Hannes Josting aus dem Kisker und Fritz
Asbrok aus Spenge waren nicht gekommen und wurden nicht
vermisst.

27

Kolon

Nach der Betriebsamkeit der letzten Wochen und Monate kehrte der Alltag auf den Asbrok-Hof zurück. Bei den Mahlzeiten sprach man wiederholt darüber, wie gut alles verlaufen war, und dass alle Gäste zufrieden und voll des Lobes waren. Sehr zufrieden war auch die Mutter Anne, dass der tüchtige Schwiegersohn so große Anerkennung erfahren hatte, und er immer wieder von seinen Erlebnissen in Amerika berichten musste. Das Ergebnis war für alle sichtbar mit dem renovierten Hof und dem glänzenden Dach. Ja, sie hatten alles richtig gemacht, als sie ihn von Amerika zurückgeholt hatten. Sie mochte ihn sehr, auch wenn es einen Standesunterschied gab. Den hatte er aber als Mensch und mit dem, was er von Amerika mitgebracht hatte, wett gemacht. Ihre Zufriedenheit und Genugtuung behielt die Mutter Anne nach gut westfälischer Art für sich.

Und wie hätte denn eine Alternative ausgesehen? Wenn es gut gegangen wäre, hätte Hanne einen übriggebliebenen Bauernsohn, wie zum Beispiel Hinnak Tiemann aus Dreyen geheiratet. Ohne Erbteil hätte sich dieser Nichtsnutz nur ins gemachte Nest gesetzt. Nein, so war es gut, und ihr verstorbener Mann würde es auch für richtig halten.

Hermann war wie immer mit der Tages- und Feldarbeit beschäftigt. Durch die Hochzeit war hier und da Arbeit liegen geblieben. Aber er war sein eigener Herr, und nach und nach bekam alles wieder seine Ordnung. Er saß gerne abends vor der großen Tür auf seiner schäbigen Decke und rauchte seine Pfeife. Dabei ging ihm wiederholt durch den Kopf, dass nun alle Welt und insbesondere seine Verwandtschaft sehen konnte, dass er, Hermann, es geschafft hatte. Sie hatten sich überzeugt, dass der *neue* Asbrok-Hof auch sein Verdienst war.

Ja, er hatte es geschafft, hatte sein Ziel erreicht. Das war eindeutig die Wirklichkeit. Denn manchmal konnte er es noch gar nicht richtig glauben, dass alles echt war. Der Wirklichkeit waren doch nicht etwa die Pferde durchgegangen? Manche Leute sagten nämlich, dass die Wirklichkeit alle Zeit verwirrend und zweifelhaft sei. Aber hier gab es keine Zweifel. Hermann hatte sich nicht vergaloppiert. Alles war echt. Vieles in seinem Leben war Zufall aber doch Teil des geraden Weges.

Er war jetzt Kolon, war Bauer, wenn auch nur Kleinbauer. Ein Kolon – das war französisch und bedeutete ursprünglich Aussiedler. Aber die Kleinbauern – so auch Hermann – empfanden diese Bezeichnung als etwas Besonderes und nutzten sie gerne.

Er war erstmals Grundbesitzer und nannte sich *Erbpächter* wie seine Vorgänger. Hannes Großvater hatte den Hof – damals Kotten genannt – etwa 1810 in Erbpacht übernommen. Wann dieser oder Hannes Vater die Erbpacht abgelöst hatten, war nicht bekannt. Die Bezeichnung Erbpächter hielt sich noch sehr lange und wurde selbstbewusst und mit leicht geschwollener Brust von den Kolonen getragen.

Hermann hätte den Asbrok-Hof in »*Josting-Hof*« umbenennen können. Aber das kam für ihn nicht in Frage. Niemand hätte dafür Verständnis gehabt.

Erst viel später, als seine Kinder erwachsen waren und den Hof verließen, nannte man das Anwesen die »*Jostingsche Besitzung Westerenger 41*«.

Hermann trug den Kopf nicht hoch. Seine Augen waren scharf und seine Ohren hellhörig. Er zeigte sich dort, wo es sich schickte, und wo er mitreden sollte. Er konnte leutselig sein, ohne dass er herausfordernd und lärmend gesellig war. Er war empfindlich, wenn es zu laut wurde, und wenn zu viele

Menschen um ihn herum waren, konnte ihm das sogar weh tun.

Er war eher unempfindlich gegenüber der Arbeit. Denn was sein musste, musste sein. Wenn er aber keine Lust hatte, und man etwas ohne Not aufschieben konnte, war er einverstanden.

Er fand die Not anderer nicht verächtlich, sondern unterstützte, wo er konnte. War bei den Nachbarn Not am Mann, half er, ohne sich anzubiedern oder jemanden überflügeln zu wollen. Er war vertrauenswürdig und hatte es durch seine Tüchtigkeit und auch Glück zu etwas gebracht. Ein geachteter Bürger, der nicht tat, wozu redliche Leute keine Zeit hatten.

Es geschah kaum noch, dass ihn jemand auf seine Herkunft ansprach. Und wenn es einmal vorkam, sagte er, dass er aus Spenge oder aus Amerika kam. Das Amerika-Argument* nahm den Fragestellern unverzüglich jeden Mut.

Wenn sie in ihrer Sonntagskleidung nach Enger zur Kirche gingen, machten ihnen manchmal die Leute Platz, und sie saßen auch nicht in den hintersten Reihen.

Für Hermann war seine Frau Hanne der ruhende Pol in der Familie. Das war insoweit nichts Besonderes, da er selbst sich nicht als ruhenden Pol sah. Er schätzte sie sehr und war stolz, eine so selbstbewusste Bäuerin zu haben. Sie erledigte vieles mit großer Umsicht, war immer auf Ausgleich bedacht und meist sehr zuversichtlich. Wenn ihr etwas nicht gefiel, konnte sie auch borstig und durchsetzungsfähig sein. Hermann kannte diese Momente und gab rechtzeitig nach.

Bei der Hochzeitsfeier hatten ihr zwei Freundinnen gesagt: »Do pass ma up din' Hirm, dat de di nech afchoit.«

Hanne lachte damals nur, wohl wissend, dass sie ihren Hermann und seine Beständigkeit gut kannte.

Und dann hielt die Wirklichkeit noch eine Überraschung bereit. Der Lenzinghauser Bauer Rabeneck, von der Westseite des Kusch-Sieks, hatte direkt oberhalb des Asbrok-Hofes ein großes Grundstück, das man den »*Schennkamp*« nannte. Das Grundstück war für ihn, Rabeneck, nur über einen Umweg erreichbar. Als er einmal auf dem Schennkamp bei der Arbeit war und Hermann auf seinem Hof sah, ging er zu ihm. Er kam gleich zur Sache und bot Hermann den Schennkamp zur Pacht an. Der Lenzinghauser Landzipfel, der – aus welchem Grund auch immer – schon ewig in das Gemeindegebiet von Westerenger hineinragte, sei für ihn nur mühsam zu bewirtschaften. Er hatte ohnehin Land genug und wollte kürzer treten. Hermann war noch jung, meinte er lachend, und der Schennkamp war gutes Land. Der Pachtzins war lächerlich und Rabeneck streckte gleich die Hand zum Einschlag aus.

Hermann war total überrumpelt. Er hatte schon mehrfach in seinem Leben blitzschnelle Entscheidungen getroffen. Hier hatte er keine andere Wahl. Er schlug ein, und Rabeneck klopfte ihm auf die Schulter.

Und das war es auch schon. Hermann empfand den Handel, natürlich den Spottpreis und vor allem das Schulterklopfen als Auszeichnung.

Beim Abendessen meinte er kühl und fast beiläufig, dass er jetzt den Schennkamp hatte und der Hof größer geworden war. Hanne und ihre Mutter ließen ihre Löffel in die Milchsuppe fallen und schauten Hermann verständnislos an:

»Wat häs deuo sächt? Vortell mol!«

Er lächelte bescheiden. Nein, es war schon eher ein Siegerlächeln, als er den Handel und seinen Erfolg ausbreitete.

Die Schwiegermutter meinte:

»Wet deou äouk, we chreout dat is? Dat sin over twindich Scheffelsaat. Hässe di dat richdich dür 'n kobbe cheoun loden?«

175

»Jeaou, häb ik, Modder, owwer dateo was kuine Tuit. Ik hab *jeaou* sächt. Dat sin veer Hektar. Domet is de Hof doppelt so chreout. Dat *is* do wat! Dat kreujet we scho!«

Am nächsten Morgen gingen die drei über den Feldweg hinauf zum Schennkamp. Es war leicht bewölkt bei einigem Westwind. Die Kleider und Haubenbänder der Frauen flatterten im Wind, und Hermann hielt manchmal seine Mütze fest. Sie waren allein hier oben am Hügel, auf dem neuen Land, und schauten über die abgeernteten Felder in die weite Landschaft. In der Ferne sah man die Meyerhöfe und die Großbauern, und unten in der Senke lag Westerenger. Es war ein gutes Gefühl. Das war nun ihr neues Land, nicht ihr Eigentum, aber es gehörte zum Hof. Hermann ging ein paar Schritte auf dem Feld hin und her und ermunterte die beiden, es ihm gleich zu tun. Er nahm etwas Erde auf, roch daran und sagte:
»Dat riüks cheout! Dat werd wat!«
Die kleine Zeremonie der Inbesitznahme tat allen gut. Hermann ging häufiger hinauf und blieb länger auf dem Schennkamp als notwendig. Er *»nüskerte«* herum, wie man im westfälischen sagte. Er schritt die Grenzen ab und prüfte hier und da nochmal den Boden. Zufällig Vorbeikommende – dies war der kürzeste Weg von Westerenger zur Werther-Straße und nach Lenzinghausen – sollten sehen, dass sich der Asbrok-Hof vergrößert hatte.

Im November des gleichen Jahres erhielt Hermann Besuch von seinem Freund Pelle. Die beiden wollten beim Einhaus in Lenzinghausen einen Schnaps und ein Bier trinken. Auf dem Weg dorthin gingen sie über das neue Pachtland, und Hermann meinte eher beiläufig, dass dieses Land nun auch zu seinem Hof gehörte. Er erzählte weiter, dass Hanne im Dezember ihr erstes Kind erwartete, und bisher alles gut gegangen war. Den Einhauswirt lobte er später für seine Fassbier-Liefe-

rung anlässlich der Hochzeit. Das Bier hatte gereicht und war
sehr gut.

Pelle berichtete einiges aus dem Kisker und von seiner
Schule. Er war jetzt Schullehrer und wurde schlecht bezahlt. Aber es machte ihm Spaß und er wohnte ja gleich in
der Nähe der Schule. Seine Freundin kam aus der Spenger
Heide, dort, wo während ihrer gemeinsamen Schulzeit Hermanns Freundin Lisken gewohnt hatte. Pelle und seine
Freundin würden schon heiraten wollen, wussten aber
nicht, wo sie wohnen sollten.

Pelle erzählte, dass er vor einiger Zeit mal in Enger war
und in den dortigen Kirchenannalen etwas nachlesen sollte.
Bei der Gelegenheit hatte er etwas über Westerenger gefunden. Er schmunzelte und las seine Notiz vor:

>>*1838* – also vor fast 50 Jahren – *findet sich die*
Nachricht, das der Heuerling H. J. in der Nacht
vom 21. zum 22. August von dem Grenzaufseher R. an der Herforder Aa erschossen sei. Der
Schmuggel über die Hannoversche Grenze, besonders von Westerenger aus, muß damals stark
betrieben sein. Unter manchen Häusern waren
noch versteckte Keller, in denen die Schmuggel-
ware geborgen wurde.<<

Pelle meinte:

>>De *Heuerling H. J.*, is dat Hermann Josting? Nä, Dat cheout
nech. Dat was vo duine Tuid.<<

Hermann sagte:

>>Wat is dat denn? Vellicht häbt we äouk 'n Keller met
Schmuggelkram, un ik wet dat char nech. Da mut 'ik mol de
Modder frougn.<<

Pelle ergänzte, wenn das stimmte, hatte damals Westeren-
ger einen noch viel schlechteren Ruf als der Kisker. Mit dem
Unterschied, dass heute wohl Westerenger seinen schlechten
Ruf abgelegt hatte, der Kisker aber nicht.

Die beiden verabredeten, dass sie sich öfter mal sehen wollten.

Zu der Sache mit den Schmuggelkellern fragte Hermann am nächsten Abend seine Schwiegermutter:

»Häbbt we äouk 'n Smuggelkeller?«

Die Schwiegermutter lächelte vieldeutig und sagte:

»Jeauo, da is wat dran. De Vadder häd dat biader wust.«

Und dann erzählte sie, ihr Mann hatte die Salzschmuggelei noch erlebt. Die Bauern hatten sich daran eher nicht beteiligt, aber die Not der armen Familien und das Heer der hungrigen Tagelöhner machte erfinderisch. Es ging hauptsächlich um Salz und manchmal um etwas Zucker und Kaffee. Aber Salz brauchte jeder. Eines der wenigen Dinge, die man nicht selber machen konnte und kaufen musste. Für die gesamte Vorratshaltung, für das Einlegen des Kohls und der Bohnen sowie für Pökel- und Rauchfleisch brauchte man viel Salz. Das war im preußischen Westfalen drei- bis viermal so teuer wie im Hannoverischen. Da lohnte sich der Schmuggel. Die Grenze war der kleine Fluss *Warmenau* und lag gleich hinter Bardüttingdorf, Wallenbrück und Hücker-Aschen. Nur ein paar Kilometer von hier, sagte sie. Man legte häufig nur ein Brett über den Bach und schon war man auf der anderen Seite. Es gab viele bewaffnete Grenzaufseher und Zollbeamte, aber noch mehr schlaue Grenzgänger – auch aus Westerenger –, die des nachts hinübergingen, sich gut auskannten und schwer bepackt schnell laufen konnten. Die armen Schmuggel-Leute kamen aber nicht nur aus Westerenger, auch aus Dreyen, Spenge und den anderen Dörfern. Alle kannten die Schmuggler und kauften bei ihnen das Salz.

Als ungewöhnlich viele Trauerzüge mit Leichenwagen die Grenze passierten, wurden die Zöllner misstrauisch. Sie wollten die Särge kontrollieren. Es kam zu Streitereien mit den »*Trauergästen*«, und die Trauerzüge wurden weniger.

Bei *Hoyel/Balgerbrück* gab es die *Martmühle*, eine Wasser-
mühle direkt über der Warmenau. Wenn bei schlechtem Wetter keine Grenzaufseher in der Nähe waren, ließ der Müller
einfach die Türen zu beiden Seiten auf und die Grenzgänger
liefen hin und her.

Im Jahre 1854 wurde der Zollverein gegründet. Das war
das Ende des Salzschmuggels.

»Un we häbbt bit van Dage kuin Keller und kuine
Schmuggelsaaken. Nur dat Loch fo de Pötte inne Küaken«, ergänzte sie.

28

Neues Leben

Das Weihnachtsfest 1887 auf dem Asbrok-Hof wurde begleitet von der bevorstehenden Niederkunft Hannes. Es hätte ein
Christkind werden können. Die Hebamme meinte, eine Woche könnte es noch dauern. Hermann war unruhig, und die
Schwiegermutter sagte mehrfach, dass alles vorbereitet war
und er nichts tun konnte. Sie hatte Erfahrung und acht Kinder
zur Welt gebracht, von denen nur zwei überlebt hatten.

Die hohe Kindersterblichkeit, besonders im Kindbett, war
nicht ungewöhnlich. Sie war meist auf die mangelhafte Hygie-
ne und die allgemein schlechten Lebensumstände zurückzuführen. Es gab eine einfache Regel: Je schlechter die Lebens-
bedingungen, desto mehr Kinder. Die *Großbauern* hatten nur
drei bis vier Kinder, von denen eines der männliche Erbe und
Hofnachfolger werden musste. Ein zweiter Junge schadete
aber auch nicht. Er konnte auf dem Hof arbeiten und sprang
ein, wenn sein Bruder als Bauer nicht taugte.

Bei den armen Tagelöhner-Familien waren zehn bis zwölf
Kinder keine Seltenheit. Nur knapp die Hälfte erreichte das
Erwachsenenalter und sollte dann das *Kapital* und die *Altersver-*
sorgung der Eltern sein. Verstarb die Frau früh oder im Kindbett, musste möglichst schnell ein »Ersatz« gefunden werden
zur Betreuung der schon vorhandenen Kinder und zur Fort-
setzung der Familie. Und bei der Entscheidung für eine neue
Frau und Mutter war der Familienvater eher nicht wählerisch.

Am Silvestertag war es dann so weit. Hermann musste die
Hebamme holen und verzog sich dann im Haus. Schließlich
ging er ziellos auf der Deele umher. Er hielt inne und blieb in

der Nähe der Wohnräume. Er spitzte die Ohren, ob er Stimmen oder sogar die sanften Schreie des Säuglings hören konnte. Wenn es ein Junge würde – und davon war Hermann überzeugt –, sollte er August heißen. Ein Mädchen sollte Anna heißen. Die Paten sollten wie üblich die Voreltern sein.

Und dann war es so weit. Er hörte Hannes Stöhnen und Klagen. Doch schließlich wurden alle erlöst und das Kind war da. Und dann dauerte es noch einige Zeit, bis die Hebamme mit dem Säugling an die Tür kam. Sie rief Hermann in die Küche, drückte dem ungeschickten Vater das Kind in den Arm und sagte:

»Is allet dran. Is 'n Mätken, un Hanne cheud et äouk cheaut.«

Hermann war verwirrt. »Alles dran! Ein Mädchen!« Also doch kein Sohn. Die Enttäuschung hielt aber nur eine Sekunde. Seiner Hanne und der kleinen Anna, die er anlachte und herzte, ging es gut. Das war jetzt wichtig. Hanne lag ganz erschöpft mit geschlossenen Augen im Bett. Als sie merkte, dass Hermann mit dem Kind, die Hebamme und die neue Oma das Zimmer betraten, lächelte sie und sagte:

»Jeaou, de lüdde Anna! Un deou bis nu Vadder, un deou bis Omma.«

Hermann meinte dann, dass die Kleine ein sehr hübsches Mädchen und er sehr erleichtert war, dass es Mutter und Kind gut gehe. Sie, Hanne, sollte sich nun ausruhen, und er würde schon alles richten.

Nach Hermanns Aufzeichnungen fand die Taufe bereits am nächsten Tag, also Neujahr 1888, auf dem Asbrok-Hof statt. Die Hebamme war wohl von der Gesundheit des Säuglings nicht überzeugt und schlug eine *»geburtsnahe«* Taufe vor.

Wegen der hohen Säuglingssterblichkeit konnten Hebammen *»Nottaufen«* vornehmen, damit im Ernstfall die kleinen armen Seelen in die Kirche aufgenommen wurden und ein christliches Begräbnis erhielten.

Hebammen, die sehr häufig Nottaufen vornahmen, gerieten in den Verdacht, dies in Absprache mit der Kirche zu tun. Einige behaupteten nämlich, dass man die Kleinkinder nur durch eine frühzeitige Taufe vor »bösen Blicken« schützen konnte. Kinder, die zum Beispiel erst zwei Wochen nach der Geburt getauft wurden, waren bei der allgemeinen *Säuglings-Besichtigung* den Blicken der Verwandtschaft, der Nachbarn und sonstiger ausgesetzt. Dabei konnten sie durch den »Bösen Blick« »verhext« werden, meinte man.

Schon die alten Griechen glaubten zu wissen, dass die umgebende Luft und die Stimmung, die von neidischen und von Hass und Bitterkeit erfüllten Menschen ausging, durch Mark und Bein dringt und sogar Ursache von Krankheit und Tod sein konnten.

Vor dem »Bösen Blick« konnte die rechtzeitige Taufe schützen. Die kleine Anna hatte jedenfalls überlebt und erreichte auch das Erwachsenenalter.

Alle anderen Kinder, die aus der Ehe zwischen Hanne und Hermann hervorgingen, wurden erst eine oder zwei Wochen nach der Geburt getauft.

Hannes Mutter hatte aus ihrem Fundus noch die komplette Säuglingsausstattung. Dazu eine Wiege, die man durch ein Unterteil auf Bett- und Tischhöhe einstellen konnte. Hermann glaubte wohl nicht wirklich an den »Bösen Blick«. Er überlegte aber ernsthaft, ob er Pelles hasenmäßige Kaninchenpfote, die ihn immer versteckt begleitet hatte, zum Schutz des Säuglings unter die Matratze legen sollte. Jetzt, auch wegen der Nottaufe der Anna, meinte er, dass die Pfote auch ohne Zauberspruch vorsorglich zum Wohle des Kindes beitragen konnte. Schaden würde sie jedenfalls nicht. Aber er wusste auch, dass er dies mit seinen beiden Frauen besprechen musste. Wenn sie seine Kaninchenpfote entrüstet zurückwiesen, machte er sich lächerlich. Er war aber sicher, dass einmal eine Gelegenheit kommen würde, bei der er die besondere Wirkung der Pfote unter Beweis stellen konnte.

Das Leben auf dem Hof hatte sich verändert. Durch den großen Schennkamp war Hermann erheblich mehr beschäftigt. Er beschwerte sich nicht, und bisweilen engagierte er einen Tagelöhner. Er baute dort, entsprechend der Fruchtfolge, vorwiegend Getreide an. Für die Düngung reichte sein Stallmist nicht aus. Er fragte hier und da einen Nachbarn, ob man nicht einen oder zwei Fuder Mist für ihn übrig hatte. Man half sich aus, und Hermann revanchierte sich, indem er den Nachbarn beim Korneinbringen half.

Und wenn ihm einmal alles zu viel wurde, erinnerte er sich an eine Regel, die zu Klugheit und Beschränkung mahnte: »Schlachte nie mehr, als du einsalzen kannst.«

Die kleine Anna machte ihm viel Freude. Als sie krabbelte und schließlich laufen konnte, nahm er sie manchmal mit in den Garten, und sie fuhren ein Stück mit dem Bollerwagen.

Inzwischen erwartete Hanne ihr zweites Kind, das im April 1889 zur Welt kam. Es war wieder ein Mädchen und hieß Alwine. Ein zartes Kind. Nicht so robust wie ihre Schwester Anna. Sie war noch kein Jahr alt, als sie an einer starken Erkältung mit Husten starb. Es war ein großes Unglück und nur die Schwiegermutter meinte, es war besser so.

Das nächste Kind, wenn es ein Junge war, würde August heißen. Ein Mädchen sollte erneut Alwine heißen. Die Großmutter war dagegen. Wenn das letzte Mädchen schon diesen Namen trug und gestorben war, brachte das Unglück, meinte sie. Am 5. Dezember 1890 kam die »*zweite Alwine*« zur Welt, und der Name Alwine hatte ihr nicht geschadet. Hermann hätte lieber einen männlichen Nachfolger gehabt. Aber Alwine war ein kräftiges, großes Kind, das Hermann seinen »lüdden Kawenzmann« nannte.

Wir haben dieses Mädchen und die damaligen Begleitumstände in den ersten beiden Kapiteln kennengelernt.

29

Die Spenger Schlacht von 1891

In Ostwestfalen war die Bevölkerung in den letzten Jahrzehnten des 19. Jahrhunderts immer noch von großen Standesunterschieden geprägt.

Auf der einen Seite:

Im ländlichen Bereich die Grundbesitzer, die Großbauern, die Kolonen und der Adel. In den städtischen Siedlungen dominierte das aufstrebende Bürgertum mit den überernährten Industriebaronen und ihre Korsett geschnürten und Kleider nachschleppenden Frauen. Dazu die wohlhabenden Fabrikanten, die kleinen Betriebsinhaber und das Militär mit seiner Welt des blanken Säbels. Sie alle orientierten sich an der Bürgerlichkeit und dem Militarismus der preußischen »Vorbilder« in Berlin.

Auf der anderen Seite:

Am unteren Ende der sozialen Leiter standen im ländlichen Bereich die Besitzlosen, die Tagelöhner und die hörigen Knechte und Mägde der Bauern. In den Städten gab es das Heer der Textil- und Metallarbeiter und der Arbeitslosen. Dazu kam die Flut der Heimarbeiter und der Beschäftigten in den Zigarrenfabriken des Großraumes Spenge/Enger/Bünde.

Der latente soziale Unfriede zwischen diesen Gruppen wurde häufig verdeckt durch existenzielle Abhängigkeiten, durch persönliche und obrigkeitliche Zwänge. Das Berliner *Sozialistengesetz* von Reichskanzler Bismark aus dem Jahre 1878 verbot zum Beispiel jede Art von sozialen Vereinen, Versammlungen und Schriften.

Beziehungen oder nur Berührungen zwischen den Grund- und Fabrikbesitzern einerseits und den besitzlosen Arbeitern und Tagelöhnern andererseits wurden auch nicht gesucht. So glaubten zum Beispiel die Arbeiter, ihren ideologischen Zielen nur durch strenge Abschottung näher zu kommen.

Die Rolle der Kirche war geprägt als konservative, landesherrliche Einrichtung mit wenig Verständnis für die Lage der Hörigen, der Tagelöhner und der Arbeiter.

Schon bei der Spenger *»Märzrevolution von 1848«* half die evangelische Kirche der reaktionären Bürgerwehr, die althergebrachten Strukturen zu bewahren und das Elend der Revolutionäre zu besiegeln. Und nun, vierzig Jahre später, sorgte die Kirche mit ihren Wächtern des Fegefeuers und der obrigkeitlichen Herrschaft wieder dafür, dass die Menschen in Zucht und Ordnung gehalten wurden. Alle sollten nur die *›Glanzseiten des Daseins‹* sehen.

Schließlich wurde das preußische *Sozialistengesetz* durch den neuen *Kaiser Wilhelm II.* im Jahre 1890 gekippt. Im November des gleichen Jahres gründeten die Zigarrenarbeiter von Spenge in der Gastwirtschaft Freese den ersten SPD-Ortsverein. Zusammen mit der Bielefelder SPD wollte man im Raum Spenge die sozialdemokratische Basis verbreitern und auch die besitzlosen Tagelöhner und Knechte ansprechen. Diese Aktivitäten führten schließlich zur *»Spenger Schlacht«* vom 9.8.1891, über die wie folgt berichtet wird: (N. Sarhage in Geschichte der Stadt Spenge, S. 264 f.)

»Zur Unterstützung der Versammlung waren von den Bielefelder Sozialdemokraten in der Woche nach dem 2. August Flugblätter verbreitet worden, in denen für den 9. August zu einem Massenausflug nach Spenge eingeladen wurde. Es wurde zu reger Beteiligung aufgefordert, es sei zur Aufrechterhaltung der Ruhe und Ordnung erforderlich, dass mindestens 300 Bielefelder Ge-

nossen an der Versammlung in Spenge teilnehmen. Am 9. August 1891 hatten sich etwa 500
Anhänger der sozialdemokratischen Partei, die in
der Mehrzahl aus Bielefeld, Bünde und Spenge
gekommen und mit roten Fahnen, Krawatten,
Halstüchern und Regenschirmen ausgestattet
waren, auf einer am Froschbach gelegenen, um-
zäunten Wiese, die der Zigarrenarbeiter Hermann Borgstädt von dem Kleinbauern Potthoff,
Spenge Nr. 13, gemietet hatte, eingefunden.
Aber auch Pastor Iskraut (ein bekannter Bielefelder Sozialistengegner) hatte in der zurückliegen-
den Woche seine christlich konservative Anhän-
gerschaft mobilisiert, sodass nach kurzer Zeit
etwa 2000 Bauern und Heuerlinge den Ver-
sammlungsort umsäumten, für dessen Zutritt
von den Veranstaltern eine Gebühr von 10 Pf.
erhoben wurde. Nachdem sich die Sozialdemokraten bei der Wahl der Versammlungsleitung
auf den Redakteur der Bielefelder Volkswacht,
Emil Groth, geeinigt hatten, verlangte Pastor Iskraut, der mit etwa 30 Anhängern den Versamm-
lungsplatz betreten hatte, auch die außerhalb des
Lattenzaunes befindliche Landbevölkerung an
der Wahl der Versammlungsleitung zu beteiligen.
Als die Sozialdemokraten diese Forderung ab-
lehnten, wurde der die Wiese umgebende Zaun
von Iskrauts Anhängern eingedrückt; die aus
dem Zaun herausgebrochenen Latten fanden in
der nun sofort erfolgenden Auseinandersetzung
als Waffen Verwendung. Die Handgreiflichkeiten
dauerten eine längere Zeit an. Der anwesende
Amtmann Otto Heidelbach und die von ihm aus
den umliegenden Orten angeforderte Polizeiver-

stärkung hielten sich merklich zurück und schritten erst sehr spät auf Drängen der z. T. bereits schwer misshandelten Sozialdemokraten ein. Als die Parteien auf Anweisung des Amtmannes von den vier berittenen Gendarmen getrennt worden waren, zogen sich die Sozialdemokraten bis zum Lokal des Gastwirts Heitmann zurück, wo die Bielefelder Sozialdemokraten auch ihre Fuhrwerke abgestellt hatten. Hier wurden sie von der Landbevölkerung regelrecht belagert. Sozialdemokraten, die den Treffpunkt zu spät erreichten, wurden Opfer von neuen Tätlichkeiten. Unter dem ihnen von den Gendarmen nur widerwillig gewährten Schutz konnten die auswärtigen Sozialdemokraten schließlich von Spenge abziehen. Sie wurden dabei von dem unter Iskrauts Leitung spielenden Posaunenchor und von einem Steinhagel begleitet. Die Auseinandersetzungen zwischen den Anhängern Iskrauts und verschiedenen nicht mit den Hauptgruppen nach Bielefeld ziehenden Sozialdemokraten setzten sich z. T. noch bis Jöllenbeck fort.«

Die Bielefelder Zeitung »*Volkswacht*« (ein Vorläufer der heutigen »*Neuen Westfälischen*«) kommentierte damals die Massenschlägerei als »*Spenger Blutarbeit*« und wurde dafür von konservativen Kreisen heftig kritisiert.

Die *Spenger Schlacht* hat auch ein besonderes Licht auf die Einstellung der Gerichtsbarkeit des Landgerichts Bielefeld geworfen. An gleicher Stelle wie vorgenannt wird berichtet:

»Im Dezember 1892 und im März 1893 hatte die Spenger Schlacht noch zwei gerichtliche Nachspiele. Während im ersten Prozess die von den Sozialdemokraten angezeigten Pastor Iskraut und seine Parteigänger von den Anschuldigungen des Hausfriedensbruchs und der schweren Körperverletzung freigesprochen wurden, bestrafte das Bielefelder Landgericht den Redakteur der Volkswacht, Emil Groth, wegen ›Beleidigung durch die Presse‹ zu 180 Mark Geldstrafe, ersatzweise ›dreißig ... Tage Gefängnis‹.«

Der Gegensatz zwischen den Besitzenden und den Besitzlosen, die feindliche Situation zwischen den Konservativen und den Sozialdemokraten, hielt in den nächsten Jahren an und bestimmte nachhaltig das politische Leben. Die gewalttätigen Auseinandersetzungen ausgerechnet im ostwestfälischen Spenge von 1848 und 1891 waren Zeichen dafür, wie ernst und feindlich die sozialpolitische Lage dort war, und wie mit heftigem Aufschrei die Gegensätze aufeinander prallten.

Dabei spielte die evangelische Kirche wohl die unrühmlichste Rolle.

Eine sehr unrühmliche Rolle spielte auch die Bielefelder Zeitung »Neue Westfälische«, die sich wohl als Nachfolgeorgan der »Volkswacht« sieht, als sie im Jahre 2016 aus Anlass *»125 Jahre Spenger Schlacht«* in einer Serie, in der sie offenbar über »Skurrile Orte« berichtete, auch die Spenger Schlacht einreihte. Wenn die Redaktion der »Neuen Westfälischen« nicht weiß, was ein »skurriler Ort« ist, hätte ein flüchtiger Blick in ein Wörterbuch ausgereicht, dass man unter einem »skurrilen Ort« eine »possenhafte, drollige, verschrobene und mit Narretei verbundene Stätte versteht. Und wenn man außerdem gar nicht genau wusste, wo die Spenger Schlacht stattgefunden hat, und in dem vorgenannten Artikel zwei »skurrile Orte«, nämlich Jöllenbeck und Spenge angibt, so ist dies historische Unkenntnis und ein redaktionelles Armutszeugnis. Spenge war auch kein possenhafter und mit Narretei verbundener Ort.

Wenn man meint, diese ernsthafte, soziale Auseinandersetzung herabwürdigen zu müssen, stellt man sich selbst als »skurrile Zeitung« dar, deren »drollige Informationen« niemand ernst nimmt. Und dass der Volkswacht-Redakteur Emil Groth als ein Vorgänger der heutigen »Neuen Westfälischen« Redaktionsleitung damals den ›Oberpossenreißer‹ abgegeben hat, kann wohl niemand glaubhaft machen.

30

Notfeuer

Im Frühjahr 1892 verbreitete sich wie ein Lauffeuer die Schreckensnachricht, dass die »*Maul- und Klauenseuche*« im Anmarsch war. Schon Monate vorher hieß es, die Seuche habe von Osten kommend die *Oder* bei *Breslau* und *Grünberg* erreicht. Wenig später hörte man, die Krankheit habe die Oder überschritten und sei bis zur *Elbe* nach *Risa* und *Magdeburg* vorgedrungen.

Auch wenn der eine oder andere die Epidemie noch nicht selbst miterlebt hatte, waren die verheerenden Auswirkungen überall präsent. Solange man denken konnte, gab es diese Seuche. Sie kam regelmäßig aus dem Osten, aus *Asien* und vernichtete in kürzester Zeit den gesamtem Viehbestand. Das Vieh – auch wenn es nur eine Kuh und ein Schwein waren – war die Existenzgrundlage der Landbevölkerung. Wenn diese wegfiel, bedeutete das den Absturz in eine extreme Notlage.

Man wusste, dass die Seuche nicht mit »einfachen Mitteln« verhindert oder bekämpft werden konnte. Die großen Flüsse, wie Oder und Elbe konnten zwar »natürliche Grenzen« sein. Wirklich aufhalten konnten sie die Seuche nicht. Manche meinten, die Krankheit könnte durch die Luft fliegen und würde durch den Wind verbreitet. Der Ostwind war daher gefürchtet. Andere sagten, man müsse sich und das Vieh komplett abschotten. Haus, Hof und Ställe wurden sodann verbarrikadiert. Nur, wie lange konnte man das durchhalten?

Es gab Fälle, in denen selbst die Kirche fromme Gebete und Bittgottesdienste als wirkungslos bezeichnete, weil die Seuche vielmehr eine *Strafe Gottes* war.

Im Juni 1892 schlug die Nachricht ein, die Epidemie hatte die Elbe überschritten und in *Minden* an der Weser war ein Seuchen-Fall aufgetreten. Einige meinten, die Mindener Nachricht war von einem Wichtigtuer erfunden worden. Aber auch eine Falschmeldung konnte die um sich greifende Alarmstimmung nicht mehr verhindern.

Hermann wurde gleichfalls davon erfasst. Er hatte mit seinen Nachbarn gesprochen, wie man sich am Besten vorbereiten und verhalten sollte. Sie waren alle hochmotiviert, sich schützen zu wollen. Aber sie wussten außer dem »Versteckspiel« für Mensch und Tier auch nichts besseres.

Hanne und Mutter Asbrok sahen, dass Hermann nachdenklich und bedrückt war. Und schließlich war er nur noch mürrisch und genervt. Nach gut westfälischer Art redete man erst mal nicht darüber. Dann sagte er brummig und spannungsgeladen, dass sie alle wegen der Seuche vorläufig nicht mehr zur Kirche gehen und das Haus auch nicht ohne wichtigen Grund verlassen sollten. Er selbst wollte am nächsten Sonntag zum Spenger Jahrmarkt gehen. Er hätte dort etwas zu besprechen. Die Frauen fragten nicht nach. So wie es üblich war.

Er wollte auf dem Spenger Jahrmarkt das Kräuterweib fragen, ob es nicht doch ein Mittel gäbe, wie man die aufziehende Seuche abwenden könnte. Er machte sich keine großen Hoffnungen, da die alte Frau, die ihm vor neunzehn Jahren sein Kalb gerettet hatte, nicht mehr da war. Ihre junge Nachfolgerin, die er vor fünf Jahren bei einem Spaziergang mit Hanne gesehen hatte, war vielleicht noch nicht mit den alten Heil- und Zaubermitteln vertraut. Ihm war auch klar, das der Einsatz von Hasenpfoten und Zaubersprüchen bei großen Rindviechern eher unwirksam war.

Dies alles hätte er schlecht seinen Frauen vermitteln können, ohne dass die beiden geschmunzelt und sich ihren Teil gedacht hätten.

Alle seine Überlegungen sprachen nicht gerade für eine schnelle Lösung des Problems. Auf dem Weg nach Spenge war er schon ein wenig verzagt. Er hätte sich hier eigentlich zu Hause fühlen und einmal die lange Straße hinauf- und hinuntergehen können. Aber er hatte keinen Blick für die Umgebung, für Neuerungen, Attraktionen und laute Anpreisungen. Und keine einzige Spenger Jugenderinnerung bahnte sich ihren Weg hinauf bis zu seinem Schädel. Er wollte nur die Sache mit dem Kräuterweib hinter sich bringen.

Um so mehr war er erfreut, nicht die junge Frau, sondern sein altes Kräuterweib, dass ihm einmal sein Kalb und die Hände seiner Großmutter gerettet hatte, wieder an seinem Platz zu sehen. Er war nicht mehr zu halten und ging gleich auf die Alte los:

»Modderchen! Schön, dass 'e wuier do bes. Kinns 'e mi no? We häbbt mol mitnanner use Kalf cherettet mit Kräuter, Kanikelfotn un 'n Zaubersprök. Vo nuintein Jeohr. Wet 'e dat no?«

»Jeaou, ik kinn di scho. Sowat deout ma nech vorchiedn. Deou bis de Bengl eaut 'n Kisker. Domals hässe kuin 'n Heller häbbt. Hässe van dage cheld, Pinunsen?«

Hermann sagte:

»Jeaou, jeaou, dat kroiet we scho. Ik breouk di, Modder ...«

»Ik breouk di nech!«, lachte die Alte schrill. Sie war heute nur in Vertretung hier, war eingesprungen, weil ihre Nachfolgerin krank war.

Hermann sagte, das wäre gut so, weil er nur ihr und ihren Erfahrungen vertraute. Die Alte räumte für Hermann ein Klappstühlchen frei und meinte:

»Nu sett di mol hen. Wo brennt 'et denn? Kroicht jeou kuine Kinner?«

»Ne, Modderchen, we kroicht de Viechkrankheit, de Maul- und Klauenseuche. Wat sal we deuoern? Chibt 'et wat, wat we deuoern küant?«

Die Alte senkte den Kopf, nahm beide Hände hoch und umfasste ihr Kopftuch mit den schlohweißen Haaren. Nach einer Weile sagte sie, was tut man gegen Katastrophen, gegen die Kreatur verachtende Natur, die die Menschen ins Elend stürzt. Sie breitete ihre Arme aus und zeigte auf ihre Kräuter und alle Utensilien und klagte, da war gar nichts …, was helfen konnte …, gegen Katastrophen …

Hermann zischelte im Flüsterton:

»We müat owwer wat deuoern! Wat Magisches, met Fuier un Wader, met Bleut un Zauberkunst, Hexenwerk? Da müat wat helpen! Deou has do sons jümmer wat, wat helpen kuant!«

»Minske, minske, deou bis me uiner, 'n Deubelskerl!«, sagte sie und sah Hermann ratlos an, lächelte nach einer Weile und griff in die Tiefen ihrer Kleider und Umhänge unter ihr Stühlchen. Sie zog ein schrecklich altes, speckiges Buch hervor. Aus ihrer Schürzentasche fingerte sie ein Leseglas, nahm das Buch und sagte, mit sechzig Jahren war ihr Gedächtnis nicht mehr so gut, und manche Krankheiten und Rezepturen musste sie nachlesen. Sie erinnerte sich aber, dass das Buch auch etwas über *»Notfeuer«* wusste. Sie blätterte, schaute in Registern nach und machte: »A!! … Notfyr … Häbb ik do wust! … Notfyr«

»Notfuier, Notfuier …«, grummelte Hermann. Was war das noch? Er erinnerte sich, dass der Höpster mal davon gesprochen hatte. Der kannte sich mit Sommer- und Winterfeuern aus. Schon vor vielen hundert Jahren wollten die Leute alles Schlechte, Krankheiten und böse Geister austreiben und sogar verbrennen.

Die Alte war so weit und erklärte:

»Nodfyr … Nodfyr. Et is wia ollet im Lebn un bui jede Medizin: Jeou mürt oll fest daran chleoubn, süs helpt 'et nech!«

Sie hatte eine *»Erklärung über ein Notfyr von 1717«* gefunden.

Man musste um Mitternacht vor einem Hohlweg das Vieh zusammentreiben. An den Böschungen musste man Stroh anzünden und darauf frische Sträucher legen, damit es Rauch gab. Dann frisch geschnittenes und gehäckseltes Kräutergras darüber streuen. Das gab noch mehr Rauch. Jetzt musste man mit

Gewalt das Vieh durch den Hohlweg treiben und mit Stricken durchziehen. Der Rauch beschützte und heilte die Tiere bei Krankheiten und Seuchen. Die Alten hatten außerdem vorgeschrieben, dass das Notfeuer nur wirksam war, wenn es zur Mitternacht durchgeführte wurde und wenn man etwas Lebendiges in das Feuer warf. Hierzu war ein Küken vorgesehen.

Das Kräuterweib ergänzte:

»Un hier is äouk no de magische Sprok. Den müat we affschruiven un bui 'n Nodfuier uppseggen!«

Sie gab Hermann einen Zettel, der als Lesezeichen in dem alten Buch diente. Sie suchte das kleine Tintenfass mit dem Stift. Hermann, der Schreiben nicht zu seinen Stärken zählte, machte sich auf seinem Stühlchen bereit. Er schrieb langsam und arg gekleckert den Spruch ab:

>»Zur halben Nacht brennt lichterloh,
>Es brennen Sträucher, Heu und Stroh.
>Das nasse Kraut verbrennt zu Rauch,
>Was Lebiges verlangt der Brauch,
>Und schützt das Maul und Klauen auch.
>Und wer sein Vieh durchtreiben kann,
>Tut seinem Wohle gut daran.«

»Seou, nu mol teou. Nu wet jeou ollet«, sagte sie.

Hermann steckte den Zettel ein, bedankte sich und entlohnte die Alte großzügig. Er ging langsam und in Gedanken versunken heim. Was sollte er nun davon halten? Würden seine Nachbarkollegen ihn für verrückt erklären, wenn er das Notfeuer vorschlüge? Würden sie das Ganze als Spökenkiekerei abtun, auch wenn er noch so betonte, dass die Alten das Notfeuer noch im letzten Jahrhundert durchgeführt hätten? Er würde sie fragen, ob jemand eine bessere Lösung wusste.

Hermann war entschlossen, die Sache mit dem Lebigen, also dem Küken, nicht zu erwähnen. Den Zauberspruch wollte er heimlich aufsagen und den Zettel dann ins Feuer werfen. Das musste helfen.

Zu Hause auf dem Asbrok-Hof berichtete er Einzelheiten über das Vorhaben. Die Schwiegermutter nickte eifrig und zustimmend. Als Hanne einmal kritisch etwas fragte, meinte Hermann sofort, ob sie einen besseren Vorschlag hätte. Sie hatte keinen.

Der Maul- und Klauenseuche-Fall von Minden war eine Falschmeldung. Aber ein paar Wochen später gab es im Hannoverischen und im Raum *Nienburg* erste Fälle der Seuche. Die Weser und schließlich auch das *Wiehengebirge* konnten die Epidemie nicht aufhalten. Bald gab es Fälle im Raum *Lübbeke*.

Dies war für Hermann das Zeichen, dass es ernst wurde. Er ging in den nächsten Tagen zu seinen Spenger Nachbarn, den Bauern Rabeneck, Sewing und Wiechmann. Dann zu seinem Freund Heitsiek, zum Bauer Göhner am Esch, und den Bauern Wölker und Uffmann. Schließlich noch zu den benachbarten Kollegen Steffen und Altemeier in der *Diekbrede*. Er erklärte jedem einzelnen vorsichtig seinen Plan. Man hatte ihn längst als einen sachkundigen Landwirt akzeptiert. Aber ein magisches Notfeuer zu organisieren, war etwas ganz anderes. Hermann glaubte, wenn er bei einem derart wichtigen Problem der Anführer sein sollte, müsste er nicht überheblich, sondern behutsam vorgehen. Er selbst hatte für ein Notfeuer auch keinen *Hohlweg* und weder viel Stroh noch Sträucher zum Verbrennen. Er hatte nur die Idee des *Rauch-Feuers*, und die anderen hatten keine bessere Lösung.

Die Altbauern von den großen Höfen, zum Beispiel Rabeneck und Göhner, waren sofort dabei. Als die anderen davon erfuhren, schlossen sie sich selbstverständlich an. Interessant war auch, dass sich in einigen Fällen die Frauen, auch die Jungbäuerinnen bei den abendlichen Gesprächen heftig für Hermanns Plan einsetzten, während mancher Bauer und

Knecht meinte, dass wohl auch Aberglaube bei der Aktion war.

Als man sich dann zu einem gemeinsamen Vorgespräch am Hohlweg vor der Werther-Straße traf, war man sich einig, die Sache nicht an die große Glocke zu hängen. Wenn zu viele mitmachen würden, könnte die Sache vielleicht nicht so wirksam sein. Die Aufgaben waren schnell verteilt.

Am Donnerstag, den 1. September 1892 war es so weit. Ein Seuchenfall war erstmals im nur achtzehn Kilometer entfernten *Kirchlengern* aufgetreten. Die großen Bauern kamen mit Pferd und Wagen. Sie brachten gebündeltes Stroh, Büsche von Reisig, Forken und Schaufeln sowie jeweils einen Sack mit gehäckseltem Gras zum Hohlweg. Das Großvieh – man hatte sich auf die Kühe geeinigt und die Schweine vernachlässigt – ging langsam an Stricken unter der Bewachung der Knechte hinter den Wagen. Die Kleinbauern zogen ihre Kühe hinter sich her. Sie hatten ihr Kräutersäckchen und eine Laterne dabei. Hermann trug einen Rucksack. Darin waren ein Beil, eine Flasche Schnaps mit Glas und eine verschlossene Papiertüte. Bei Einbruch der Dunkelheit hatten sich alle am Hohlweg eingefunden. Die etwa siebzig Kühe wurden angepflockt oder an die Wagen gebunden. Das Stroh verteilte man in dicken Lagen rechts und links an den Böschungen und legte darauf die frischen Sträucher. Hermann meinte, es seien zu wenig Sträucher. Und so ging man mit Beilen zum Bach hinunter und schlug noch ein paar Arme voll frisches Strauchwerk.

Es war eine warme, mondhelle Sommernacht, und gegen elf Uhr war man mit den Vorbereitungen fertig. Einige Kühe wurden wegen der ungewohnten Situation unruhig, und der Bauer Göhner sagte, man könnte jetzt wohl anfangen. Hermann, der seine amerikanische Taschenuhr dabei hatte, und die anderen meinten, nach den Vorschriften des Notfeuers dürfte das Vieh erst um Mitternacht durch den Rauch getrieben werden. Also müsse man mit dem Anfeuern auch noch warten.

Es zeigte sich, dass alle Beteiligten ernsthaft bei der Sache waren. Das gemeinsame Handeln in einer drohenden Notlage, bei der jeder um die Existenz seiner Familie und seines Hofes kämpfen musste, schweißte zusammen. Nicht einer schien an dem Sinn des Notfeuers zu zweifeln. Der leichte abergläubische Beigeschmack verdarb nicht die Hauptspeise, nämlich die *»Räucher-Prozession der Tiere«*.

Dann war es so weit. Hermann meinte noch einmal mit gedämpfter, fast geheimnisvoller Stimme, sobald alles gut brennt musste jeder seine gehäckselten Kräuter in die Flammen werfen. Dann, bei starker Rauchentwicklung, mussten alle Tiere auch mit Gewalt durch Feuer und Rauch getrieben und gezogen werden.

Es wurden kleine Strohbündel über den geöffneten Petroleumlampen angezündet, und in kürzester Zeit brannten beide Böschungen lichterloh. Die frischen Sträucher sorgten für die erste große Rauchentwicklung. Jetzt gingen alle mit ihrem feuchten Kräutergras in den Weg und warfen dies mit vollen Händen in die Flammen. Es gab sofort einen wallenden Qualm mit beißendem Heu-Geruch.

Gerade noch rechtzeitig, bevor unter lautem Geschrei, Zerren und Stockschlägen die ersten Tiere durch den Rauch getrieben wurden, hatte Hermann seinen Zettel mit dem Zauberspruch hervorgezogen. Er hob die Laterne und las ihn stockend und halblaut vor. Niemand hörte ihn. Er holte die Papiertüte aus seinem Rucksack und warf sie zusammen mit dem Zettel in die Flammen. Dann kümmerte er sich um seine beiden Kühe. Er riss die Seile von dem Pflock und zog die Tiere schreiend durch den Hohlweg. Ein Knecht half den Kühen mit Stockschlägen nach.

Kurz nach Mitternacht war alles vorbei. Das Stroh war längst heruntergebrannt, und einige Glutnester wurden mit Schaufeln ausgeschlagen. Es roch immer noch beißend. Alle hatten jetzt Laternen in der Hand und sorgten sich um ihre Tiere. Und dann traten die Bauern noch einmal kurz zusammen. Bei schummrigen Laternen- und Mondlicht sah man lächelnde und zufriedene Gesichter. Und mit ostwestfälischer Zurückhaltung streckten sie Hermann die Hand entgegen und sagten:

»War cheut! War wirklich cheut, Hirm! Hässe cheut makt! Respekt!«

Alle nickten, lachten, brummten etwas Zustimmendes und klopften Hermann auf die Schulter. Hermann zog die Schnapsflasche mit dem Glas aus dem Rucksack und meinte:

»Dorup müat we oin 'n niamn!«

Jeder trank einen Schaps, auch die Knechte. Es war eine gelöste Stimmung mit größter Zufriedenheit und Erleichterung über das gemeinsame Werk. Und niemand vergaß so schnell das Bild von dieser Männergemeinschaft mit den Laternen, bei mondheller Nacht vor dem Hohlweg in Westerenger.

Die Knechte spannten die Pferde wieder ein, und die Bauern zogen mit einem guten Gefühl wieder ab. Ihren Familien erklärten sie die nächtlichen Vorfälle mit ihren Geheimnissen.

Die Maul-und Klauenseuche zog weiter; auch über Ostwestfalen hinweg und hinterließ schreckliches Elend. Wie es hieß, waren die *Notfeuer-Bauern* von Westerenger und Spenge nicht betroffen. Hermann wurde niemals gefragt, woher er die Idee des Notfeuers hatte.

Einige Wochen später vermisste Hanne eine Papiertüte, die sie für besondere Gelegenheiten im Küchenschapp verwahrte. Sie fragte Hermann, ob er die Tüte genommen hatte.

Hermann war unsicher, ob er die Tütengeschichte erzählen sollte. Hanne ließ nicht locker und forderte:

»Wat is nu met de Tütn?«

Hermann erklärte dann, das Spenger Kräuterweib hatte gesagt, das Notfeuer wäre nur wirksam, wenn man etwas Lebiges in die Flammen gäbe. Und üblicherweise würde man dazu ein Küken nehmen. Er, Hermann, wollte das aber nicht und hatte im Stall ein paar Spinnen und Krabbeltiere gesucht und in die Tüte gesteckt. Diese hatte er in seinem Rucksack für das Notfeuer mitgenommen. Er hatte dort außerdem einen Zauberspruch verlesen, den die Hexe auch zur Bedingung gemacht hatte. Die Tüte und den Zettel hatte er dann weisungsgemäß den Flammen übergeben. Und damit war das Notfeuer wirksam.

Hanne schmunzelte. Sie war stolz auf ihren Hermann und sagte:

»Wet deou oll, dat de Luie *Fuier-Hirm* to de sächt?«

31

Prophetie

Hermann war zufrieden mit dem, was er erreicht hatte. Das Notfeuer hatte ihn nicht nur vor der Maul- und Klauenseuche bewahrt. Sein Ansehen in Westerenger und Spenge war deutlich gestiegen. Wie man hörte, überlegten andere Bauern noch kurz vor und während der Epidemie, ebenfalls Notfeuer zu organisieren. Manche taten Hermanns Notfeuer auch als Spökenkiekerei ab. Nach der verheerenden Seuche wendete sich das Blatt, und viele bedauerten ihr zögerliches Verhalten. Aber es war zu spät.

Hanne war wieder schwanger, und am 26. Februar 1893 ging Hermanns Wunsch in Erfüllung. Es war endlich ein Junge, der kleine Gustav. Er war sein natürlicher Nachfolger auf dem Hof. Das war wichtig. Ein ›Prachtkerl‹, wie Hermann meinte, um den er sich im Besonderen kümmerte. Hermann war ganz der Familienvater, und er genoss es, seinen Sohn bei allen möglichen Gelegenheiten und sogar beim Kirchgang zu zeigen.

Wie gern hätte er auch seiner Familie im Kisker den kleinen Gustav präsentiert. Ab und zu einen Kontakt zu seinen Eltern und seinen Geschwistern Anna und Gustav hätte er sich schon gewünscht. Aber solange sein Halbbruder Hannes dort im Haus war, schien das alles unmöglich. Und in ihm stieg immer wieder die Erinnerung auf, dass Hannes ihm bei der Patensuche für die kleine Alwine vor vier Jahren einen erneuten Rauswurf aus dem Kisker beschert hatte. Er hatte sich der Prophezeiung der Spenger Kräuterhexe angeschlossen und seinem Halbbruder zornig angekündigt, dass er nicht mehr lange zu leben hatte. Aber das Kisker-Kapitel war ja abgeschlossen. Er wollte nicht mehr zurückschauen.

Und wenn er sich auch zwang, nach vorne zu schauen, gab es – wie im wirklichen Leben – manchmal Momente und Situationen, in denen er das eintönige, tägliche Familien- und Viehzeug-Einerlei, die stupide, schmutzige Hofarbeit, immer knapp am Rande der Rentabilität, ausblenden wollte. Er sah kein Fortkommen und neigte manchmal zu Resignation. Die einzigen Veränderungen – allerdings mit regelmäßiger Wiederkehr – waren das Wetter, die Jahreszeiten und der Fruchtwechsel. Gab es sonst wirklich nichts mehr, mochte er sich fragen. Bisweilen erschien ihm seine Zukunft unklar. Sollte das jetzt alles gewesen sein? Das würde doch keinen Sinn machen. *»Die Menschen wollten nicht nur da sein, weil sie eben da waren«*, hatte er mal gehört. Aber er wusste nichts Rechtes damit anzufangen. Dachte er überhaupt an seine Zukunft?

Die aktuelle Wirklichkeit und das plumpe Nächstliegende verdrängten regelmäßig seine Gedanken.

So kündigte sich zum Ende des Jahres 1894 ein weites Baby an. Die Hebamme meinte, es würde sicher kein Christkind werden, und es könnte sich durchaus ins neue Jahr verschieben. Aber bevor es so weit war, geschah etwas Ungeheuerliches.

Am 30. Dezember 1894 starb Hannes, Hermanns Halbbruder aus dem Kisker, offenbar durch ein Unglück.

Gleich am nächsten Tag, am Silvesternachmittag, kam Hermanns jüngerer Bruder August zum Asbrok-Hof und überbrachte atemlos die Nachricht. Niemand wusste genau, wie das Unglück passiert war. Man fand Hannes mittags in dem engen Schweinestall, in dem das große, schlachtreife Schwein stand. Unter dem Schwein lag Hannes, gekrümmt, der große, kräftige Hannes. Er blutete aus dem Mund, war völlig verdreckt, weil das Schwein auf ihm herumgetrampelt oder sogar auf ihm gelegen hatte. Die Frauen hätten gleich zu schreien angefangen. Er, August, hatte den Hannes mit Hilfe seines Vaters und des Nachbarn aus dem Dreck gezogen.

Hannes hatte kein Lebenszeichen von sich gegeben. Man hatte seinen Puls gefühlt, und als man mit seinen Armen Wiederbelebungsversuche machen wollte, sein diese schon fast steif gewesen.

Während August noch atemlos berichtete, hatte Hanne die Kinder hinausgeschickt.

Schrecklich! Ganz schrecklich, meinte August. Hermann sagte nichts. Er war erschrocken, nicht nur, weil jemand aus seiner Familie gestorben war, sondern auch die widerlichen Umstände von Hannes Tod ließen ihn schweigen. Aber das war nicht alles. Richtig umgehauen, dass er sich sofort hinsetzen und abstützen musste, hatte ihn die Möglichkeit, dass er, Hermann, vielleicht mit schuld am Tode seines Halbbruders sein konnte. Ja er, Hermann, hatte ihm ja den Tod gewünscht, und dass er einmal von einer Sau zerquetscht werde. In seiner unendlichen Wut hatte er ihm zweimal angekündigt, dass er nicht lange zu Leben hatte. Das hatte das Spenger Kräuterweib prophezeit. Sollte er sich nun eingestehen, dass sein Wunsch und die Prophezeiung in Erfüllung gegangen waren? Er hatte nie die täglichen Schläge und Erniedrigungen vergessen, die Hannes ihm in seiner Kindheit angetan hatte. Und häufig präsent waren die Streitereien und Rauswürfe aus dem Elternhaus.

Er saß auf dem Küchenstuhl, starrte vor sich hin und atmete schwer.

»Hirm, wat is met di?«, fragte Hanne. »Cheut di dat seo anne Nian? Niamt deou dat seo schweoaer?«

Hermann sagte nach einer Weile:

»Cheit scho. Is oll wojer cheout. Ik häbbe äouk mol 'n Schreck kroiet.«

Er fragte seinen Bruder August, ob man mehr wusste. Wie es passiert war. August meinte, dass Hannes vielleicht gestolpert und unglücklich auf den Kopf gestürzt war. Er hatte stark aus dem Mund geblutet.

Man hatte schon den Bestatter und den Pastor informiert. Über die Beerdigung in Spenge war noch nichts bekannt. Man wusste auch noch nicht, was man mit dem Schwein machen wollte. Die meisten sagten, man sollte es am Leben lassen und später schlachten.

Hermann nickte nur. Er war verstört. Wie sollte er mit diesem schrecklichen Unglück umgehen? In der Wut sagt man Vieles, und im gleichen Augenblick meint man es wohl auch so. Aber dass seine zornigen Worte nun in Erfüllung gegangen waren, verwirrte ihn.

Er hatte mal seiner Hanne eher flüchtig von seinen Erniedrigungen und Auseinandersetzungen mit Hannes erzählt. Er wusste nicht mehr genau, ob er ihr gegenüber auch die Prophezeiung der Kräuterfrau erwähnt hatte. Er wollte nach gut westfälischer Art mit niemandem, auch nicht mit seiner Frau, über seine merkwürdige Gedanken reden.

Hermann ging nicht zur Beerdigung seines Halbbruders. Hannes hinterließ im Kisker seine Frau mit zwei Kindern. Sie zogen fort und niemand wusste später, was aus ihnen geworden war.

Fünf Tage nach dem Unglück kam Hermanns Sohn *August* zu Welt. Mutter und Kind waren wohlauf, und die Freude über den erneuten Familienzuwachs überdeckte das schlimme Ereignis der letzten Tage. Die Taufe fand etwa zwei Wochen später statt. Es gab eine Familienzusammenkunft auch mit Hermanns Eltern und den Geschwistern aus dem Kisker.

Hermanns Verhältnis zu seiner Kisker-Verwandtschaft normalisierte sich. Aber wie man damals sagte, hatte jeder mit sich selbst genug zu tun. Sein Bruder August trat mit vierundzwanzig Jahren das Erbe im Siek-Haus an.

Der Tod seines Halbbruders und seine mögliche Verstrickung gingen Hermann nicht aus dem Kopf. Eine *gewisse Mitschuld* konnte er wohl nach den bösen Auseinandersetzungen konstruieren, dachte er. Aber er hatte keine übernatürlichen Kräfte, auch wenn er manchmal etwas abergläubisch war und sogar Zaubersprüche aufgesagt hatte. An dem konkreten Unglücks-Hergang, der zu Hannes' Tod führte, war er nicht beteiligt.

Wie er es auch drehte, es dauerte einige Zeit, bis er seine innere Ruhe wiederfand.

Einige Jahre später, als Hermanns Vater, den man den Friemler nannte, starb, hörte man bei seiner Beerdigung in Spenge etwas Merkwürdiges. Jemand sollte – wie es hieß – auf Hermann gezeigt und gesagt haben:

»Dat is de Hirm Josting, sin Seoun, de Fuier-Hirm ut Westerenger. De hät oll wusst, dat de Hannes, sin Hafbruoder ut 'n Kisker, nech lange lebt un von 'nen Swuin voquetscht werd. Un de hät mol met 'n Kanickel-Potn sin Kalf wojer chesund makt. Un in Westerenger hät de mol um Middernacht 'n riesen Fuier makt, mit Hexenkraut, un do häbt se dann hunnerte van Kohje dordör driewn. Un de Kohje häbt dann nech de Klauen-Seuche kroiet. So oiner is dat.«

»*Das ist Hermann Josting, sein Sohn, der Feuer-Hermann aus Westerenger. Der hat schon gewusst, dass der Hannes, sein Halbbruder aus dem Kisker, nicht lange lebt und von einem Schwein zerquetscht wird. Und der hat mal mit einer Karnickelpfote sein Kalb wieder gesund gemacht. Und in Westerenger hat der mal um Mitternacht ein riesiges Feuer gemacht mit Hexenkraut, und dort haben sie dann hundert Kühe durchgetrieben. Und die Kühe haben dann nicht die Maul-und Klauenseuche gekriegt. So einer ist das.*«

32

Der Faden

Etwa ein Jahr nach der Geburt des kleinen August starb Anne Asbrok, Hannes Mutter. Sie hatte sich wochenlang nicht wohl gefühlt und atmete zunehmend schwerer. Wenn man sie nach ihrem Befinden fragte, sagte sie nach gut westfälischer Art:

»Cheut scho, nix besünners!«

Sie war 67 Jahre alt und spürte wohl, dass es Anzeichen gab, die auf ein Ende hindeuten konnten. Um diese zu verdrängen, suchte sie sich immerzu mit irgend etwas zu beschäftigen. Sie begann alle möglichen Arbeiten, ließ sie aber bald wieder liegen. Sie war zu erschöpft.

Es war das zweite Mal in seinem Leben, dass Hermann mit ansehen musste, wie es mit einem Menschen zu Ende ging. Als die erste kleine Alwine vor sechs Jahren starb, nahm man dies Unglück nicht ganz so schwer. Man war mit der hohen Kindersterblichkeit vertraut. Etwas anderes war es mit seiner Schwiegermutter Anne. Er hatte mit ihr neun Jahre lang, genauso lang wie mit seiner Frau Hanne, unter einem Dach gelebt. Jetzt neigte er zu Sprachlosigkeit und war ratlos. Wie würde es weitergehen, nur zu zweit, ohne die Mutter. Sie hatte ihr Lebtag auf dem Hof gearbeitet, Kinder versorgt und großgezogen, gewebt, selbstlos, jederzeit am richtigen Ort. Unverzichtbar!

Jeder konnte aber in den letzten Tagen und Wochen sehen, wie sie sich verändert hatte, abbaute, weniger wurde. Trotzdem gönnte sie sich keine Rast, wollte sich und anderen beweisen, dass es noch nicht so weit war, sich zu verabschieden. Doch wenige Tage später war es so weit. Nicht unerwartet, sondern vorbereitet war sie verstorben. Der Lebensfaden war zu Ende.

Hermann war hilflos, insbesondere was die Abwicklung eines Trauerfalls anbelangte. Aber Hanne, seine Frau, wusste, was zu tun war. Sie schloss der Mutter sanft die Augen und band ihr das Kinn mit einem Tuch hoch. Zwei weiße Kerzen wurden angezündet und die Spiegel verhängt. Die Nachbarin wurde verständigt. Man wusch den Leichnam, kleidete ihn schwarz und legte ein schwarzes Kopftuch an. Man hatte ihr die Hände über einer Bibel gefaltet. Solange der Sarg nicht da war, lag die Mutter in ihrem Schlafzimmer.

Hermann sollte den Bestatter informieren, der auch die Totenbeschau vornahm. Er ging nach Enger und sprach mit dem Pastor über die Beerdigung. Die Beisetzung sollte auf dem Friedhof in Enger sein. Er musste auch die weiteren Nachbarn besuchen, sowie seinen Verwandten im Kisker eine Nachricht zukommen lassen. Die Verwandtschaft seiner Frau informierte Hanne.

Der Bestatter brachte am nächsten Morgen den schwarzen Sarg, in dem die Mutter auf der freigeräumten Deele aufgebahrt wurde. An den beiden nächsten Tagen fanden Beileidsbesuche statt. Manche brachten Kränze mit, die an den Sarg gestellt wurden.

Am Beerdigungstag – es war Ende Januar und sehr kalt – fuhr der schwarze Leichenwagen vor. Die schrägen Seitenbretter und den Pferderücken hatte man mit schwarzen Tüchern behängt. Die Trauergäste versammelten sich auf der Deele des Asbrok-Hofes. Die Menge stand dicht und bewegte sich kaum. Die meisten schwiegen angesichts des Sarges. Einige flüsterten. Nachdem der Sarg und die Kränze feierlich verladen wurden, formierte sich der Leichenzug und setzte sich nach Enger in Bewegung. Unterwegs reihten sich noch einige Leute ein. Der eisige Ostwind wehte den Leuten ins Gesicht und begleitete den Ernst der Stunde.

Die Jostings Kinder, Anna, Alwine und Gustav, waren zum ersten Mal bei einer Beerdigung dabei. Gustav war drei Jahre alt, und als er die vier Kilometer bei der Eiseskälte nicht ganz schaffte, setzte man ihn hinten auf den Leichenwagen. Die Beerdigung war feierlich und tränenreich. Sie war Anlass, mit dem einen oder anderen ein paar Worte zu wechseln. Es kam vor, dass Leute, die sich eigentlich nichts mehr zu sagen hatten, wieder miteinander sprachen.

Hermann und Hanne mussten nun ohne die Mutter zurecht kommen. Ihre Tochter Anna war seit 1895, also seit einem Jahr in der Volksschule *Westerenger II.* So hieß die neue Schule, die erst 1892 in der *Päskenheide* (früher Peschenheide) neben der Ostheiderschen Zigarrenfabrik eröffnet wurde. Die alte Schule, die inmitten der Sattelmeyer-Höfe und Großbauern an der Werther-Straße lag, war zu klein geworden. In der Päskenheide, die man später nach der neuen Schule »*Westerenger II*« nannte, waren die Bautätigkeit und die Bevölkerungsentwicklung besonders stark.

Der erste Lehrer und spätere Hauptlehrer hieß Wilhelm Krullmann. Er war vierzig Jahre lang vielen Generationen von braven und aufsässigen Westerengeranern zur Legende geworden.

Alwine kam 1898 zur Schule und der kleine Gustav um 1900. Einen Kindergarten gab es für die Jostings Kinder noch nicht. Erst 1909 wurde dieser unter großer bürokratischer Mühsal in Westerenger II eingerichtet.

Der Schulbesuch vieler Kinder war immer noch eher unregelmäßig, weil sie zur Garten- Feld- und Hausarbeit gebraucht wurden. Sie mussten häufig auch nur auf die kleineren Geschwister aufpassen, da die Frauen und älteren Kinder am Webstuhl gebraucht wurden. Der Nebenerwerb der Leinenweberei war immer noch unverzichtbar.

Für die Kleinbauern, so auch für Hermann, war es immer eine willkommene Abwechslung, wenn sie die Leinen-Ballen nach Bielefeld brachten. Hermann hielt sich immer etwas länger als nötig dort auf und erinnerte sich an städtische Erlebnisse mit seinem Freund Frittgen und an schlechte Zeiten, die allerdings mit zunehmendem Abstand ihren üblen Geruch verloren. Auf dem Heimweg kehrte er in Jöllenbeck ein und trank einen Schnaps. Aber nur einen, und im Sommer ein Bier gegen den Durst. Das war Tradition und versprochen.

Hanne war Mitte 1896 erneut schwanger, und am 11. April des Folgejahres kam wieder ein Mädchen zur Welt, das sie Frieda nannten. Für Hanne war dies mit zweiunddreißig Jahren und in zehn Ehejahren das sechste Kindbett. »Ab dreißig ist das alles nicht mehr so einfach«, sagte man. Und das war es auch nicht. Eine schwere Geburt! Die Hebamme meinte später, dass Hannes Leben nur an einem seidenen Faden hing. Sie atmete sehr schwer und war zeitweise gar nicht ansprechbar. Hermann und selbst die Kinder waren stumm und niedergeschlagen. »Mutter ist sehr krank«. Mehr sagte der Vater nicht. Am dritten Tag fieberte sie. Sie stöhnte mit weit aufgerissenen Augen und verlangte fortwährend zu trinken. Hermann machte laufend kalte Umschläge und brachte literweise Tee aus eigenen Kräutervorräten. Nun standen er und die Hebamme ratlos vor dem Bett. Es gab eine weitere schwere Nacht und noch eine. Dann schien das Schlimmste überwunden. Aber Hanne lag noch zwei Wochen danieder. Jeden Tag wollte sie aufstehen, aber sie war zu schwach. »Es ist eine Schande, nur so herumzuliegen und zu nichts nutze zu sein«, meinte sie. Sie wollte an den Webstuhl. Dort konnte sie wenigstens sitzen. Doch es ging nicht.

Hermann bedauerte sehr, dass er für Hannes schwere Krankheit keinen Rat von dem Spenger Kräuterweib einholen konnte. Aber der Jahrmarkt in Spenge war erst im Juni, und er ärgerte sich, dass er nicht wusste, wie er die Kräuterfrau erreichen konnte. Warum war er nicht so schlau und hatte sich ihre

Adresse für den Notfall gemerkt oder notiert? Sie hätte bestimmt helfen können! Sie konnte immer helfen! Hermanns Hang zum »*Wunderlichen*« war ausgeprägt.

Aber die Notlage spornte ihn auch an. Er musste jetzt alles selbst machen, Hanne und die Kinder versorgen, die Haus- und Stallarbeit sowie die Feld- und Gartenarbeit besorgen. Einiges blieb natürlich liegen. Zum Weben war wirklich keine Zeit. Er machte für Hanne stärkenden Brei und Suppen, und er mischte unauffällig Gartenkräuter wie Salbei und Thymian darunter. Häufig kam auch die Nachbarin und machte ›Ordnung‹, wie sie meinte. Die Kinder fragten manchmal, wie lange es noch dauerte, bis die Mutter wieder gesund war, und was für eine Krankheit das denn war. Der Vater sagte nur: »Kindbettfieber! Ist bald vorbei!«

Nach gut zwei Wochen stand Hanne auf, kleidete sich an und tat, als wenn nichts gewesen war. Ja, sie war wohl wieder einigermaßen gesund, aber keineswegs voll einsatzfähig. Hermann gab die täglichen Routinearbeiten nur sehr zögerlich wieder an sie ab. Es ging ihm alles etwas zu schnell. Er fragte sie, ob sie denn wüsste, dass ihr Leben tagelang nur an einem seidenen Faden hing. Er nahm sie liebevoll in den Arm und sagte erleichtert, dass alles gerade nochmal gut gegangen war. Die Kinder waren tagelang ganz verstört. Er selbst hatte sich noch nie so ohnmächtig und hilflos gefühlt.

Hanne sagte leise:

»De Herrgott hädd noch nech wullen, dat ik in suin Himmel keime. Ower et was 'n duitliche Warnung.«

210

33

Timpkenfest

Der Ort »Enger« und sein Volksstamm, die *Engern* oder *Angari*, haben eine gewisse historische Bedeutung und auch einen mythischen Hintergrund.

Der römische Historiker *Tacitus* beschreibt in seinen *Annalen* wie der römische Feldherr *Germanicus* im Jahre 16 n. Chr. mit acht Legionen von Norden über die Flüsse *Ems* und Weser nach *Germanien* vordrang. Man wollte endlich nach sieben Jahren die verlorene Schlacht des *Varus* von 9 n. Chr., die man fast 2000 Jahre lang die »Schlacht im Teutoburger Wald« nannte, die aber sicher bei Kalkriese/Osnabrück stattgefunden hat, rächen. Dabei erwähnt Tacitus auch den Volksstamm der *»Angrivarier«*, der wohl westlich der Weser siedelte und den Römern nicht nur feindlich gesinnt war. Vieles spricht dafür, dass Germanicus auf seinem Vergeltungszug am *Angrivarier-Wall* bei Minden zurückgeschlagen wurde. Er soll nach einigem Hin und Her ›siegreich‹ wieder nach Norden abgezogen sein. Nach Tacitus war die Schlacht nicht ›nur‹ siegreich, da am Ende »eine große Zahl« von römischen Kriegsgefangenen mit Hilfe der Angrivarier freigekauft werden musste.

Selbst die Römer erkannten wohl schon vor zweitausend Jahren, dass die *Angari-Leute* aus Enger wussten, wie man einen Nutzen erzielte, ohne sich die Finger schmutzig zu machen.

Etwa 200 n. Chr. schlossen sich die Angrivarier, die *Cherusker* und andere Völker mit den von Norden vordringenden *Sachsen* zu einem »Sachsen-Bund« zusammen.

Der Mythos erzählt, dass die »Angari-Fürsten«, darunter auch *Bodo*, ein legendärer Sachsenfürst, um 260 ihr Hoflager im *Haus Engern* aufgeschlagen hatten. Ein Nachkomme des

Bodo soll *Hengistus* gewesen sein. Dieser plante mit seinem Bruder *Horsa* die Eroberung Britanniens. Hengist – so heißt es – hielt dazu eine Heerschau auf der *Hingst-Heide* ab, unweit des großen Sattelmeyer *Rhingst-Hofes* im heutigen Westerenger. Dann zog das Heer der *Angelsachsen* und der Engerschen *Wester-Sassen* gegen *Britannien,* und sie legten sich dort mit dem großen *König Arthur* an. Man eroberte die Insel und der legendäre Hengist herrschte in *»Engeland«.*

Soweit der Mythos.

In den folgenden Jahrhunderten etablierten sich im Norden Germaniens die sächsischen Stämme, und im Süden – in der Nachfolge der Römer – die *Franken.* Der Anspruch der fränkischen Alleinherrschaft führte ab 772 n. Chr. zu Auseinandersetzungen, die als *Sachsenkriege* bezeichnet werden.

Im Jahre 778 trat erstmals der sächsische Edelmann *Widukind* – auch *Wittekind* genannt – auf. Er vernichtete ein fränkisches Heer von *Karl dem Großen* und dieser rächte sich mit Hinrichtungen und mit dem *Blutgericht von Verden* an der *Aller.* Das forderte Widukind 783 erneut heraus und seine Niederlage in der *Schlacht an der Hase* führte schließlich zu Verhandlungen.

Am Weihnachtsfest 785 lässt sich Widukind auf dem Reichstag von *Attigny* (Champagne) taufen. Der große Karl selbst soll ihn aus der Taufe gehoben und reich beschenkt haben. Und obwohl die Streitigkeiten in anderen Landesteilen anhielten, hatte sich Widukind mit Karl ausgesöhnt und einen Friedensvertrag geschlossen. Danach wird er wohl in seine sächsische Heimat zu den Engern zurückgekehrt sein. Dort soll auch seine fürstliche Burg gestanden haben.

Im Laufe der Jahrhunderte sind über Widukind, den heldenhaften *»König der Engern«* viele Sagen oder einfach nur *»nette Geschichten«* entstanden. Es ist nicht gesichert, ob Widukind die Kirche in Enger oder sogar das spätere *Dionysos-Stift* gegründet hat. In der Kirche soll er bestattet sein. Dort findet sich in der Altarapsis ein monumentaler Sarkophag mit einer lateinischen Inschrift, die wohl frühestens im zwölften Jahrhundert angebracht wurde. Sie lautet:

»Das Denkmal Wittekinds, Sohn des Warnekins, König der Engerer, des tapfersten Führers der zwölf Aristokraten Sachsens.«

Bei archäologischen Grabungen in der Kirche im Jahre 1971 öffnete man auch den Sarkophag. Man fand nur die Knochenreste eines etwa achtzehn jährigen Mädchens. Es gab aber unter dem Altarraum drei weitere Gräber, deren Knochenbefund durchaus einem Wittekind zugeordnet werden konnten.

Im Mittelalter formte sich aus dem Siedlungsgebiet der Angrivarier die *Provinz Angaria (Engern)*, ein Herzogtum beiderseits der Weser bis zur Einmündung ihrer Quellflüsse. Im Herrschertitel des jüngeren Herzogtums Sachsen wurde bis 1806 die Bezeichnung *»Herzog von Sachsen, Engern und Westfalen«* geführt. Nach der Napoleonischen Zeit übernahm der preußische König diese Titulatur.

In jedem Fall waren die Stadt Enger und ihre Engern zu allen Zeiten stolz auf ihren Namen in römischer und fränkischer Zeit.

Zur Erinnerung an den Herzog Wittekind, den größten Sohn ihrer Stadt, begeht man an seinem Todestag am 6. Januar in Enger einen feierlichen Gottesdienst. Die Gedächtnisfeier heißt auch Wittekind-Spende oder *»Timpkenfest«*. Die älteste Erwähnung stammt aus einem Urbar von 1550 über die Armenspeisung durch den Hof *Vorwerk* in Westerenger.

Zum Timpkenfest werden alljährlich die Kinder aller Schulen des Amtes Enger geladen. Ein schulfreier Tag, auch für die

Jostings-Kinder aus Westerenger. Im Jahre 1899 ging Anna schon das vierte Mal zum Timpkenfest und die neunjährige Alwine war zum ersten Mal dabei. Gustav, August und die kleine Frieda gingen noch nicht zur Schule und mussten natürlich zu Hause bleiben.

Die Kinder versammelten sich klassenweise vor der Westerenger-Schule und gingen diszipliniert und händchenhaltend zur Kirche nach Enger. Es war ein eisiger Freitag im Januar, und wie so oft blies ein scharfer Ostwind den Kindern ins Gesicht. Die meisten waren dick vermummt mit selbstgestrickten Schals, Handschuhen, Mützen und Strümpfen. Aber es gab immer noch einige, die nur Holzschuhe trugen. Die unzureichende Bekleidung wurde durch deckenartige Umhänge ersetzt. Einige ältere Kinder durften auch nicht mitgehen, weil sie an dem unterrichtsfreien Tag besser bei der häuslichen Arbeit gebraucht wurden.

Eine Stunde vor Beginn des Gottesdienstes läutete die Totenglocke. Die anschließende Messfeier war sehr auf die Schulkinder ausgerichtet und erinnerte an die Größe und Verdienste des Wittekinds. Bisweilen gab es auch legendenhafte, und nette Geschichten. Danach ging es zur »*Ausspendung*«. An den Kirchentüren standen Presbyter, Kirchenbedienstete und manchmal auch der Bürgermeister mit riesigen Gebäck-Körben, aus denen sie die »*Timpken*« an die hinausströmenden Kinder verteilten. Die Timpken-Stuten werden bis heute zu rautenförmigen »Zipfeln« geschnitten und extra für die Veranstaltung aus Weizenmehl gebacken.

Für die Kinder ist die Verteilung der Timpken ein Riesenspaß. Man sieht ihnen ihr kleines Glück an, wenn sie mit ihren kalten Fingern den noch warmen Timpken ergreifen und herzhaft in den süßen Zipfel beißen. So erging es auch den Jostings-Kindern Anna und Alwine, die, wie viele andere auch, den Auftrag hatten, für die Geschwister zu Hause einen Timpken mitzubringen. Anna konnte in der Tat einen weiteren

Timpken erwischen und verbarg ihn sofort in ihrer Joppe. Auf dem Rückweg nach Westerenger dachte sie ständig an den leckeren Timpken, traute sich aber nicht, diesen hervorzuholen und zu verspeisen.

Als sich die Kinderkolonnen vor der Schule in Westerenger auflösten, und sich die Jostings-Geschwister nach Hause aufmachten, konnte Anna nicht länger widerstehen. Sie zog ihren gehüteten Timpken hervor, gab Alwine ein Stück ab, und die beiden aßen genüsslich ihr kleines Geheimnis auf. Zu Hause sagten sie, dass jedes Kind nur einen Timpken erhalten, und dass dieser wirklich gut geschmeckt habe.

Es soll auch erwähnt werden, dass sich im Laufe der Jahre zahlreiche Legenden um das Timpkenfest gerankt haben, die von ›Berufenen‹ immer wieder mit vollem Ernst und mit größtem Vergnügen variiert werden.

34

Aufbruch

Die Zeit stand nicht still, auch wenn man auf dem As-brok-Hof in Westerenger 41 einen anderen Eindruck hatte. Alles hatte dort seinen gewohnten Gang, einen eingespielten Ablauf, den niemand änderte. Es war alles so, wie es immer war. Der Hof erwirtschaftete das notwendige Minimum, den spärlichen Lebensunterhalt. Aber mehr als im Kisker. Darüber hinaus gab es eine permanente Mangelsituation. Es gab ein-fach kein Bargeld. Der Verkauf von jährlich zwei Kälbern, von etwas Getreide und Kartoffeln war neben der Leinenwe-berei die einzige Einkommensquelle. Als Hannes Mutter ver-storben war, gab es beim Weben einen kurzzeitigen finanziel-len Ausfall. Ein längerer Einbruch konnte nur damit vermie-den werden, indem die neunjährige Anna in ihrer schulfreien Zeit den zweiten Webstuhl bedienen musste. Hermann konnte froh sein, dass man ihm in Bielefeld immer noch das handge-webte Leinen abkaufte.

Im Übrigen hatte man wohl – wie es der Brauch war – ei-nen *Notgroschen* für alle Fälle. Der bestand bei Hermann aus ei-nem Restbetrag seines amerikanischen Verdienstes, wie er ein-mal erklärte.

Nicht viel besser erging es Hermanns jüngerem Bruder August im Kisker, der seit Hannes' *Schweine-Tod* im Jahre 1894 das Siek-Haus übernommen hatte. Das Haus gehörte als ehe-maliges Austrags-Haus zu dem benachbarten Kotten. Dessen Bauer war verstorben, und seine Bäuerin, die keine Nachkom-men hatte, verlangte von August, dass er ihr den Kotten be-wirtschaftete. Daraus bezog er neben Naturalien ein spärliches Entgelt. August hatte dann ohne große Hochzeitsfeier Anna Obermann aus Bardüttingdorf geheiratet. Die beiden besuchten einmal Hermann auf dem Asbrok-Hof. Dabei tauschte man sich über gemeinsame Zeiten aus. Hermann erkundigte sich nach seinem Freund Pelle, der Lehrer in der Kisker-Schule war. Er nahm sich fest vor, ihn und seinen Bruder August zu besuchen, um mit ihnen einmal einen Schnaps zu trinken. Aber so sehr er auch den Kontakt zu den beiden herbeiwünschte, es gab etwas in ihm, das sehr fest und tief saß, und ihn von einem Besuch im Kisker abhielt. Hanne ermunterte ihn mehrfach, über seinen Schatten zu springen und seinen Bruder und Pelle zu besuchen. Aber mehr als »mal sehen« passierte nicht.

Hermann hielt seine kleine Landwirtschaft in Ordnung. Schon wegen der Nachbarn wollte er sich nichts nachsagen lassen. Aber innerhalb des Hofes, im Umgang mit der Familie und sich selbst gegenüber war er etwas nachlässiger geworden. Er hatte ja die Arbeit nicht erfunden, wich gerne mal aus und verschob.

Hanne kümmerte sich um den Haushalt, den Garten, die Kinder und um die Weberei. Hermann saß öfter nur auf seiner schäbigen Decke und rauchte Pfeife. Es lief auch ohne ihn. An was sollte er schon teilhaben? An den großen Veränderungen in der Welt? Etwa an der Aufbruchstimmung in ganz Europa? An dem Wettlauf der Industrienationen?

Die Landbevölkerung wusste davon wenig. Hermann las keine Zeitung, ging nicht regelmäßig ins Gasthaus, wo er etwas Neues erfahren hätte. Und er war – in Ostwestfalen keine Seltenheit – nicht sehr gesprächig.

So befand sich die Welt auch ohne ihn in einem rasanten Aufbruch. Voraussetzung war der Wechsel des Energieträgers von »Holz zu Kohle«. Die Fortschritte im Berg- und Maschinenbau in der Schwerindustrie und in der Konsumgüterwirtschaft waren atemberaubend. Es gab einen schwindelerregenden Wettbewerb der universitären Wissenschaften, der Erfindungen, im Ausbau von Mobilität und Kommunikation.

Überall sollte durch Arbeit eine bessere Welt entstehen. »Wohlstand für alle« war das Ziel. Der Kolonialismus, der auch das Deutsche Reich erfasst hatte, sollte diesem Ziel und der besonderen Vormachtstellung dienen. Dem Machtwettlauf in Europa dienten der Militarismus und die Aufrüstung, die alle Lebensbereiche durchdrungen hatten und die ihren vorletzten Höhepunkt feierten. Deutschland sollte zum ersten Mal in seiner Militärgeschichte eine *Marine* haben, um mit England ›mithalten‹ zu können.

Staatliche Größe zeigte sich durch die geradezu bauwütige Stadtentwicklung mit ihrem *Historismus und Gründerstil*. Die monumentalen öffentlichen Bauten kannten keine Grenzen. Die Weltausstellungen in Brüssel, aber vor allem die in Paris im Jahre 1900 mit ihren repräsentativen Bauten, mit ihren fast fünfzig Millionen Besuchern und sechzig Tausend Ausstellern waren für das Deutsche Reich eine große Herausforderung.

Der Mensch und seine Tauglichkeit wurden jahrzehntelang von der deutschen »Obrigkeit« mit der ›wichtigen Frage‹ beurteilt *»Ham se jedient?«* Dienstrang und Militäreinheit waren für den zivilen und behördlichen Werdegang ausschlaggebend. Der aufrechte Gang mit »Kopf hoch« und »Brust raus« unterstrich die allgemeine Aufwärtsbewegung. Sie wurde nur noch durch die Barttracht des Kaisers Wilhelm II. und seiner aristokratischen Generalität übertroffen, die die äußeren Enden ihres Oberlippenbartes spitz aufwärts zwirbelten, um damit ihre Einstellung zur allgemeinen Aufbruchstimmung auch optisch zu demonstrieren.

Selbst die kirchliche Missionstätigkeit zum Beispiel in Afrika und Indien schwang sich zu neuen Höhepunkten auf.

Hermann wusste nur sehr wenig von diesen Vorgängen und Umbrüchen. Er verstand auch vieles nicht und tat es als Teufelskram ab. So wusste er nicht, dass ein gewisser *Benz* schon

1886 einen *Motorwagen* entwickelt hatte, und dass schon um die Jahrhundertwende in den großen Städten die ersten *Autos* fuhren. Man hatte allerdings von der neuen *Elektrizität* gehört. Hermann konnte sich darunter aber nicht viel vorstellen, und wusste nur, dass damit Maschinen ohne Dampf wie von selbst liefen und Helligkeit erzeugt wurde. In Spenge gab es ab 1899 ein Stromnetz. Die Bauern lehnten die Elektrizität als neumodisches und teures Zeug ab. Man hatte ja Petroleumlampen. Und so wurden die verstreuten ländlichen Anwesen erst nach dem Ersten Weltkrieg an das Stromnetz angeschlossen.

Als überflüssiger Kram wurde auch vielerorts die Eröffnung der *Kleinbahn* (Schmalspurbahn) um 1900 zwischen Enger und Herford mit der späteren Erweiterung bis Wallenbrück, Vlotho und Bielefeld angesehen.

Obwohl Hermann die *Kanonen-Bahn* auf der Koblenzer Strecke schon 1878 mitgebaut hatte, und er bei seinem Amerika-Aufenthalt moderne Eisenbahnen benutzt hatte, fuhr er wohl sehr selten mit der Herforder Kleinbahn.

Hermann war fest in die ländliche Einfachheit und Armut integriert. Er war ein Geschöpf seiner Landschaft, der Landschaft Ostwestfalen, Kisker und Westerenger. Diese Landschaft ernährt ihre Geschöpfe äußerst knapp und bestimmte ihre Anzahl. Ob sich die Menschen dort dieser Überlegung, dieser Unterwerfung bewusst waren, ist zweifelhaft. Und wenn es jemandem bewusst wurde, war die Reaktion Schweigen.

35

Krankheit und Tod

Zum Alltag auf dem Asbrok-Hof gehörte die Geburt weiterer Kinder. Die Dramatik und der seidene Lebensfaden bei der Geburt der kleinen Frieda im Jahre 1897 waren offenbar vergessen. Im Februar 1900 kam der kleine Arnold zur Welt, der nach zwei Monaten bereits wieder starb. Als Nachzüglerin und letztes Kind wurde im Januar 1903 Adele geboren, die auch später ihren Vater Hermann im Alter versorgte.

Anna, die älteste, musste spätestens mit neun Jahren neben der Schule im Haushalt mitarbeiten. Sie musste weben und auf die Geschwister aufpassen. Nach der Schulzeit arbeitete sie einige Jahre in einer Zigarrenfabrik in Spenge. Als sie einundzwanzig war, heiratete sie den Kolonialwarenhändler Gieselmann aus Spenge und verließ 1908 den Asbrok-Hof.

Alwine, die nur drei Jahre jünger war, erhielt ebenfalls häusliche Pflichten. Als sie 1905 die Volksschule verließ, genoss sie als Mädchen einen besonderen Vorzug. Sie durfte eine Ausbildung machen und ging als Lehrmädchen drei Jahre in eine Näherei nach *Oldinghausen*. Das lag etwa sechs Kilometer entfernt in der Nähe von Enger. Sie lernte nähen, erhielt Kost und Logis, und wurde bald auch in den betrieblichen Nähablauf eingesetzt. Bedingung für die Lehrstelle war, dass sie ihre eigene Nähmaschine und einen Stuhl mitzubringen hatte. Die Nähmaschine mit dem Handkurbelrad, wie sie seit einigen Jahren zu Hunderttausenden in Bielefeld hergestellt wurden, war sicherlich gebraucht. Es bleibt unklar, wie die Jostings überhaupt an so eine Maschine gekommen waren. Der Nähstuhl ist noch vorhanden und wird von Alwines Nachkommen in Ehren gehalten.

Nach Beendigung der Lehrzeit im Jahre 1908 wurde Alwine wieder in den täglichen Arbeitsablauf in Westerenger eingesetzt. Aber sie konnte nähen. Und sie nähte nebenbei in Heimarbeit. Langsam reifte in ihr eine Idee: So wie sie selbst in die Nählehre gegangen war, wollte sie einige Lehrmädchen aufnehmen, ihnen das Nähen beibringen und größere Heimarbeitsaufträge annehmen.

Aber noch war es nicht so weit.

Etwa ein Jahr später 1909 war erkennbar, dass sich Hanne, Alwines Mutter, nicht mehr gut fühlte. Sie war öfter erschöpft und brauchte in zunehmendem Maße Ruhepausen. Sie wollte natürlich nicht, dass jemand ihre Schwäche bemerkte, aber bald flüsterten die Kinder in ihrer Nähe und fragten den Vater ängstlich, was denn mit der Mutter war.

»Dat werd all wojer cheaut«, meinte der Vater. Was sollte er auch sagen? Die Kinder mussten sich mit dieser Floskel zufrieden geben. Aber sie wussten genau wie ihr Vater, dass etwas nicht stimmte. Hermann wollte es einfach nicht wahrhaben, nicht glauben, dass sich Hanne verändert hatte, dass seine Hanne krank war. Er wollte auch nicht daran denken und erst recht nicht darüber reden. Das war gute ostwestfälische Art. Eine unbestimmte, missliche Lage musste verdrängt werden. Es durfte nicht wahr sein, dass eine Frau mit 44 Jahren – wenn auch schon Mutter von sechs Kindern – nicht mehr leistungsfähig war. Sie waren jetzt gut zwanzig Jahre verheiratet und in dieser Zeit gab es keinen einzigen Anlass, dass er sich über seine Hanne beklagen konnte, meinte er. Sie war der gute Geist des Hauses, durchsetzungsfähig und impulsiv. Sie war wie ein Uhrwerk, das niemals aussetzte. Und nun diese Veränderung. Er konnte seine Augen vor dieser Änderung nicht mehr verschließen, konnte nichts mehr verdrängen und kam zögerlich auf die Idee, ärztlichen Rat einzuholen. Aber bevor er das wirklich umsetzte, erinnerte er sich an das Kräuterweib des Spenger Jahrmarkts.

Etwas später, im Mai des Jahres 1910 hatte er in Spenge ›Geschäfte‹ zu besorgen, wie er sagte, und ging an einem Samstag zu der Stelle auf dem Markt, wo in der Vergangenheit immer die Kräuterfrau gesessen war. Vor siebzehn Jahren hatte ihm die Alte mit dem Notfeuer gegen die Maul- und Klauenseuche geholfen. Sie wusste bisher immer Rat, auch wenn etwas Aberglaube und manchmal sogar Hexerei mit im Spiel waren. Aber die alte Frau, die er seit seiner Jugend kannte, war nicht mehr an ihrem Platz. Die Betreiber der Nachbarstände erklärten, dass eine andere, jüngere Frau weiter unten an der Straße sitze. Und in der Tat hatte sich dort die Nachfolgerin, die er auch schon einmal gesehen hatte, mit ihren Kräutern, Tinkturen und Salben breitgemacht. Hermann ging langsam auf sie zu, erfuhr, dass ihre Vorgängerin verstorben war und schilderte etwas umständlich den Grund seiner Besorgnis. Es sei wohl ernst mit seiner Hanne. Sie sei schlapp, sei kurzatmig und habe einen andauernden Katarrh. Sie fasse sich beim Husten immer vor die Brust, schwitze häufig, schlafe und esse nicht gut.

Das hörte sich nach *Schwindsucht* an, meinte die Kräuterfrau. Ob sie denn am Webstuhl sitze? Das sei zu staubig und deshalb schädlich. Die Schwindsucht sei leider sehr häufig. Sie sei nur in einem Heilbad-Sanatorium zu lindern. Man müsse viel gesunde Kost essen, alles abkochen und die Abwehrkräfte über gutes Blut stärken. Die Frau empfahl Blutegel zur Blutreinigung. Sie hatte diese Tiere zu Hause und wollte sie am nächsten Tag mitbringen. Dann würde sie ihm auch alles erklären und die Behandlung vorführen. Zu ihrer Sicherheit sollte er heute eine Anzahlung leisten. Das ging in Ordnung, und zu Hause sagte er seiner Hanne, dass man nun nicht länger zusehen konnte, wie sie sich plagte. Die Spenger Kräuterfrau empfahl dringend eine Reinigung des Blutes mit Blutegeln. Hanne war schockiert und wollte das auf keinen Fall. Die saugenden Tiere fand sie eklig. Da aber die beiden keinen anderen Weg wussten, und Hanne auch schon mal von einer Blut-egel-Behandlung gehört hatte, stimmte sie schließlich zu.

Bei der Übergabe am nächsten Morgen in Spenge erklärte die Kräuterfrau, die Egel seien ausgehungert und Hermann sollte sie auf dem Rücken verteilt ansetzen. Nach etwa einer Stunde sei alles erledigt. Häufig könnte man sofort ein Wohl-befinden des Patienten feststellen, manchmal auch erst nach ein paar Stunden oder Tagen. Hermann fragte noch, ob das denn alles sei, oder ob man die Zeremonie bei Dunkelheit und sogar mit einem Zauberspruch machen müsste.

Die Kräuterfrau lachte und wunderte sich über diese Ein-lassung. »Dat häd nix met Spökenkiekerei teo deouern. Dat is medizinische Heilkunde!«, sagte sie.

Als Hermann die kleine Spanschachtel mit den Tieren nach Hause balancierte, war ihm nicht ganz wohl, und er woll-te auf keinen Fall unterwegs von jemandem angesprochen werden. Das gelang ihm auch und zu Hause wollte er die Pro-zedur möglichst bald hinter sich bringen. Man schickte die Kinder hinaus. Hanne musste sich rittlings auf einen Stuhl set-zen und sich an der Lehne festhalten. Sie entblößte ihren Rü-cken und Hermann setzte ihr mit schwieligen Fingern die Tie-re auf die Haut. Er meinte, es könnte etwas piksen und nach etwa einer Stunde würden die Blutegel abfallen. Er wollte sie dann draußen vergraben.

Es war eine lange, quälende Stunde, während der sich Han-ne kaum bewegen sollte. Danach legten sie kleine Läppchen auf die Saugstellen und Hanne musste sich etwas hinlegen. Sie schlief bald ein, und am nächsten Tag fühlte sie sich in der Tat etwas besser.

Niemand hatte im Übrigen bemerkt, dass die Tochter Alwine durch einen Türspalt die Prozedur beobachtet hatte. Viele Jahre später unterzog sich Alwine einer gleichen Behandlung mit dem Hinweis, ihrer Mutter hätten die Egel auch geholfen.

Die Besserung bei ihrer Mutter Hanne hielt nicht lange an. Husten und Schwäche waren nicht beseitigt. Hermann war enttäuscht. Bisher konnte er sich auf die Fähigkeiten und Magie der Kräuterweiber verlassen. Nun hatte ihre Heilkunst erstmals nichts bewirkt. Bei den Blutegeln hatte er gleich ein ungutes Gefühl. Was konnten diese schwarzen ekelhaften Sauger schon ausrichten? Vielleicht etwas Linderung? Doch keine Heilung! Hanne hatte recht: Auf so etwas konnte man sich nicht verlassen. Das alles bestärkte Hermann, einen wirklichen Mediziner zu konsultieren.

In Spenge gab es einen Doktor, der sehr beredsam war, der alles wusste und für alles eine Erklärung hatte, aber wenig Medizin verabreichte.

»Schwindsucht!«, meinte er, »Schwindsucht! De Oberstudierten in Berlin säch *Tuberkulose* dateuo. Owwer se häbt no kuine Medizin dafo. – So. Wat küänt we deuoern?«

Keine Rohmilch, alles immer abkochen. Eine Luftkur! Täglich zwei Stunden an der frischen Luft. Der Webstuhl ist verboten! Und dann empfahl er dringend einen Aufenthalt in einem Sanatorium zum Beispiel in *Bad Lippspringe*. Ein heilklimatischer Luftkurort mit Thermalwasser und allen Lungenheilverfahren. Auch *Bad Salzuflen* mit den »Gradierwerken« (Salinen) und der Salzluft war sehr gut. Gute Luft war das einzige, was helfen konnte.

Aber Hanne wollte nicht. Sie wollte zu Hause bleiben und täglich mehr an die frische Luft gehen. Der staubige Webstuhl sollte stillgelegt werden. Außerdem wurde sie hier gebraucht und konnte gar nicht weggehen. Und eine Kur war nur etwas für bessere Leute, die dafür Geld hatten.

Hermann widersprach heftig. Sie hatte offenbar den Ernst der Lage nicht richtig verstanden. Es gab noch keine Medizin, die die Krankheit heilen konnte. Das Heimtückische daran war der allmähliche Verfall, den man nicht ernst genug nahm. Er, Hermann, hatte noch den ›Spargroschen‹ für den Notfall.

Und dies war ein Notfall. Die Kur in Bad Lippspringe musste sein. Hanne lächelte. Das war sehr großzügig, meinte sie. Sie wollte sich alles noch einmal überlegen.

Das Thema wurde vorerst nicht weiter besprochen.

Eines Tages, als Hermann auf dem Feld und die Kinder bei der Gartenarbeit waren, kam der Doktor unangemeldet vorbei. Er war immer in Eile, ging gleich auf die Deele und fand im hinteren Teil Hanne bei der Webarbeit. Der Doktor begann gleich zu poltern. Was sie denn glaubte, wen sie vor sich hatte?

»Häbb ik nech chanz deutlich sächt, dat dat met de Weberei ein Ende häbben mot? Dat is chift fo de Lunge! Glöv mi dat doch! Un dat häbbe nech ich sächt. Dat sächt de berühmte Robert Koch in Berlin, de fo suine Forschung öwer de Tuberkulose den chreouden Nobelpreis kroijet häd. Hoi sächt, de Krankheit kümmt von 'ne Rohmilch und von 'n Textilstaub. Wenn di de Weberei wichtiger ist, as din Lebn, denn mak nur so wuider, cheoude Frau. Denn kann ik di nech majer helpn. Un ik häbbe huier nix mehr verlorn.«

Hanne weinte und bekam wohl auch wegen der Aufregung einen Hustenanfall.

Als der Doktor polternd die Deele verließ und die Kutsche bestieg, rannten die Kinder aus dem Garten herbei. Sie konnten sich aus dem Gepolter des Doktors keinen Reim machen und liefen zu ihrer Mutter auf die Deele. Sie sagten:

»Modder, wat is met di? Dat was do de Doktor. Hoi was chanz upcheregt un sächt, dat er nech majer helpn küant! Wat is met di, Modder?«

Nix is, nur 'n biaden Husten. Et cheout scho. Vortellt ma nix euern Vadder, dass de Doktor huier was.

Auf diese Weise behandelte man in Ostwestfalen Pflichtbewusstsein, und verdrängte im einfachen bäuerlichen Leben unliebsame und lebensgefährliche Risiken. »*Dass nicht sein kann, was nicht sein darf.*«

Beim Abendessen sprach Hermann wie gewohnt nur wenige Sätze über seine Arbeit. Die Kinder schwiegen und sahen
mit gesenktem Kopf in ihre Milchsuppe. Die Anweisung der
Mutter, den Besuch des Doktors zu verschweigen, führte bei
den Verschworenen wie üblich dazu, das man überhaupt
schwieg. Dem Vater entging das nicht. Er schaute die Schwei-
ger verständnislos an und schwieg wie üblich ebenfalls.

Das machte man so, auch wenn es unsinnig war. Es wäre
sogar durchaus üblich gewesen, wenn man das Abendessen
nach dem Tischgebet wortlos beendet hätte und aufgestanden
wäre. Aber diesmal war es nicht so. Der Vater sagte:

»So, wat häbbt ju denn? Wat is los? Irgend wat stimmt do
nech! Worümme kuikt ju olle so bedröppelt?«

In der Tat machten Hanne und die Kinder einen beküm-
merten Eindruck, schauten sich gegenseitig schuldbewusst an
und nach einem langgezogenen »Äh … jo …« sagte Hanne:

»Wat de Kinner häbbt, wed ik nech. Ik häbbe nix!«

Damit war die Angelegenheit vorläufig erledigt.

Am nächsten Morgen, als Hermann nach der Stallarbeit aufs
Feld ging, kam ihm die Nachbarin entgegen und fragte:

»Chistern was oll de Doktor do. Wat hädd 'e denn sächt?
We is met Hanne?«

Hermann meinte mit gut gespielter westfälischen Langeweile:

»De Doktor? … Jeaou … Jeaou … de Doktor, wat häd de
sächt? Wat de jümmer sächt. Et is we et is. Cheaut schon.«

Die Nachbarin fragte nach. Sie hatte gehört, dass der Doktor sehr laut gesagt hatte, er könnte nicht mehr helfen!

Hermann blickte zur Seite:

»Jeaou, jeaou, dat küant hoi äouk wol nech. Hanne mot
'n Kur maken in 'n Luftkurort, in Bad Lippspringe! Ower
se will nech. Ik küant do äouk nix deouern. Et is chanz
traurig!«

»Wie lange häd 'se denn no?«, fragte die Nachbarin.

»Ik wed 'et nech. Se is ne Kämperin«, sagte Hermann resignierend.

Die Nachbarin gab nicht auf.

»Dann mot si na *Bad Enger* cheaoun. Un Enger is nech weit wiage. Do was ik äouk scho. De häbbt Heil-Wader un Heil-Dampf. Dat is cheout. Un deou, Hirm, bring 'se do hin un halse wojerr aff.«

Sie ließ nicht locker, ging mit Hermann ins Haus und blieb solange, bis Hanne die Wasser-und-Dampf-Kur in Bad Enger zugesagt hatte. Und dann akzeptierte sie auch die Hilfe der Nachbarin bei der Hausarbeit und die Neuverteilung der Aufgaben unter den Kindern. Die Hauptlast trugen ohnehin die zwanzigjährige Alwine und der siebzehnjährige Gustav, der bei der Stall- und Feldarbeit eingesetzt war. August war mit fünfzehn Jahren gerade aus der Schule gekommen und half bei der Haus- und Gartenarbeit.

Zwei Tage später war es so weit. Man packte einen Beutel mit Hand- und Kopftüchern. Hanne hakte sich bei Hermann ein, und sie gingen zur nächstliegenden Kleinbahn-Haltestelle *Bruchstraße* in Spenge. Als sie die Fahrkarten beim Schaffner kauften, sagte dieser, dass »Enger-Bad« eine Bedarfshaltestelle war, und er dem Fahrer Bescheid geben wollte. Auf der Strecke Richtung Herford mussten sie nach der Haltestelle Enger *Wörde* aussteigen. Hermann, der eigentlich von der Kleinbahn nicht viel hielt, tat so, als habe er schon jahrelange Routine mit dem Bahnfahren. Das Badehaus lag direkt an der Haltestelle. Die uralte Heilquelle, die erstmals 1592 erwähnt wurde, war auch als *Belker Brunnen* bekannt. Viele Leute aus den umliegend Orten hatten gute Erfahrungen mit der Bade-Sole und ihren salzigen Mineralstoffen gemacht. Die Dampfbad-Anwendungen taten auch Hanne gut, sodass sie schließlich zweimal in der Woche ohne Hermanns Begleitung das Engersche Kurbad aufsuchte.

Eine Genesung von der Schwindsucht war aber nicht möglich, sodass ihre Besuche in Bad Enger schließlich weniger
wurden.

Währenddessen hatte auf dem Asbrok-Hof die Tochter Alwine große Pläne. Die Heimarbeit-Näherei lief gut, und der Ge-
danke, sich mit einigen Lehrmädchen selbständig zu machen,
ließ ihr keine Ruhe.Und dann lernte sie den Anstreicher und
Tapezierer Hermann Otto Gross aus Saalfeld in Ostpreußen
kennen. Sie wollten heiraten und ihr erstes Kind sollte schon
im Oktober 1911 zur Welt kommen. Sie besprach alles mit
ihrem Vater. Man wollte in Westerenger, Ecke Dreynerstraße
ein kleines Haus kaufen. Dort sollte Platz sein für die neue Familie und die Nähstube. Für den Hauskauf musste ein Kredit
her, den der Vater Hermann mit einer Bürgschaft absicherte.
Er war schließlich Kolon und Grundbesitzer und konnte sich
das leisten. Darauf und auf seine Tochter Alwine war er sehr
stolz.

Die Ereignisse überschlugen sich. Schließlich war der Grund-
stückskauf abgewickelt, und das Haus *Westerenger Nr. 88*, Ecke
Dreynerstraße bezugsfertig. Man legte den Einzugstermin zusammen mit dem Hochzeitsdatum auf Freitag, den 20. Oktober
1911. Alwine brachte ihr Kind, den kleinen Arnold, einen Monat
zu früh, am 25. September, zur Welt. Die Hochzeit fand dennoch
an dem festgesetzten Termin auf dem Asbrok-Hof statt, und alle
Verwandten Nachbarn und Freunde mussten kräftig mithelfen,
dass alles reibungslos ablief.

Es war das letzte Ereignis, an dem auch Hanne teilnehmen
konnte. Bei der kirchlichen Trauung in Enger war sie nicht dabei und bei dem Fest auf dem Hof holte man sie für eine kurze Zeit auf die Deele.

Wenige Wochen später verließ der Sohn Gustav mit neunzehn
Jahren den Hof und trat eine Bäckerlehre bei seinem Josting-

schen Onkel im lippischen Horn an. Das war schon seit längerem vereinbart und eine gute Lösung, wie sich später zeigte. Für Hermann war es ein bewegender Abschied, als sein ältester Sohn allein die Bahnreise über Herford und Detmold nach dem etwa fünfzig Kilometer entfernten *Onkel in Horn* antrat.

Als dann Alwine und Gustav nicht mehr da waren, wurde es auf dem Asbrok-Hof ruhiger. Hannes Krankheit erlaubte keinen Lärm und keine Hast. Niemand lachte, summte ein Lied oder erfreute sich an Kleinigkeiten. Man stumpfte ab, war ratlos und schien sich abgefunden zu haben. Man wurde immer wortkarger und besprach nur das Allernötigste. Hermann ging manchmal aufs Feld, ohne dass er dort etwas zu tun gehabt hätte. Zu Hause machte er stumpfsinnige, manchmal sinnlose Tätigkeiten.

Einmal saß er draußen vor der Deelentür auf seiner schäbigen Decke und hielt einen Spatz in seinen großen Arbeitshänden. Dieser piepste erbärmlich. Er konnte nicht mehr fliegen und hatte einen Flügel gebrochen. Hermann zog seine Streichhölzer hervor, brach die Zündköpfe ab, holte Fäden aus dem Nähkasten und schiente dem Spatzen umständlich mit seinen schwieligen Fingern den Flügel. Die kleine Adele verfolgte alles mit großen Augen und fragte ihren Vater, warum er das mache, er tue doch dem Vogel weh.

»Ne, du kleinen Döskopp, ik help bloß den Spatz, dass hoi wojer flieagen kannt. Wenn kuiner helpt, holt em de Kaddn und hoi mot sterbn. Und wenn we huier süs nech helpen kunnt, dann müat we wenigstens den Spatz helpn.«

»Nein, du kleiner Dummkopf, ich helfe bloß dem Spatzen, dass er wieder fliegen kann. Wenn keiner hilft, holt ihn die Katze und er muss sterben. Und wenn wir hier sonst nichts helfen können, dann müssen wir wenigstens dem Spatzen helfen.«

Sie wollten ihn in einen Kasten setzen und Adele sollte ihn jeden Tag mit Körnern und Spinnen aus dem Stall füttern.

Nach einiger Zeit hatte sich der Spatz erholt und er flog etwas unbeholfen davon. Er hatte es überstanden und lebte.

Hanne war in den letzten Monaten immer schwächer geworden. Sie ertrug ihre Krankheit tapfer und klagte nicht. Für die Kinder war es besonders schwer, mitansehen zu müssen, wie ihre Mutter sie allmählich verlassen musste. Hanne lag häufig stumm im Bett mit geschlossenen Augen. Sie war sehr abgemagert, und die Augen sanken immer tiefer in die Höhlen. Manchmal krallten sich ihre Hände in die Bettdecke. Und einmal nach einem starken Hustenanfall erstarrten sie. Ihr Lebensfaden war zu Ende.

36

Krieg und Frieden

Hanne Josting, geborene Asbrok, starb am 21. Februar 1912 mit 47 Jahren. Hermann und alle in der Familie wussten, dass ihr Tod unausweichlich und vorhersehbar war. Aber man sprach nicht darüber, und Hermann schon gar nicht. Es hat viele Monate gedauert, bis er Hannes Tod in seinem zurückgezogenen, ostwestfälischen Wesen verarbeitet hatte.

Jetzt war er allein mit drei unmündigen Kindern. Sein Sohn August war mit siebzehn Jahren auf dem Asbrok-Hof tätig. Sein Vater hatte ihn mit allen Einzelheiten der Stall- und Feldarbeit vertraut gemacht. Er sollte jetzt die Hofnachfolge antreten. Somit konnte sich Hermann verstärkt der Hausarbeit widmen. Dabei wurde er unterstützt von der fünfzehnjährigen Frieda. In besonderen Fällen half die Nachbarin.

Die meinte aber nach etwa einem Jahr, Hermann sollte sich eine Haushälterin besorgen. In ihrer resoluten Art fragte sie ihn schließlich, ob er nicht wieder ans Heiraten dachte. Jetzt war es heraus, und nicht er, sondern die Nachbarin hatte es gesagt. Er selbst hatte zwar diesen Gedanken schon gehabt, ihn aber nicht weiter bedacht. Nun musste er einsehen, dass dies die beste, und zugegeben, die billigste Lösung war. Natürlich musste man die Trauerzeit abwarten, aber man konnte einiges für eine Wiederheirat vorbereiten.

Über diese Aktivitäten hat Hermann nie gesprochen. Aber es sah so aus, dass gleich unten an der Spenger Straße bei der *Tischlerei Vogt* bisweilen eine Frau und Verwandte aus Neuenkirchen zu Besuch war. Hermann lernte sie kennen. Man war sich zugetan.

Und dann war es so weit. Hermann hatte zu seinem Geburtstag am Samstag, den 16. Mai 1914 seine engere Familie und die Nachbarn eingeladen. Am späten Nachmittag gab es auf dem Asbrok-Hof wie immer Platenkuchen mit Kaffee sowie Kartoffel-Pfannkuchen. Auf die Pfannkuchen freuten sich alle am meisten. Dann lüftete Vater Hermann sein Geheimnis. Er druckste etwas herum und sagte:

»Nu hoiert ma olle teuo. Ik häbbe wat teuo seggen. Ik wull wojer heiraten un stell jeou nu muine künftige Fruo vo.«

Er ging auf die Seite, wo sich die Nachbarin um die ›Neue‹ kümmerte. Er ging mit ihr vor und sagte:

»Dat iss 'e! Dat is use Auguste, geborene Eggersmann und verwitwete Diekmannskamp aus Neuenkirchen. Se is einundvierzig Jeoha und ik sin einundfüftig. Dat passt ollet cheout teousammn. Un we müat heiraten in vierzehn Dagn am Freitag 29. Mai. Do sin jeou olle wojer incheloden hoier upp 'n Hove.«

Er ergänzte noch, dass er nicht mit jedem alles vorbesprochen hätte und wusste auch warum:

»Denn werd dat nämlich nix!«, sagte er.

Die Unsicherheit bei den Kindern wich bald der Neugier und schlug dann angesichts der warmen Kartoffel-Pfannkuchen in Zustimmung und Zufriedenheit um.

Auguste Diekmannskamp brachte vier Kinder mit, die in der Schule oder schon älter waren. Man vertrug sich, und auf den Asbrok-Hof kehrte ein ausgelassenen Leben zurück.

Zur gleichen Zeit gab es in Deutschland und ganz Europa eine allgemeine nationalistische Aufbruchstimmung. Der Wettbewerb um die politische, militärische und industrielle Vormachtstellung wurde insbesondere zwischen Deutschland, Frankreich und England ausgetragen. Zwischen den Machtblöcken wurden Allianzen geschmiedet und wieder verworfen. Eine vertrauensvolle Diplomatie wurde immer schwieriger. Eifersucht und Misstrauen führten zu Missverständnissen und schließlich zu Hysterie auf allen Seiten. Viele glaubten, dass die heraufbeschworene Krise nur durch einen Krieg gelöst werden konnte.

Der Krieg brach als Erster Weltkrieg am 28. Juli 1914 aus. Das Deutsche Reich zusammen mit dem habsburgischen Österreich positionierten sich als ›Mittelmächte‹ gegen die ›Entente‹, gegen den Rest Europas. Die unglaublichen Menschen- und Materialschlachten führten zu einem schrecklichen Ausbluten der Völker. Schließlich gab es im Osten 1917 und dann auch 1918 im Westen ein Ende und eine gewisse Neuordnung, die aber leider nicht überall zu einem dauerhaften nationalen und sozialen Frieden führte.

In einem zeitgenössischen Bericht von 1927 (D. Niemöller: Wittekindstadt Enger, S. 101) wurde das Kriegsende in Enger wie folgt beschrieben:

>>*Am 18. November 1918 brach dann nach heldenmütigem Kampfe durch die Verhetzung der schwer kämpfenden Truppen, die Not in der Heimat und die Revolution der Widerstand der Armee unter dem überwältigenden Druck der weit überlegenen Feinde zusammen und die deutschen Heeresmassen fluteten, zum Teil ganz ungeordnet, in die Heimat zurück. Arbeiter- und Soldatenräte, zum Teil aus den schlechtesten Elementen zusammengesetzt, führten das große Wort. Die Behörden waren machtlos, die Straße herrschte. Auch Enger erlebte dies unwürdige Schauspiel eine kurze Zeit, bis die besonnenen Elemente der Bevölkerung die Oberhand bekamen und die Ordnung wiederherstellten.*

Dann kam die Zeit der Inflation mit dem Schiebertum, die tolle Tanzlust und Verschwendung. Von dem allgemeinen Rausch ist auch Enger nicht verschont geblieben.<<

Viele Familien, auch in Westerenger, waren von dem Krieg betroffen. Bei den Jostings wurde Hermanns Hofnachfolger August im letzten Kriegsjahr einberufen. Zunächst hatte man noch klarmachen können, dass er für die Versorgung des Hofes unabkömmlich war. Aber schließlich, als viele den Krieg schon für verloren ansahen, musste er noch nach Frankreich in die Schützengräben. Er wurde in den letzten Kriegstagen vor dem Waffenstillstand verwundet. Die deutschen Soldaten fluteten zurück und hatten nur noch ein Ziel: nach Hause! Schwerverwundete konnte man nicht mitnehmen. August blieb in Frankreich und starb kurz danach in der Hafenstadt *Dieppe* am 7. Januar 1919. Er ist auf einem Soldatenfriedhof beerdigt.

Einige Jahre später fuhr seine Schwester Alwine mit einer organisierten Busreise zu dem Soldatenfriedhof und legte eine Blume nieder.

Anfang der zwanziger Jahre war Hermanns Sohn Gustav, der bei seinem Onkel in Horn die Bäckerlehre gemacht und dann seine Meistenprüfung abgelegt hatte, wieder zu Hause in Westerenger. In Absprache mit seinem Vater und seiner Schwester Alwine Gross wollte er in Westerenger eine Bäckerei aufmachen. Alwine, die Mitte des Jahres 1919 ein weiteres Kind, die kleine Irma, bekommen hatte, wusste, dass auf der anderen Straßenseite ihrer Näherei, das Anwesen Steinsiek zum Verkauf stand. Man griff zu, und der Bäckermeister Gustav Josting überzeugte die Sparkasse, einen größeren Kredit mit Bürgschaften seines Vaters und seiner Schwester Alwine bereitzustellen. Der legendäre Jostingsche *Platenkuchen* und das berühmte *Graubrot* begannen ihren Siegeszug. Gustav heiratete bald darauf die energische Adele Dröge, die in der Ehe unter ihrer ländlichen Bekleidung die »Hosen« anhatte.

An dieser Stelle soll deutlich werden, dass weder Alwine noch Gustav ihre erfolgreichen, mittelständischen Betriebe ohne ihre Eltern hätten gründen können. Die Mutter Hanne hatte ihr Erbe, den Asbrok-Hof, mit zweieinhalb Hektar Grund in die Familie eingebracht. Und der Vater Hermann aus dem Kisker hatte 1887 in die Asbrok-Familie eingeheiratet. Somit war auch er Grundeigentümer und Bürge für die Kredite seiner Kinder. Beide hatten damit den Grundstein gelegt für den Wohlstand nachfolgender Generationen.

Die Ehepartner Hermann Otto Gross und Adele Dröge spielten dabei keine Rolle.

Hermann konnte sich lange nicht damit abfinden, dass sein Sohn und Hofnachfolger nicht wiederkam. Er wusste, dass August nicht für »Gott und Vaterland« gekämpft hatte, und dass sein Tod sinnlos war. Das war alles sehr ungerecht. Und als seine zweite Frau, Auguste Diekmannskamp, mit fünfzig Jahren im Januar 1923 verstarb, konnte er den Hof nicht mehr voll bewirtschaften. Hinzu kamen die große Wirtschaftskrise mit der totalen Geldentwertung. Das war zu viel. Er war jetzt sechzig Jahre alt, und so hatte er sich sein Leben im Alter nicht vorgestellt.

Eines Tages ging er zu Fuß vierzehn Kilometer nach Herford zur Kreisverwaltung. Er verlangte für den Verlust seines Sohnes eine Art Hinterbliebenen-Rente, mit der er einen Angestellten für seine Land- und Hauswirtschaft bezahlen konnte. Er und sein Sohn August hätten den Krieg schließlich nicht angefangen. Der Kaiser, und somit der preußische Staat, habe den Krieg verschuldet und müsse nun für Schäden aufkommen. Das war logisch. Aber seine Forderung ging ins Leere.

Hermann musste, so gut es ging, Haus und Hof mit seiner jüngsten Tochter Adele weiterbewirtschaften. Er gab die Feldarbeit und die Tiere nach und nach auf. Seine Familie half ihm, obwohl die meisten anderweitig gebunden und beschäftigt waren.

Alwine mit ihrer Wäschefabrik und der Bäcker Gustav hatten mit ihren erfolgreichen Betrieben gut zu tun.

Frieda, die vorletzte Schwester, heiratete in den zwanziger Jahren Arnold Mohrmann aus Spenge. Später bauten sie in Westerenger in der Nähe der Kleinbahntrasse ein Haus, das sie erst vermieteten und anschließend bezogen. Arnold Mohrmann war viele Jahrzehnte bei seiner Schwägerin Alwine Gross beschäftigt, deren Textil-Fabrik ständig vergrößert wurde und bald etwa vierzig Beschäftigte hatte.

Lina, eine Tochter von Hermanns zweiter Frau Auguste Diekmannskamp, heiratete den Maurer Hartwig aus Mecklenburg. Sie bauten ein Haus direkt gegenüber dem Asbrok-Hof. Als sie 1923 einzogen, starb ihre Mutter.

Anna, Hermanns älteste Tochter, die den Colonialwaren-Händler Gieselmann aus Spenge geheiratet hatte, starb 1925 mit 38 Jahren.

Im gleichen Jahre 1925 gab es letztmalig eine große Hochzeit mit über sechzig Personen auf dem Asbrok-Hof. Hermanns jüngste Tochter Adele heiratete den Korbflechter *Julius Röthemeyer* aus *Mantershagen* bei Spenge. Julius hatte sich ein Jahr zuvor selbständig gemacht mit einer Korb- und Polstermöbelwerkstadt.

Als Hochzeitsgeschenk erhielten sie von ihrem Vater Hermann ein benachbartes Grundstück, auf dem sie ein Wohnhaus mit einer Fertigungshalle für Polstermöbel errichteten.

Im Kisker hatte – wie berichtet – Hermanns jüngerer Bruder August nach dem schrecklichen Schweine-Tod seines Halbbruders Hannes mit 24 Jahren das Siek-Haus und später auch die Bewirtschaftung des benachbarten Kottens übernommen. Als die Kötterin, die dort ein Wohnrecht hatte, verstorben war, konnte er das Anwesen günstig erwerben und war damit Kolon einer Besitzung mit 3,6 Hektar Land. Durch diese Übernahme war August ein angesehener Mann. Ein großer, würdiger Bauer mit streng zurückgekämmten, kastanienbraunem Haar. Er hatte drei Kühe mehrere Schweine und sogar ein Pferd mit Wagen. Damit fuhr er jeden Tag zu den Bauern und Kotten in der Umgebung und sammelte für die Molkerei die großen Milchkannen ein.

Er, August, hatte aus erster Ehe zwei Kinder. Als seine Frau wenige Monate nach der Geburt des zweiten Kindes starb, heiratete er 1906 *Johanna Sarhage*. Die brachte etwas Geld mit, das zur Renovierung des Kisker-Hofes und des Dachstuhles diente. Gleich nach der Hochzeit kam am 18. Januar 1907 die Tochter *Martha* zu Welt.

Martha wuchs mit ihrer Schwester Paula und den Stiefgeschwistern auf. Sie besuchte in den Zwanziger-Jahren manchmal ihren Onkel Hermann Josting auf dem Asbrok-Hof. Sie war eine sehr sympatische, junge Frau, die freimütig über den Familienalltag im Kisker, über ihre Schulzeit in Spenge-Süd und über die Nachbarn erzählte. Hermann hörte ihr gerne zu und ertappte sich dabei, dass er manchmal nachfragte, wenn sie Orte, Personen oder Dinge erwähnte, die ihn an seine Jugendzeit im Kisker erinnerten. Martha erzählte so natürlich, dass Hermann vieles in einem anderen Licht sah. Sie trug – ohne dass sie sich dessen bewusst war – dazu bei, dass Hermann seine bösen Erinnerungen nicht mehr so ernst nahm.

Eines Tages lernte Martha ihre Cousine Alwine Gross mit ihren Kindern Irma und Arnold kennen und besuchte daraufhin Alwines Wäschefabrik in Westerenger.

Dort waren Alwine und ihr Mann Hermann Otto Gross mit die Ersten, die etwa im Jahre 1928 schon ein Auto hatten. Sie fuhren einen amerikanischen *Whippet*, der im Dorf und bei der Verwandtschaft Aufsehen erregte. Hermann Josting, ihr Vater, wollte zunächst nicht mitfahren. Später änderte er seine Meinung. Wenn man am Sonntag bequem nach Enger zur Kirche fuhr und er bei schlechtem Wetter heimgefahren wurde, hatte das seine Vorteile.

Hermann war jetzt allein auf seinem Hof.

Eines Tages – etwa 1929 – ging er wieder zu Fuß nach Herford zur Kreisverwaltung und fragte um eine Rente nach. Er hatte keinen Anspruch, aber man erkundigte sich, ob er Kinder hatte, die ihn versorgen konnten. Er erzählte wahrheitsgemäß, dass seine Tochter Alwine eine Wäschefabrik und sein Sohn August eine Bäckerei betrieben. Und der Tochter Adele hatte er ein Grundstück geschenkt. Der Beamte schmunzelte und sagte deutlich, dass damit der Fall klar war. Seine Kinder, insbesondere Alwine und Gustav, waren unterhaltspflichtig. Hermann bat dann, ihm das schriftlich zu geben. Das erfolgte dann auch, und kurze Zeit später ging er zu Alwine und Gustav und zeigte ihnen das amtliche Schreiben. Er meinte:

»Daüber müat we kuiern!«

Alwine war großzügig und sagte gleich, dass das so in Ordnung ginge. Gustav, der ohne seine Frau Adele Dröge nichts entscheiden konnte, meinte, man sollte eine Nacht darüber schlafen.

Am nächsten Tag regnete es stark und Hermann blieb zu Hause. Als er am anderen Morgen bei Alwine eintraf, war Gustav schon anwesend und hatte sich mit Alwine besprochen.

Alwine war Wortführerin. Sie und Gustavs Adele waren der Meinung, er, Hermann, sollte nach und nach seine Grundstücke verkaufen und davon zunächst leben. Danach sehe man weiter. Auch musste die Schwester, Adele Röthemeyer, in die Versorgung einbezogen werden. Gustav bot an, bei der Veräußerung der Grundstücke zu helfen.

Als nach einigen Jahren alles verkauft und der Erlös aufgebraucht war, einigte man sich darauf, dass die Tochter Adele Röthmeyer, die ja schon ein großes Grundstück erhalten hatte und im Nachbarhaus wohnte, die Betreuung des Vaters übernahm.

Im Übrigen hatte Hermann, seitdem er allein wohnte, einen Teil der Wohnfläche im Asbrok-Hof an eine Familie Groll und später an eine Familie Trautmann vermietet. Danach hatte er auch mal ein Pflegekind zu betreuen: *Magdalena Busch*, für die er von Amts wegen ein Pflegegeld bezog.

Hermann hatte lange gebraucht, bis er seine Grundsätze überwand und erstmals etwa 1937 wieder in den Kisker ging. Überliefert ist, dass er mit seiner Enkelin Gertrud, Tochter von Adele Röthemeyer, mehrfach zu Fuß seine Nichte Martha und seinen Bruder August im Kisker besuchte. Hermann schaute nur von weitem hinüber zu dem alten Siek-Haus. Es war noch vorhanden aber unbewohnt. Sein Bruder August lebte mit seiner Tochter Martha allein auf dem benachbarten Hof. Es war Sommer, und man pflückte Kirschen.

Als Hermann einmal bei einem Sonntags-Besuch seinen Bruder August bettlägerig vorfand, jammerte dieser arg über Rückenschmerzen. Er sah sich nicht in der Lage, an den folgenden Tagen mit Pferd und Wagen die großen Milchkannen von den Bauern zu holen und zur Molkerei zu bringen. Da sein Bruder Hermann sich vor Ort gut auskannte, bat er ihn um einen großen Gefallen. Hermann sollte die Milch-Tour am Montag für ein paar Tage übernehmen. Dieser war nicht begeistert. Aber er konnte sich der Bitte seines Bruders nicht entziehen.

Als er mit seiner Enkelin Gertrud zurück nach Westerenger ging, war er wortkarg und abends in seiner Stube fühlte er sich unwohl. Ja, er hatte seinen Grundsatz verlassen und war neugierig und unbefangen mit seiner Enkelin zu seiner Verwandtschaft in den Kisker gegangen. Und jetzt hatte er sich sogar bereit erklärt, sich dort mehrere Tage aufzuhalten. Er sollte kreuz und quer durch den Kisker und Südspenge fahren, und mit Land und Leuten Kontakt aufnehmen. Eigentlich wollte er das nicht. Aber er hatte seinem Bruder zugesagt.

Am nächsten Morgen war er sehr früh aufgestanden und pünktlich im Kisker zu Stelle. Er spannte die Pferde ein und nach den Anweisungen seines Bruders begann er die Milch-Tour. Er fuhr zu den Kotten im Kisker und den Höfen der Umgebung. Vieles war ihm vertraut und er kannte sie alle. Er hielt bei Hellweg, Stückemann, Hartwig und Kämper, bei Volmer, Großwächter und den vielen anderen, und schließlich bei Grafahrend, Barmeyer, Vogelsang und Wibbing. Die meisten waren erstaunt, ihn zu sehen.

Ob er in den Kisker zurückgekehrt war und warum sein Bruder nicht kam, wollten sie wissen. Einer aus dem Großwächter-Kotten sagte nach gut ostwestfälischer Art:

»Jeaou, jeaou, dat is oll wat. Se küamt olle wojer torügge.«

Hermann erklärte überall, dass er nur aushalf, solange sein Bruder krank war. Es gab auch viele nette Begegnungen, bei denen man sich offen austauschte über Gemeinsamkeiten und alte Zeiten.

Am vierten Tag hielt es sein Bruder August auf seinem Stuben-Kanapee nicht länger aus, und er kletterte noch etwas steif wieder auf den Kutschbock. Er bedankte sich nach einfacher ländlicher Art bei seinem Bruder und meinte, seine Tochter Martha hätte ihn gut gepflegt, und er müsste jetzt wieder an die Luft.

Martha war Erbin auf dem Josting-Hof im Kisker und heiratete zwei Jahre später 1941 den Tischler *Ludwig Hellmann* aus *Döhren* bei *Hoyel.* Als Marthas Vater August 1944 starb, ging die Jostingsche Besitzung im Kisker an die Familie Hellmann über, die dort seit drei Generationen heute noch wohnt.

Hermann kam etwas wortkarg von seiner Kisker-Milch-Fahrt zurück. Seine Tochter Adele fragte ihn leicht spöttisch, wie es denn im Kisker so war.

Der Vater antwortete schmunzelnd, eigentlich war er ja nur zu Besuch dort. Diesmal hatte der Besuch etwas zu lange gedauert. Und die Milchkannen waren ihm zu schwer. Die Leute waren alle sehr nett und hatten ihn sogar gefragt, ob er jetzt wieder zurückkäme und im Kisker bliebe. Er ergänzte:

»Ne, ne, ik häbb jümmer weten, dat ik do nech majer hinchehoier. Huier sin ik teuo Huss, un nech in 'n Kisker!«

Mit Beginn der dreißiger Jahre spürte man auch im Raum Enger/Spenge die großen politischen Änderungen in Deutschland. Der Nationalsozialismus entwickelte auch auf dem Land eine Eigendynamik, der man sich öffentlich nur schwer widersetzen konnte.

Zu erwähnen ist ein örtliches Ereignis, das sich am 14. Dezember 1934 zutrug.

Dr. Robert Ley, Reichsleiter der NSDAP und Leiter des Einheitsverbandes *Deutsche Arbeiterfront,* fuhr mit einer Autokolonne von Herford über Enger/Westerenger nach Spenge zu der großen Weberei *Delius.* Unterwegs hatten die örtlichen Parteigänger dafür gesorgt, dass Straßen und Häuser mit Fahnen und Girlanden geschmückt waren. Die Bevölkerung sollte an der Straße stehen und dem Reichsleiter zuwinken und »jubeln«. Alle Betriebe und Fabriken sollten ihre Belegschaft an die Straße aufstellen und Ley huldigen.

Dieser Anweisung konnte man sich kaum entziehen, ohne Nachteile befürchten zu müssen. Also stellte auch Alwine Gross ihre etwa vierzig Näherinnen mit ihren weißen Schürzen an die Straße. Sie fragte ihren Vater Hermann, ob er nicht dem Schauspiel beiwohnen wollte. Hermann wusste von dem Spektakel. Er schüttelte den Kopf und sagte laut und ärgerlich, was sie, Alwine, sich überhaupt einbildete, was er tun sollte.

»Ik häbbe wat anners to deuoern, as düsse verrückten Kerls ankuiken!«

Die Autokolonne kam mit Verspätung, und einige Schaulustige hatten ihre Plätze schon wieder verlassen.

In der Chronik über Spenge (W. Freitag: Spenge 1900–1950, S. 427 f.) wird das Ereignis in der Weberei Delius auszugsweise beschrieben:

»Die Arbeiter hatten die Pflicht, zu einem ›Betriebsappell‹ anzutreten ... Ley bei der folgenden Ansprache, ... es ginge ihnen darum, die Klassengegensätze zu überwinden. Im neuen Staatswesen habe eine sozialistische Gemeinschaft nur dann einen Wert, wenn sie zu einer Kampfgemeinschaft erhoben wird, in der vorher alle Glieder ausgerichtet, geordnet und diszipliniert worden sind ...‹

Die Reaktionen der Arbeiter auf den Besuch von Ley blieben deshalb zwiespältig. ... Ein Interview-Partner schildert: › ... Dann kam Ley zu mir, sagte nichts zu mir, ich auch nichts zu ihm. Dann gab ich ihm meine dreckige Hand.‹ ... So versuchte man Distanz und Selbständigkeit gegenüber den Nationalsozialisten zu behaupten, ihnen zu zeigen, dass man nichts von ihnen hielt. ... Viele drückten die Ablehnung der Nazis allenfalls mit Geringschätzung aus. ›Lot se maken, wat se wit‹, so hieß es damals oft. Klar war auch, wer ein bißchen weiter dachte, wußte bereits, da kommt noch was hinterher.«

Und das war der nächste Krieg, der Zweite Weltkrieg. Die Welt stand in Flammen von September 1939 bis Mai 1945. Und die Nationalsozialisten brachten unendliches Leid und Elend über den ganzen Kontinent und darüber hinaus. Sie waren verantwortlich für den grausamen Tod von fünfundfünfzig Millionen Menschen.

37

Der Alte

Am 3. April 1945 – es war noch Krieg – rückten amerikanische Panzer über die Werther-Straße Richtung Enger vor. Sie fuhren sehr langsam, hielten wiederholt an und suchten die Landschaft nach eventuellem Widerstand ab. Einmal schossen sie mehrfach auf einen zurückgelassenen deutschen Panzer. Der Höllenlärm erfüllte die Leute mit großer Angst. Viele verschwanden in ihren Kellern. Hermann konnte von seinem Hof aus alles beobachten. Er war gleichfalls sehr verunsichert.

Am 27. April 1945 besetzte ein englisches Bataillon Westerenger. Das Leben erlahmte, und viele hatten große Sorge vor Gewalt und Repression. Nur langsam nahm man hier und da Kontakt zu den Soldaten auf. Diese wurden in den Gasthäusern, den Schulen und den Bauernhöfen einquartiert. So auch bei Hermann auf den Asbrok-Hof. Er hatte gerade keine Mieter, räumte ein weiteres Zimmer frei, und auf der Deele war viel Platz. Aber vor allem räumte er in seinem ›amerikanischen Gedächtnis‹ auf, und tatsächlich stolperte er dann einige englische Brocken und freundliche Redewendungen hervor.

»Hällo, how are you? I am Hirm. Hier is god to sleepen un to eaten.«

So warb er um Sympathie bei den jungen Soldaten. Er war nur ein alter Mann, der etwas englisch sprach, weil er in seiner Jugend ein paar Jahre in Amerika, in Quincy/Illinois, war. Niemand kannte Quincy, aber jemand der in Quincy war, konnte kein Nazi sein. Zum Eintauschen hatte Hermann nicht viel. Er zeigte aber seine amerikanische Taschenuhr und sagte:

»Good American watch, aus Quincy/Illinois«

Alle lächelten. Hermann tauschte seine Uhr aber nicht.

Die Soldaten revanchierten sich für seine Gastfreundschaft mit Kleinigkeiten, wie Tabak und Süßigkeiten. Es sprach sich schnell im Dorf herum, dass Hermann mit den Soldaten Englisch sprach. Aber die wenigen Worte und umgangssprachlichen Redewendungen reichten nicht aus, ihn offiziell als »Übersetzer« einzuteilen, wie manche meinten.

Die örtlichen Nazigrößen waren, als es brenzlig wurde, in ihren Löchern verschwunden. Sie tauchten teilweise wieder auf, als die Militärregierung sie für die Verwaltung des am Boden liegenden Landes brauchte. Allein die Überschwemmung mit Vertriebenen und Flüchtlingen musste jemand organisieren, der sich vor Ort auskannte.

Hermann war bei Kriegsende 82 Jahre. Er und seine Kinder hatten überlebt. Für die Not der Nachkriegsjahre hatte man große Gärten und hier und da ein Stück Land zu bewirtschaften: Kartoffeln, Kohl, Hülsenfrüchte, Obst, manchmal etwas Getreide, sowie Schweine- und Hühnerhaltung waren üblich. Das alles diente jahrelang der Selbstversorgung und der Vorratshaltung.

Der Schwarzmarkt blühte in allen Schattierungen, und zu kaufen gab es fast nichts. Das änderte sich schlagartig mit der Währungsreform von 1948. Kopfgeld, Sicherung der Spareinlagen und plötzlich volle Regale in den Geschäften linderten die Not und schafften Vertrauen in eine Aufwärtsentwicklung.

Hermann ging es nie wirklich schlecht. Seine Tochter, Adele Röthemeyer und seine anderen Kinder sorgten sich um ihn. Er ging meist um die Mittagszeit zu seinen Töchtern. Dort tischte man auf, was gerade da war. Sonntags nach der Kirche ging er häufig zu Alwine Gross. In ihrem ›Fabrikanten-Haushalt‹ gab es eine Köchin. Oder der Ehemann Hermann Otto kochte selbst. Als Erstes gab es immer eine fette Hühnersuppe und dann ein ›richtiges‹ Fleischgericht. Nach dem Essen setzte sich Vater Hermann in einen Sessel, und bald fielen ihm für ein Stündchen die Augen zu. Danach erhielt er einen Schnaps und ging zu Fuß nach Hause.

Eines Tages hatte ihm seine Tochter Adele, die ja seine Hauptversorgung übernommen hatte, gesagt, er könnte seine Töchter weiter besuchen, er dürfte aber nicht mehr bei ihnen essen. Das war insoweit gerechtfertigt, weil sie jeden Tag für ihn mitkochte, er aber häufig nicht zum Essen erschien. Zum Sonntags-Essen bei Alwine meldete er sich aber regelmäßig ab.

Sonntags kam es bisweilen vor, dass Hermann vor dem Essen bei Alwine die Bahnhofsgaststätte, den *Wartesaal* an der Kleinbahnhaltestelle Westerenger besuchte. Hermann trank dort ein paar Schnäpse, und wenn es seiner Alwine zu lange dauerte, schickte sie ihre Tochter Irma, um den Großvater zu holen. Dieser ging ohne zu Murren mit seiner Enkelin hinaus.

Einmal hatte er sich etwas Mut angetrunken und sagte nach dem Essen zu seiner Tochter:

»Wat ik di scho jümmer votelln wult, Alwine. Deou häs in duin Lebn ollet cheout makt. Deou bis de Beste von allen. Owwer deou häs oinen oinzigen Fehler makt. Deou häs den Anstrieker Otto Gross cheheiratet. De häd nix, de kann nix, de red nix un is 'n Nixnutz. Hoi kuant de Kinner Kopfnüsse chieben, hoi kuant fluijen met de Hand fangen un hoi kuant kochen. Na, dat is do wat!«

Alwine verzog das Gesicht. Sie war ja nicht gerade auf den Mund gefallen. Aber sie lächelte nur und sagte nach gut westfälischer Art nichts. Ihrem Vater trug sie nichts nach.

Als Hermann einmal bei Alwine mit übergeschlagenen Beinen im Sessel saß, war auch sein neunjähriger Urenkel Dettmar in der guten Stube und beobachtete neugierig den Urgroßvater. Der hatte wie immer schwarze, blitzblank geputzte hohe Schnürschuhe an. Diese waren mit bräunlich schmutzigen Hanf-Bindfäden, die an manchen Stellen Verdickungen und sogar Knoten hatten, nicht ganz regelmäßig Loch um Loch gebunden. Das sah sehr provisorisch und ärmlich aus. Urenkel Dettmar fragte, ob er denn keine normalen Schnürsenkel hatte. Hermann meinte, zum Kirchgang trug er immer die guten Senkel. Er ging aber heute nicht in die Kirche. Heute besuchte er nur seine Kinder.

»Un do häbb ik vandage mol Binnfäden met 'n por Knüppen un 'n biaden in Tüdder in.«

Seine Kinder sollten sehen, wie es um ihn bestellt war, und sich etwas großzügiger erweisen.

Seinen Sohn Gustav, den Bäcker, besuchte er nur selten. Dort fühlte er sich nicht wohl. Die Bäckerin Adele Dröge machte Ärger. Wenn Hermann mit seinem Rucksack in der Bäckerei seines Sohnes – wo sonst – sein Brot holte, hätte man erwartet, dass der Vater, ohne dessen Bürgschaft die Bäckerei gar nicht bestehen würde, das bisschen Brot nicht bezahlen musste. Aber die ekelhafte, angeheiratete Bäckersfrau setzte durch, dass er sein Brot kaufen musste. Das blieb natürlich nicht verborgen, und schließlich redete man im Dorf über diesen Missstand und die geizige Dröge. Als die Bäckerin von dem Gerede erfuhr, steigerte sie nur noch in ihrer verhärmten und trotzigen Art ihre Unsympathie. Hermann machte darüber auf gut ostwestfälische Art seine aussagekräftigen, plattdeutschen Bemerkungen:

»Jeaou, jeaou, de häbbt oll wat«, und »jeaou, jeaou, dat is oll wat met de Dröge!«

Den Geburtstag von Vater Hermann hatten sich alle Kinder und Kindeskinder fest eingeprägt und freigehalten. Auch ohne extra eingeladen zu werden, traf man sich regelmäßig am 16. Mai auf dem Asbrok-Hof. Es gab nach altem Brauch bergeweise leckere Kartoffel-Pfannkuchen, die unter der Leitung seiner Tochter Adele Röthemeyer gemacht wurden, und die nirgends so gut und authentisch schmeckten, wie auf Hermann Jostings Deele.

Hermann wurde wohl altersbedingt etwas gleichgültiger. Vieles war ihm nicht mehr so wichtig, und seine Tochter Adele Röthemeyer sagte ihm manchmal deutlich, dass er sich nicht so gehen lassen und sich beschäftigen sollte. Adele gehörte zu den Zeitgenossinnen, die ein arbeitsreiches Leben bevorzugten und Untätigkeit schlecht ertrugen. Anders Hermann, er hatte in seinem Leben niemals etwas übertrieben, auch nicht das Arbeiten. Er war bequem, kein Draufgänger. Wenn er nicht gerade Kleinigkeiten im Garten oder im Hause machte, saß er einfach nur da, vor dem Haus auf seiner schäbigen Decke, die ihn sein Leben lang begleitet hatte. Er rauchte seine Pfeife und genoss den Tag.

Hermann hatte ein Alter erreicht, in dem man bisweilen etwas nachdenklicher wurde und sich fragte, ob alles gut war und ob das nun alles gewesen war. Er fand sein Leben nicht besonders vielseitig und spannend, aber wenn er länger nachdachte, war sein Leben doch von Armut und Not, von Glück und Unglück, von Erfolg und Scheitern, von Liebe und Hass, von kleinen und großen Katastrophen, von Krankheit und Tod geprägt.

Ja, er kam aus dem Kisker, und der schlechte Ruf dieses Ortes hat ihn fast sein ganzes Leben lang verfolgt. Nach seiner bitteren Kindheit dort, die nur wenig positive Züge hatte, wurde er gezwungen, fortzugehen. Er schwor, niemals zurückzukehren. Nachdem die erste Entscheidungsnot überwunden war, gab es eine Reihe spontaner Entschlüsse, die seinen Lebensweg vorgaben. Angefangen hatte es damit, dass er seine Beschäftigung in der Bielefelder Weberei kurzfristig aufgab zu Gunsten des Eisenbahn-Strecken-Baus in Koblenz. Danach fällte er mitten auf der Straße, von einer

Sekunde auf die andere, die Entscheidung, mit dem Höpster einige Jahre auf Tour zu gehen. Er entschied sich für ein entbehrungsreiches Vagabunden-Leben und gab dieses Leben ebenso spontan wieder auf, um Knecht auf dem Asbrok-Hof zu werden. Mit Hanne fand er dort sein Glück und seine große Liebe, und musste bald wieder alles aufgeben. Er erfüllte sich trotzig seinen Traum und ging nach Amerika, um dort sein Glück zu machen. Von dort kam er nicht als großer Mann, sondern nur als Eierbrater mit einem guten Startgeld in die Heimat zurück. Die Rückkehr war die große Wende in seinem Leben. Die Heirat mit Hanne machte aus einem mittellosen Tagelöhner und Umherziehenden einen angesehenen Grundbesitzer und Kolon. Er war in der ostwestfälischen Hierarchie aufgestiegen und bald auch akzeptiert. Seine Kinder waren – bis auf den Verlust seines Hofnachfolgers – ihren Weg gegangen und gut versorgt. Krankheit und Tod seiner Hanne waren ein sehr schwerer Schlag, den er lange in seinem persönlichen Schneckenhaus verarbeiten musste. Es war wohl der Verdienst seiner Nichte Martha und seiner Enkelin Gertrud, dass er im fortgeschrittenen Alter seinen Schwur brach und noch einmal in den Kisker, in den Ort seiner Kindheit ging.

Hermann hatte jetzt nach den beiden Kriegen ein Alter in ruhigem Fahrwasser erreicht, wo er mit seinem Leben zufrieden sein konnte. Er war in das einfache, ländliche Leben Ostwestfalens hineingeboren und ein Teil dieser Landschaft geblieben.

Eines Tages hatte er mal einen starken Husten. Seine Tochter Adele wollte den Arzt kommen lassen, aber da gerade in Spenge Jahrmarkt war, schleppte sich Hermann dorthin, um sich von dem Kräuterweib ein Hustenmittel zu holen. Vielleicht auch mit einem Zauberspruch. Aber eine Kräuterfrau gab es nicht mehr und konnte ihm nicht mehr helfen.

Er trauerte der Zeit nach, als er, auf Anraten der alten Frau, auf geheimnisvolle Weise und mit seltsamen Mitteln Erfolge erzielt hatte. Er war immer noch dem Übernatürlichen zugetan und erinnerte sich gern an die *Kalbsrettung* im Kisker, an die *Bilsensalbe* für seine Großmutter und natürlich an das legendäre *Notfeuer*. Er fühlte sich nicht mit fremden Mächten verbunden, glaubte aber an Außergewöhnliches, das ihn sein Leben lang begleitet hatte.

Am Ende seines Lebens hatte er zwei Lungenentzündungen. Die zweite hat er nicht überlebt.

Hermann Josting starb am 14. Februar 1953 mit neunzig Jahren auf der Besitzung Asbrok-Hof in Westerenger 41.

Der Trauerzug war über einhundert Meter lang und bewegte sich sehr langsam auf den vier Kilometern zum Friedhof nach Enger.

Hermann hatte noch drei Wünsche, die er seiner Tochter Adele Röthemeyer auftrug:

Er wollte in seinen schwarzen Schnürschuhen beerdigt werden.

Man sollte ihn im Sarg auf seine schäbige Decke legen und über ihn ein weißes Leinentuch breiten.

In diese Decke sollte man seine Hasenpfote, die er in seiner Nachttisch-Schublade verwahrte, einlegen.

Adele sollte seine amerikanische Taschenuhr erben. Wenn sie sich aber genierte und seine Hasenpfote, die eigentlich nur eine Kaninchenpfote war, nicht in den Sarg geben wollte, musste sie auf das Erbstück verzichten und die Taschen-Uhr ihrem toten Vater in die Hand legen.

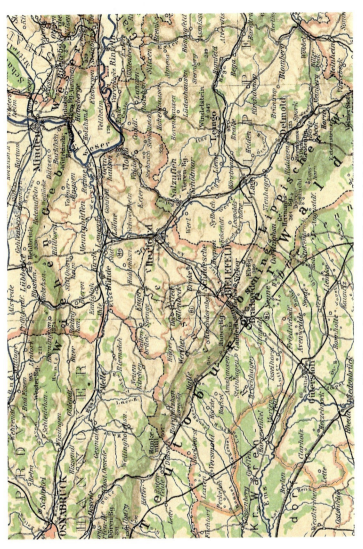

Ostwestfalen, Ravensberger-Land, Westfälischer Schulatlas, 1926

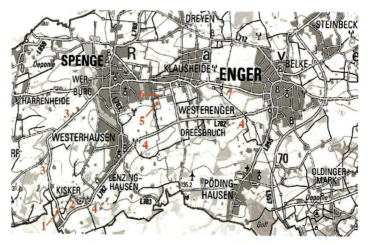

Westerenger und Spenge mit Kisker (GEOPortal Kataster Herford 2019)

1	Siek-Haus im Kisker.	2	Kisker-Siek mit Almende
3	Mühlenburger Straße	4	Werther-Straße
5	Schennkamp	6	Asbrock-Hof in Westerenger
7	Spenger Straße		

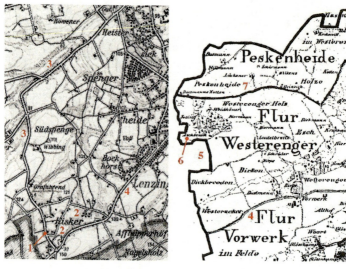

Geschichte der Stadt Spenge 1984   Westerenger, Flurblatt von 1826

Inhaltsverzeichnis

Günter Gross

Der Iunior

Historischer Roman

296 Seiten, Softcover
ISBN 978-3-95632-589-2
17,90 €

Der Roman spielt im ersten Jahrhundert n. Chr. in Palästina und in den hellenistischen Städten des Römischen Reiches. Zu den Personen und Entwicklungen des frühen Christentums gibt es zahlreiche Hinweise, dass vieles auch ganz anders hätte sein können, als die späteren Evangelien es festlegen und ausschmücken. Mit Maria von Magdala und Anna wird auch das Frauenbild der Antike erweitert. Beide wollen ihr Leben selbst bestimmen und übernehmen Führungsrollen in frühchristlicher Zeit.

Wiesenburg

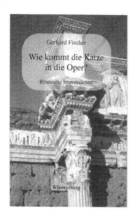

Gerhard Fischer

Wie kommt die Katze in die Oper?

Römische Impressionen

128 Seiten, Softcover
ISBN 978-3-95632-261-7
16,80 €

Alle Wege führen nach Rom! Ein unterhaltsamer Streifzug durch Rom und Umgebung. Kein gängiger Reiseführer, sondern ein facettenreiches Kaleidoskop der Ewigen Stadt, bei dem auch musikalische und kulinarische Aspekte nicht zu kurz kommen.

Wiesenburg